경매 공매 최고의 수업

부동산으로 돈 버는 질문 100가지

경매 공매 최고의 수업

현문길 · 김광수 · 윤재호 지음

매일경제신문사

최근 경매가 국가와 사회적으로 이슈가 되고 있다. 전세 사기로 피해를 입은 임차인, 고금리로 인해 경매로 나온 부동산, 프로젝트 파이낸싱PF 구조 조정과 세금 체납으로 인한 공매에 이르기까지, 여러 사회적 문제가 수년째 부동산 시장과 경제 전반의 주요 관심사다.

이제는 경매·공매에 관한 지식과 시장 동향을 알아야 경제와 재테크를 제대로 이해할 수 있다고 해도 과언이 아니다. 단순한 부동산 투자 방법을 넘어 경제와 부동산 시장을 이해하는 데 꼭 필요한 분야가 됐다. 경매·공매를 통해 자산을 늘리고 지키는 것뿐만 아니라 경제 흐름을 파악해 더 나은 투자 결정을 내릴 수 있다.

그럼에도 부동산 경매·공매는 여전히 많은 사람에게 미지의 영역이다. 일반적인 거래보다 부동산을 취득하는 과정이 더 다이내믹하고 흥미진진하다. 경매·공매는 단순히 부동산을 싸게 사는 방법이 아니라 철저한 기본기와 준비, 분석, 전략이 필요한 투자 방법이다. 또한 법률적 지식과 시장 분석 능력, 때로는 용기와 결단력도 필요하다. 이러한 과정을 통해 얻는 보상의 가치는 크다. 경매·공매 부동산 투자는 단순한 재테크를 넘어 삶을 변화시키는 중요한 기회가 될 것이다.

《경매 공매 최고의 수업》은 2017년 출간된 《경매 공매 100문 100답》의 최신 개정판으로, 경매·공매의 기본 개념부터 투자 전략까지 최신 동향을 담아 더욱 상세히 다뤘다. 초판에서 기본적인 내용을 소개했다면, 이번 개정판에서는 넓은 경매·공매 시장을 이해하고 기본기를 다지는 데 도움이 되는 내용들을 정리하고 추가했다. 초보자가 경매·공매를 쉽게 이해할 수 있도록 마치 1 대 1 수업을 하듯이 쉽게 설명했다.

이 책을 공동 집필한 3명의 저자는 경매·공매를 비롯해 부동산 투자와 교육, 컨설팅 분야에서 오랜 경험을 쌓은 전문가들이다. 30년 넘게 이 분야에서 활동하며 수많은 노하우를 쌓았고, 특히 경매·공매 부동산에 대한 많은 경험을 갖고 있다. 저자들의 이러한 노하우를 압축해 기존의 다른 입문서와는 다른 깊이를 담았다. 경매·공매의 기본적인 내용뿐만 아니라 실전에서 유용한 내용까지 상세히 소개했으며 독자의 이해를 돕기 위해 팁도 추가했다. 아울러 실무에서 가장 궁금해하는 내용을 쉽게 이해하고 찾아볼 수 있도록 100문 100답 형식으로 구성했다. 《경매 공매 최고의 수업》이라는 책 제목처럼 독자를 전문가 수준까지 이끌어주는 데 분명 도움이 될 것이다.

이 책은 총 6개 장으로 나눠져 있으며 초보자를 비롯해 중급자, 고급자가 봐도 유용한 내용들이 가득하다. 경매·공매의 기본기를 익히고 실전에서 꼭 필요한 경매 논리와 투자 기법을 배워가길 바란다. 이 책을 읽고 난 후 궁금한 점이 있으면 각 저자들의 이메일로 문의하면 된다. 독자들이 경매·공매의 세계를 이해하고 본인만의 성공을 이끌어내길 바란다.

끝으로 책을 출간하기까지 많은 도움을 주신 매경비즈 유규식 국장님과 박철현 부장님, 수정과 윤문을 거쳐 제대로 된 책이 나올 수 있도록 넉넉한 인내심을 보여준 매경출판 장아름 대리님께 감사의 인사를 전한다.

차례

2장 경매·공매 부동산 고르는 비법

3장 경매·공매 낙찰률을 높이는 입찰의 기술

4장 경매·공매 투자의 성공은 권리분석이 좌우한다

5장 낙찰되면 끝? 명도해야 진짜 끝이다

6장 돈 되는 수익형 부동산이 대세다

1장

경매·공매, 이것부터 알고 시작하자

001 왜 경매·공매를 시작해야 할까?

A 경매·공매는 아는 사람만 참여할 수 있는 시장이다

부동산을 싸게 사는 방법에는 청약통장을 통한 분양이나 급매, 미분양 할인 등 다양한 방법이 있다. 경매·공매도 그중 하나로, 시세보다 부동산을 싸게 사는 합법적인 방법이다. 그럼에도 불구하고 다른 방법들에 비해 경매·공매 시장을 활용하는 사람이 많지 않다. 왜일까?

일반적인 부동산 거래는 매도자가 원할 때 부동산을 내놓고 매수자가 나타나면 서로 편한 방식으로 거래를 진행한다. 그러나 경매·공매는 빚을 갚지 않거나 오랜 기간 세금을 내지 않아 소유자의 의지와 관계없이 강제로 처분되는 부동산이 주된 대상이다. 그러다 보니 경매·공매에 관해 잘 모르는 사람은 부동산 가격이 싸도 선뜻 거래에 나서기 어렵다. 또한 이러한 부동산을 사려면 부동산 중개사무소가 아닌 정해진 곳에서만 거래를 할 수 있다. 따라서 매각 정보를 알거나 경매·공매를 공부한 사람만이 거래에 참여할 수 있다.

경매·공매를 공부한 사람만 거래에 참여할 수 있다는 건 무슨 의미일까? 참여하는 사람의 수가 한정돼 있다는 말이다. 그만큼 경쟁자가 적어 집중적으로 공부하면 부동산을 싼값에 살 수 있다. 시세보다 싸게 살 수 있는 급매 같은 방법이 있음에도 굳이 경매·공매를 공부하는 이유가 바로 최대한 싸게 부동산을 사기 위해서다. 경매·공매 시장에 입문해 공부하다 보면 부동산을 가장 싸게 사는 길이 보일 것이다.

🅐 부동산 시장의 현재와 미래를 읽는 선물 시장이다

경매·공매 시장을 보면 부동산 시장의 현황을 읽을 수 있다. 즉, 경매 물건이 늘어나면 부동산 시장 경기가 안 좋다는 것을 의미한다. 빚을 얻어 장만했던 부동산들의 강제 매각이 늘고 있다는 것은 서민들의 가계 대출과 은행의 부실채권이 늘고 있다는 의미다. 경매 물건이 늘어나고 낙찰가율이 떨어지면 앞으로 부동산 가격이 더 떨어질 수 있으므로 경매를 통해 부동산을 싼값에 살 여지가 높다고 보면 된다.

대체로 부동산 가격 하락기에는 경매·공매 투자가 불리하다고 생각하는 경우가 많다. 감정평가액감정가이 높게 잡혀 비싸게 산다고 생각하는 것이다. 그러나 오히려 부동산 가격 하락기에 경매·공매로 나온 부동산을 더 싸게 살 수 있다. 특히 요즘에는 시세나 실거래가가 온라인과 중개사무소에 투명하게 공개되기 때문에 경매·공매 부동산 가격이 시세보다 낮을 때만 입찰하면 된다. 입찰자가 적기 때문에 본인이 생각하는 기준 가격을 정해 입찰하면 굳이 비싼 가격에 낙찰받을 이유가 없다.

부동산 시장에서 금융의 선물先物 시장과 유사한 것이 경매·공매 시장이다. 최근 경매로 나와 낙찰된 부동산과 낙찰 통계는 향후 6개월에서 1년 후의 기대 심리가 반영돼 있다. 따라서 각종 지표와 통계를 통해 경매·공매 시장을 잘 읽으면 부동산 시장의 전망을 내다보는 자료로 활용할 수 있다.

경매·공매 부동산 투자나 일반 부동산 투자를 할 때는 향후 부동산 시장의 미래를 내다볼 줄 알아야 한다. 앞으로 부동산 시장은 가격 상승률이 둔화되는 과정을 지나 완만한 가격 조정기를 거칠 가능성이 크다. 저출산, 고령화, 저성장으로 인한 부동산 자산 변화가 불가피한 시대기 때문이다. 이럴 때는 부동산을 값싸게 장만할 수 있는 경매·공매를 통한 수익형 부동산 투자도 좋은 방법이다.

부동산 경매·공매는 투기가 아니다. 평생 써먹을 수 있는 안정적인 재테크 중 하나다. 소액 투자로 내 집 마련은 물론이고 임대 수익까지 얻을 수 있다. 법원의 경매 물건은 한 해 10만여 건에 달하고, 한국자산관리공사KAMCo의 공매 물건은 3만여 건에 육박한다. 한 번 배워 평생 써먹는 재테크를 배운다는 마음으로 경매·공매 공부에 매진해보자.

002 경매·공매 부동산이 주목받는 이유는?

불경기에도 부동산 가격은 내려갈 줄 모른다. 그래서 한 푼이라도 더 적은 금액으로 더 좋은 부동산을 장만하고자 사람들은 경매·공매 시장에 관심을 갖기 시작한다. 경매는 1회 유찰 시 20~30%씩 가격이 떨어지기 때문에 잘 활용하면 급매보다 더 싸고 괜찮은 부동산을 살 수 있다. 특히 경매·공매는 공개경쟁 입찰이기 때문에 1~2회 유찰된 상가 물건을 고르면 임대 가격 수준의 낮은 가격에도 낙찰이 가능하다. 시세 파악을 정확히 하고 좋은 위치의 부동산을 고르면 임대료로 꾸준한 고수익을 얻을 수 있다.

그런데 경매·공매로 나오는 부동산은 모두 억대 금액일까? 아니다. 몇 십만 원, 몇 백만 원의 소액 부동산도 얼마든지 찾을 수 있다. 따라서 여윳돈이 넉넉하지 않은 사람도 경매·공매에 참여할 수 있다. 또한 인기가 많은 중소형 아파트부터 다세대주택, 상가주택, 농가주택, 토지, 산(임야)까지 수십 종의 부동산이 경매·공매로 매각된다. 사고자 하는 목적과 자금에 따라 부동산을 폭넓게 고를 수 있다는 점이 요즘 같은 불경기에도 경매·공매가 주목받는 이유다.

여기에 경매·공매 대중화도 한몫했다. 2002년 〈민사집행법〉 제정과 2012년 〈국세징수법〉 개정으로 경매·공매 부동산을 매수하는 사람에 대한 권리 보호가 강화되면서 안전하게 취득할 수 있는 길이 열렸다. 예전에는 권리 관계가 확정되지 않아 낙찰 이후에도 낙찰자가 권리를 행사하기 어려웠지만, 이제는 명확한 권리 상태에서 부동산을 취득할 수 있어 초보자도 누구나 안심하고 참여할 수 있다.

경기 회복에 대한 기대감도 사람들을 경매·공매 시장으로 몰리게 했다. 금융 위기와 가계 부채 증가로 빌린 돈을 갚지 못한 개인이나 기업이 늘어나고, 이후 경기 회복에 대한 기대감이 상승하면서 사람들이 몰리며 매수세가 따라붙으면 경매·공매 시장은 호황을 누린다. 2024년 상반기 전국 아파트 경매 물건의 평균 입찰 경쟁률이 8.14 대 1로, 2020년 6.92 대 1에 비해 오른 것도 사람들이 꾸준히 몰리고 있음을 보여준다.

게다가 요즘은 주택이나 상가를 싸게 사서 알짜 매물을 만들어 비싸게 팔려는 사람이 늘고 있다. 부동산을 저가에 낙찰받아 독창적인 콘셉트로 리모델링 과정을 거치면 예상외로 대박의 기회를 얻을 수도 있어 경매·공매 부동산에 주목하는 것이다.

003

경매·공매 부동산은 얼마나 싸게 살 수 있을까?

전셋집에 살고 있는 A 씨는 얼마 전부터 신혼집을 구하기 위해 경매에 뛰어들었다. 평소 부동산이나 경매에 문외한이었던 그는 온라인 광고에서 본 경매 컨설팅 업체를 이용했다. 마음에 드는 아파트를 낙찰받긴 했지만 한편으로는 쓸쓸함을 감출 수 없었다. 다른 입찰자가 없어 단독으로 낙찰받았는데도 최저매각가격보다 3,000만 원이나 더 높은 가격에 낙찰받았기 때문이다.

저금리 시기에 무리하게 일으킨 담보대출을 상환하지 못해 경매 물건이 급증하면서 시장이 달아오르고 있다. 위치가 좋은 부동산은 감정평가액^{감정가}을 훨씬 넘는 가격에 낙찰되는 경우도 빈번하다. 그러나 낙찰률과 낙찰가율이 올라갈수록 경매 투자 시 남는 게 별로 없다. 게다가 시세보다 싸게 나온 경매 부동산에는 수요자가 대거 몰리기 때문에 경쟁적으로 입찰 가격을 써내다 보면 결과적으로 남는 게 없는 장사가 될 수 있다.

이처럼 경매·공매에 참여하는 이유는 돈 되는 부동산을 시세보다 싸게 낙찰받기 위한 것인데, 남지 않는 투자를 한다면? 결코 있어서는 안 될 일이다. 비싸게 낙찰받은 책임은 오로지 낙찰자에게 있다. 따라서 이러한 상황이 발생하지 않도록 사전에 물건에 대해 철저히 조사하고 준비해야 한다.

경매·공매 부동산은 적게는 10%에서 많게는 50% 이상 싸게 살 수 있어야 한다. 이토록 싼 가격에 낙찰받을 수 있기 때문에 입찰에 참여하는 것이다. 그 이상의 금액을 써내 낙찰받는다면 차라리 급매물이나 일반 매물을 고르는 게 낫다. 저가 매수의 기준을 세워 입찰하면 고가 낙찰을 고민하지 않아도 되고 손실을 보지 않을 가능성이 크다.

부동산이 경매에 부쳐지면 감정가부터 입찰이 시작되는데, 통상 1~2회 유찰 과정을 거친다. 물론 유찰 과정 없이 바로 낙찰되는 경우도 있지만 일반적으로 1회 정도는 유찰되는 게 관행처럼 되어 있다. 국내 경기가 침체 국면에 빠졌거나 부동산 시장 불황기에는 2~3회 유찰된 물건들이 쏟아져 훨씬 싼값에 낙찰받을 수 있다.

이렇게 싼값에 낙찰이 가능한 이유 중 하나는 경매·공매는 위험하다는 선입견으로 인해 쉽게 입찰에 참여하지 않기 때문이다. 남의 불행을 이용해 부동산을 싸게 산다는 주변의 시선, 경매·공매 부동산을 잘못 낙찰받았다가 돈을 날렸다는 흉흉한 이야기, 재수 없고 불쌍한 부동산이라는 소문, 권리분석이 어려워 공부를 많이 해야만 살 수 있다는 생각 등이 경매·공매에 쉽게 접근하지 못하게 한다. 관심은 있으나 선뜻 입찰하지 않으니 입찰자는 어부지리로 10~50%까지 싸게 부동산을 장만할 수 있다.

부동산 시장 경기가 회복 조짐을 보일 때 초보자가 활황을 기대하고 고가에 낙찰받는 경우도 왕왕 있다. 또한 과열된 분위기에 휩쓸려 자칫 본래 가치보다 높은 가격으로 낙찰받는 경우도 있다. 특히 컨설팅 업체를 통해 경매에 참여하면 의뢰자가 낙찰을 받아야 수수료를 받을 수 있는 업체의 이해관계와 맞물려 과도하게 높은 낙찰 금액을 부담해야 하는 경우도 생길 수 있다.

경매·공매로 부동산을 싸게 낙찰받으려면 입찰 전 합리적인 낙찰 가격을 산정해야 한다. 주택은 시세보다 최소 10% 이상 싸게 낙찰받아야 수익을 창출할 수 있다. 경매·공매를 '10% 게임'이라고 한다. 일반 매매보다 등기 비용이 1.5% 정도 더 들어가고 명도 비용과 수리 비용, 입주 지연으로 인한 손해와 세금 등을 감안하면 낙찰 가격의 9~13% 정도가 추가로 들어간다. 따라서 낙찰받는 데 목적을 두기보다 수익을 낼 수 있는 낙찰 가격의 범위를 산정해 그 한도 내에서 낙찰을 받을 수 있어야 한다.

경매·공매를 통해 부동산을 되도록 싸게 장만해야 하는 이유는 살 때부터 팔 때를 염두에 둬야 하기 때문이다. 향후에는 고령화로 인해 부동산을 사려는 사람보다 팔려는 사람이 더 많은 시대가 올 수도 있다. 이럴 때를 대비해 부동산 투자는 환금성을 염두에 두고 해야 한다. 진정한 의미의 실수요를 고려하고 수익형 투자가 아니라면 묻어두기식 투자는 신중해야 한다. 특히 여윳돈 없이 부동산만 들고 있다가는 필요할 때 현금화하지 못해 낭패를 볼 수 있다.

004

경매·공매는 어렵다던데, 얼마나 공부해야 할까?

부동산 초보자들을 가르치다 보면 거의 모든 수강생이 경매·공매를 어렵게 생각한다. 부동산 경매·공매는 생소한 분야라 까다로운 용어와 법률 지식, 절차, 과정 등을 이해하기 어렵다고 생각해 지레 겁을 먹는 것이다. 하지만 경매·공매는 '학습형 투자처'다. 아무리 초보자라도 2~3개월 정도 경매·공매의 기본 투자법을 공부하고 우량 물건을 골라 실전에 나선다면 그리 어렵지 않다.

먼저 경매·공매 관련 책이나 강좌를 통해 공부를 시작해보자. 가장 먼저 이론을 배우고 용어와 절차, 매각 서류 보는 방법을 익힌다. 그런 다음 권리분석에 관해 배운다. 권리분석은 '등기사항전부증명서_{등기부}'상 권리와 임차인의 권리를 이해하는 순서로 공부한다.

경매의 경우 '대한민국법원 법원경매정보(www.courtauction.go.kr)' 사이트나 유료 경매 정보 사이트의 경매 물건을 통해 사례를 수집하고 모의 투자 과정을 접해본다. 공매의 경우 '온비드(www.onbid.co.kr)' 사이트에서 압류재산 등 물건의 종류별로 사례를 찾아 분석하는 과정을 거친다. 공매의 압류 재산은 경매 부동산과 비슷한 물건으로, 물량이 많고 절차도 경매와 거의 유사하다.

이러한 과정을 통해 우량 물건을 고르는 방법과 투자 노하우를 습득한다. 그런 다음 배당에 관한 이해와 함께 사후 처리(명도) 과정을 중점적으로 공부한다. 이 책을 순서대로 두 번 정도 반복해 읽으면 경매·공매의 기본기를 익히는 데 충분할 것이다.

경매·공매를 배울 때 너무 많이 공부하지 말길 바란다. 오히려 헷갈린다. 먼저 경매·공매 기초를 이해한 다음에는 차라리 수박 겉핥기식 공부가 도움이 된다. 여러 권의 경매·공매 책을 본다든지, 판례를 외운다든지, 특수물건에 대한 책을 탐독하기보다 차라리 경매 법정에 찾아가 낙찰된 물건들을 분석하고, 개별 물건에 대한 현장 답사를 하고, 입찰 전략을 짜보는 게 낫다.

그렇다면 왜 처음에는 얕은 수준의 수박 겉핥기식 경매·공매 공부가 도움이 될까? 초보자가 너무 심도 있는 법률과 부동산 공부부터 하다 보면 흥미를 잃기 쉽기 때문이다. 천천히 권리분석과 물건분석을 하면서 여러 물건을 조사하고 다양한 사례를 찾아 살펴보다 보면 더 빨리 이해할 수 있다. 다만 처음부터 어설프게나마 공부하면서 직접 입찰은 하지 말길 바란다. 이론을 배웠다면 다음으로 경매·공매 부동산이 있는 현장에 직접 찾아가서 실물을 보고 부동산 중개사무소에 들러 투자성을 따져봐야 한다. 경매·공매 부동산 투자에는 다양한 변수가 많기 때문에 돈부터 지르고(?) 입찰하면 실패할 가능성이 크다. 우선 다양한 간접 경험부터 쌓은 후 입찰하는 것이 중요하다.

간혹 경매·공매에 관한 기본기를 제대로 쌓지 않은 채 경험으로만 배운 사람의 지식을 잘못 전달받는 사람들이 있다. 특히 온라인 카페나 블로그, 심지어 경매 법정에서도 이러한 지식이 퍼지고 있다. 초보자가 이러한 지식을 전달받으면 본인도 모르게 잘못된 지식 체계를 갖춰 나중에는 바로잡기가 쉽지 않다. 기본동작을 제대로 배우지 않고 시작한 운동 습관은 고치기 어려운 것과 마찬가지다. 따라서 시작 단계에서부터 제대로 검증된 지식을 배우려는 자세가 중요하다.

다양한 부동산이 경매·공매로 나오기 때문에 초보자라면 처음부터 고가의 물건에 손대기보다 소액 물건 중 숨겨진 보물을 찾아내는 안목을 조금씩 쌓아가야 한다. 아울러 해당 물건에 관한 전문 지식을 갖춰야 한다. 전문 지식은 당장 얻을 수 있는 게 아니므로 틈틈이 시간을 내 쌓는 것이 좋다. 초보자는 입찰을 하지 않더라도 다양한 물건을 많이 접하면서 차곡차곡 안목을 쌓아가는 게 실력을 키우는 방법이다.

가장 쉬운 경매·공매 공부 방법 중 하나는 실패 사례를 찾아 배우는 것이다. 사례를 찾아 공부하다 보면 다양한 실패 사례가 보인다. 매각 대금 미납이나 매각 불허가, 고가 낙찰, 취소, 취하 등 빈번한 사례를 타산지석으로 삼으면 좋다. 특히 임차인의 대항력 유무와 유상 임대차 여부를 잘못 분석해 실패로 이어지는 사례가 종종 있다. 임차인이 있는 부동산의 임대차보호법 적용과 배당 여부, 대항력 유무 등은 경매·공매 공부의 핵심이라고

해도 과언이 아니다. 여기까지만 잘 분석할 줄 알아도 경매·공매에 관해
충분히 마스터한 것이다.

경매·공매 공부는 너무 많이 할 필요가 없으며 투자의 핵심을 찾으려는 노력이 필요하다. 이 책을
두 번 정도 정독하길 바란다. '용어와 절차 → 매각 서류 → 등기사항전부증명서상 권리분석 → 임차
인 권리분석 → 배당 → 낙찰 후 명도' 순서로 공부해보자.

Q

005

경매 부동산의 집주인은 억울한 사람일까?

　많은 사람이 경매로 나온 부동산을 '벼랑 끝에 몰린 안타까운 부동산'으로 생각한다. 어떤 사람은 남의 불행을 보고 웃음 짓는 행위라며 입찰을 꺼리기도 한다. 집주인의 의지와 관계없이 강제 매각된 부동산을 헐값에 산다고 생각하기 때문이다. 정말 경매로 나온 부동산의 집주인은 모두 선의의 피해자일까? 아니다. 채무자가 부동산을 담보로 훨씬 많은 돈을 빌려 강제 매각된 부동산들이 대부분이다. 재정적 파탄에 이른 채무자의 압류 과정에서 나온 부동산으로 봐야 한다는 말이다.

　그렇다면 빚잔치용 부동산이라는 것을 어떻게 판단할까? 경매로 나온 부동산의 '등기사항전부증명서등기부'를 보면 바로 답이 나온다. 감정평가액감정가보다 빚이 더 많은 부동산이 태반이다. 예를 들어 1억 원짜리 아파트가 경매로 나와 등기부를 확인해보니 1순위 3,000만 원의 근저당 외에도 2순위 2,000만 원의 추가 근저당, 3순위 가압류, 4순위 압류 등 총 채권 금액이 1억 5,000만 원을 넘어 각종 채무에 얽혀 있다가 경매로 나왔음을 알 수 있다.

등기부만 복잡한 게 아니다. 임차인까지 있다. 임차인으로부터 전세나 월세 보증금을 받은 집주인은 어쩔 수 없이 안타깝게(?) 집이 경매에 넘어갔다고 울상을 짓지만, 사실 대출금을 여러 차례 갚지 못할 때부터 이미 짐작하고 있었던 일이다. 집주인은 경매에 부쳐질 줄 알면서도 과도한 대출을 받은 상태에서 임대를 한 것이다. 이러한 집주인한테 동정을 갖고 불쌍하다고 말할 수 없다. 다시 말해 부동산을 담보로 과다한 대출을 받았거나 내야 할 세금을 장기간 납부하지 않았기 때문이지, 사기를 당해 돈 한 푼 못 써보고 강제로 경매·공매에 부쳐진 부동산은 드물다는 말이다. 우리는 이러한 부동산을 경매·공매로 싸게 사는 것일 뿐, 남의 불행으로 이익을 챙기는 것이 아니다. 잘못된 입소문이나 정보로 인해 경매·공매로 나온 부동산을 살 때 미안해할 필요는 없다.

등기사항전부증명서 열람·발급 방법

등기사항전부증명서는 누구나 열람·발급받을 수 있다. 등기소나 주민센터에서 일정의 수수료를 지불하면 열람·발급이 가능하고, '대법원 인터넷등기소(www.iros.go.kr)' 사이트에서도 일정의 수수료 결제 후 열람·발급이 가능하다. 또한 부동산 등기 업무가 전산화된 시·군·구청 민원실 내 무인자동발급기에서도 발급받을 수 있다.

006

경매·공매 부동산 투자를 하려면 종잣돈이 얼마나 필요할까?

수억 원의 거금을 들여야만 투자성 있는 부동산을 살 수 있다는 선입견이 있다 보니 지레 부동산 투자를 포기하는 사람이 의외로 많다. 그러나 경매·공매 부동산 4건 중 1건은 감정평가액감정가 1억 미만의 서민형 부동산이고 그중 5,000만 원 미만의 부동산도 30~40% 정도를 차지한다. 또한 전체 5개 물건 중 하나는 3,000만 원 미만이기 때문에 본인의 재정 상황에 맞춰 소액 경매·공매 부동산에 집중한다면 적은 돈으로도 투자 가능한 알짜 부동산을 충분히 찾을 수 있다.

A 100~1,000만 원 이하의 자투리 토지와 소형 농지를 공략하라

전국에서 경매·공매로 나오는 1,000만 원 이하 부동산은 매달 1,500~2,000건에 달한다. 지방의 농지와 임야, 수도권의 구분상가, 소형 주택지와 자투리 토지 등이 주를 이룬다. 그중에서도 건물이 있는 부동산보다 토지가 많이 나오는데, 100만 원 이하의 물건도 찾을 수 있고 330~660㎡ 안팎의 토지도 충분히 살 수 있다. 다만 가끔 지방의 원룸 같은 다세대주택도 경매·공매로 나오는데, 권리상 하자가 있거나 공유지분 또는 법정지상권이 있는 부동산들이어서 낙찰 후 말썽의 소지를 안고 있는 경우가 많으니 주의해야 한다.

재개발 혹은 모아타운 지역 내 도로나 농사지을 토지, 개발 지역 인근에 수용 예정 농지 등 알짜 부동산도 간혹 소액으로 나오기 때문에 집중적으로 관심을 가질 만하다. 1,000만 원 미만의 소액 부동산의 낙찰가율은 80% 선을 넘기 일쑤여서 우량 물건이라면 한발 앞서 투자에 나서는 것이 바람직하다.

Ⓐ 1,000~5,000만 원 이하의 재개발 및 모아타운 지역 내 소형 다세대 주택을 공략하라

여유 자금을 활용해 경매·공매 투자를 하려는 가수요자들 중 이 금액대에서 물건을 찾는 사람이 가장 많다. 농지, 임야, 개발지 내 반지하 다세대주택 등 투자 가능한 부동산이 꾸준히 공급되는 편인데, 투자할 만한 대상은 수도권과 지방 일대 재개발 및 모아타운 호재가 있는 지역의 소형 다세대주택이 적당하다. 재개발 및 모아타운 지역에 투자하면 향후 아파트 입주권을 받을 수 있기 때문에 재테크와 내 집 마련이 동시에 가능하다.

또한 소액 투자가 가능한 종목 중에서 인기 있는 물건은 공매에 많이 있으니 자주 확인하는 것이 좋다. 공매로 나오는 물건들은 세금 체납에 의해 압류된 자산으로 논, 밭, 과수원, 주택, 상가 같은 부동산부터 공공기관에서 이용하던 각종 운송 장비, 금괴나 다이아몬드 등의 귀금속, 한국농어촌공사가 빚 대신 받은 과수원의 과실나무, 동물원의 동물까지 거래된다. 정부기관이나 지자체 소유의 사용 기간이 다한 물건도 나오는데, 공영 주차장 사업권이나 학교 매점 운영권 같은 것을 잘 고르면 짭짤한 수익을 기대할 수 있어 소액 투자자가 관심을 가져볼 만하다.

다만 소액 투자 물건이라도 여유 자금으로 투자해야 한다. 꼭 필요한 돈이나 비상금으로 경매·공매 투자를 해서는 안 된다. 부동산 시장 경기가 좋다고 해서 용도가 정해진 자금을 동원했다가는 추후 되팔 때 매매가 성사되지 않아 손해를 볼 수 있다. 또한 여유 자금 전체를 부동산에 투자한 상태로 유지하는 것은 좋지 않다. 현금 보유 비율이 30% 이상 항상 유지되는 것이 바람직하다.

소액 투자 물건이 오히려 함정이 되기도 한다. 싸다는 유혹에 현혹돼 가벼운 마음으로 입찰했다가 감정가의 함정에 빠져 높은 가격으로 낙찰받는 등 투자 실패로 이어지는 경우가 많다. 이유 없이 유찰이 잦은 물건, 재경매_{재매각} 물건, 초보자가 명도하기 어려운 물건 등은 위험성이 크기 때문에 주의가 요구된다. 따라서 소액 투자를 할 때는 권리분석, 현장 답사, 서류 확인 등 반드시 여러 번의 분석을 거친 후 입찰에 임해야 한다.

007 경매·공매 부동산 투자 시 필요한 습관이 있다면?

A 경매·공매 정보 사이트를 수시로 방문하라

경매·공매는 시작 전에 어느 정도 준비 기간이 필요하다. 처음부터 꼼꼼하게 준비하지 않으면 다른 사람들의 성공 사례만 엿듣다 흐지부지되기 쉽다. 경매·공매 투자에 전념하겠다는 의지를 갖고 좋은 물건을 찾아 단기간에 집중 분석하려는 노력이 필요하다. 경매·공매는 관심을 얼마나 갖느냐에 따라 누구나 전문가가 될 수 있다.

경매는 '대한민국법원 법원경매정보(www.courtauction.go.kr)', 공매는 '온비드(www.onbid.co.kr)' 사이트를 즐겨찾기해서 자주 들어가보는 것이 좋다. 좋은 물건을 찾으려면 보는 눈을 길러야 한다. 관심 있는 물건이 있다면 집중적으로 조사하는 노력이 필요하며 물건의 내역과 '감정평가서감정서', '매각물건명세서' 등을 수시로 확인하고 보는 법을 익히는 훈련을 해야 한다. '경매·공매는 서류로 시작해서 서류로 끝난다'라고 할 정도로 서류가 중요하다. 초보자일수록 기본적인 매각 서류를 꼼꼼히 확인하는 습관을 길러야 나중에 실수를 줄일 수 있다. 사이트에는 매각 서류뿐만 아니라 각종 용어 해설과 통계자료 등이 올라와 있으니 참고하면 좋다.

선호하는 지역이 있다면 그 인근까지 경매·공매 물건을 확인하는 습관도 기르면 좋다. 예를 들어 용인 지역 근린상가에 관심이 있다면 용인뿐만 아니라 수원, 성남 등 인근 지역까지 검색해보고 상가와 업무용 시설까지 두루 경매·공매 물건을 확인해보자. 지역적인 구분보다 우량 물건을 중심으로 확인하는 게 좋다.

Ⓐ 온라인 지도와 경매·공매 애플리케이션을 활용하라

온라인 지도 보는 것을 습관화하면 미리 현장을 가본 것과 같은 효과를 볼 수 있다. 온라인 지도로 경매·공매 부동산의 주소를 검색하면 위치를 기준으로 그 주변을 입체적으로 읽을 수 있고 지하철과 도로, 학군, 상권 같은 지역 특성을 파악하기 쉽다.

물건을 검색할 때는 잘 아는 지역을 위주로 찾는 것이 좋다. 부동산 투자에 실패하는 이유 중 하나는 본인이 잘 알지 못하는 곳에 섣불리 투자하기 때문이다. 본인이 사는 집 근처나 예전에 살았던 곳, 관심을 갖고 자주 찾았던 곳에 위치한 부동산은 가격과 함께 입지와 상권 분석에 용이하다. 지역에 대한 충분한 정보를 얻고 입찰하면 시세 차익에 확신을 가지고 투자할 수 있다.

온라인 사이트와 부동산 애플리케이션을 활용해 최신 물건과 부동산 정책 뉴스, 지역별 동향을 매일 확인하는 습관도 길러보길 바란다. 공매 물건을 볼 수 있는 '스마트 온비드' 애플리케이션을 참고하면 물건 정보는 물론이고 시세와 부동산 외부의 위성 사진까지 볼 수 있어 발품을 들이지 않고도 정보를 손쉽게 얻을 수 있다.

Ⓐ 부지런히 현장을 방문해 직접 확인하라

여행을 가는 기분으로 현장 답사를 부지런히 하는 습관을 들이는 것이 좋다. 마음에 드는 부동산을 골랐다면 직접 현장을 방문해 살피고 주변 시세보다 싸게 나온 것인지 봐야 한다. 경매·공매를 하는 가장 큰 이유가 '저렴한 가격'이기 때문에 시세보다 낮은 가격으로 낙찰받기 위해서는 정확한 현장 확인이 필요하다. 현장 주변에 있는 부동산 중개사무소를 통해 시세, 급매물 가격, 매도 물량, 매수 분위기 등을 파악해보자.

중개사무소를 자주 찾아가 자문을 얻는 습관도 좋은 공부 방법 중 하나다. 중개사무소는 부동산 거래가 이뤄지는 장소기 때문에 지역과 개발 정보가 다양하게 오고 간다. 중개사무소마다 조금씩 정보의 차이가 있을 수 있으니 1곳만 가지 말고 3~4곳 정도 방문해 객관적인 정보를 얻을 수 있어야 한다.

경매·공매 투자를 잘 하려면 다양한 물건을 섭렵하되 실력이 붙은 후에는 투자 종목을 1~2가지로 좁히는 게 유리하다. 관심 있는 종목만 집중적으로 연구하고 경험하면 빠르게 경매·공매에 관해 익히고 투자 실패도 줄일 수 있다.

경매·공매 부동산 투자에 실패하지 않으려면?

Q

A 초보 투자자는 감정가 오류를 조심하라

경매·공매 투자에서 누구나 다 성공할 수는 없지만 그렇다고 실패하는 경우도 드물다. 경매·공매는 부동산을 시세보다 최소 10%에서 50% 이상 싸게 살 수 있는 공개 투자 수단이다. 기본적으로 부동산을 시세보다 싸게 장만하는 방법이기 때문에 투자해서 망하는 일은 흔치 않다. 다만 초보 투자자의 실패율이 높다. 여러 이유가 있지만 대표적인 실패 원인은 '감정가 오류'다.

부동산의 감정평가액_{감정가}은 현재 시세가 아니다. 그런데 초보 투자자는 감정가를 시세로 보고 유찰 횟수가 많으면 가격이 싸다고 착각해 높은 가격을 써내 낙찰받는 경우가 있다. 경매·공매로 부동산을 사는 이유는 시세보다 싸게 사기 위함인데, 시세보다 높거나 같은 가격에 낙찰받는다면 실패한 것과 마찬가지다.

경매 법정의 과열 분위기에 휩쓸려 고가에 낙찰받는 경우도 상당하다. 온라인 입찰인 공매와 달리 현장 입찰인 경매에서 자주 벌어지는 일이다. 본인이 원하는 금액을 정하지 않고 경매 법정을 찾았다가 수많은 입찰자를 본 순간 안달이 나 '이왕 입찰했으니 무조건 낙찰받자'라는 마음으로 입찰 가격을 한껏 높여 써내 낙찰을 받는다. 낙찰 후에는 되돌릴 수 없으므로 사전에 꼼꼼히 준비해 입찰하는 것이 실패를 줄이는 방법이다.

Ⓐ 성공 사례보다 실패 사례를 잘 알아두라

'잘 건진 상가 하나, 열 아들 안 부럽다'라며 대출을 받아 상가나 오피스텔에 입찰하는 사람들이 있다. 그러나 수익형 부동산은 공실 가능성도 높다. 싸게 낙찰받았어도 낙찰받은 부동산이 몇 개월씩 비어 있다면 당장 대출금을 갚아야 하는 채무자 입장으로 바뀌게 됨을 명심해야 한다.

경매·공매 실패 사례 중 많은 것이 임차인과 관련된 것이다. 임차인 권리분석을 잘못했다가 낙찰 후 임차인 보증금을 별도로 물어주는 쪽박 사례도 비일비재하다. 경매·공매 부동산은 말소기준권리 이전에 임차인이 대항력을 갖추면 낙찰자가 임차인의 보증금을 모두 인수하는 것이 원칙이다. 이러한 권리분석 과정을 모른 채 싸게 낙찰받았다가 보증금을 꼬박 물어주고 나서야 경매·공매 투자의 위험을 새삼 깨닫는 경우도 있다.

배보다 배꼽이 큰 물건을 낙찰받아 애를 먹는 경우도 있다. 권리 관계가 복잡한 물건을 고르면 대박 난다는 이야기를 듣고 과감하게 입찰해 낙찰받았다가 유치권자와 한판 소송을 벌이기도 한다. 해결하기 어려운 소위 특수물건이라 하는 것은 난해한 권리 관계가 얽혀 있어 전문가도 다루기 쉽지 않은 물건이다. 이러한 물건은 낙찰받고 나서도 골머리를 앓는 경우가 많으니 초보 투자자는 특히 주의해야 한다.

경매·공매 투자에서 성공 사례만 듣고 기억하기보다 실패 사례, 즉 쪽박 사례를 잘 알아두는 게 좋다. 경매·공매의 성공 사례보다 실패 사례를 유심히 살펴 낙찰 후 하자를 안게 되는 건 아닌지 요모조모 살펴보고 나서 입찰해야 한다. 경매·공매 투자에는 큰돈이 오고 가기 때문에 시간적 여유를 갖고 권리분석과 물건분석 과정을 세심하게 거친 후 입찰을 결정하길 바란다.

009 경매·공매 부동산에 투자하기 좋은 시기는?

A 부동산 정책과 흐름에 따라 투자 수익은 들쭉날쭉하다

경쟁을 피해 싸게 낙찰받는 게 경매·공매 부동산 투자에서는 최선책이다. 그러기 위해서는 투자자가 덜 몰리는 때를 골라 입찰해야 싸게 낙찰받을 수 있다. 경매·공매도 부동산 투자의 수단이기 때문에 가치가 저평가된 것을 다른 투자자들이 알아채지 못한 상태에서 낙찰받는다면 높은 수익을 거둘 수 있는 것은 당연하다.

경매·공매 부동산 투자에서 적절한 타이밍을 잡으려면 현장 조사를 통해 부동산 시장 전체를 살펴야 한다. 부동산 투자는 타이밍 게임이기 때문에 장기적으로는 부동산 시장의 전체적인 흐름과 정책을 파악하고, 단기적으로는 시세와 매매 가격, 임대 가격 추이를 읽어야만 저가 매수 타이밍을 잡을 수 있다.

정부가 각종 부동산 규제를 강화하는 시점에는 경매·공매 시장의 돈의

흐름이 바뀐다. 거래 제한과 세금 규제로 부동산을 사서 되팔아도 남는 게 없다고 계산되면 낙찰가율이 떨어지는 과정을 겪는다. 실제로 시중에 종합부동산세 때문에 나온 급매물과 일시적 1가구 2주택, 처분조건부대출 등의 이유로 값싼 매물이 나오던 시점에는 경매·공매 시장에 투자자가 줄면서 낙찰가율이 하락했다.

경매 법정을 찾는 실수요자가 많으면 물건의 낙찰 가격은 올라간다. 실수요자는 일정한 차익 실현의 가능성이 보이면 가격을 높이 써서라도 낙찰받으려는 성향이 있다. 예전에는 투자자들의 경매·공매 참여 빈도가 높았지만 요즘은 실수요자들의 참여가 대세다. 경쟁률이 하락하는 대신 낙찰가율이 꾸준한 상승세를 타고 있다.

Ⓐ 11~1월은 전통적인 경매·공매 비수기다

경매·공매 부동산 투자에서 계절적 변수도 무시할 수 없다. 입찰 경쟁률이 떨어지고 낙찰가율이 저조한 시기는 11월에서 1월 사이다. 전통적인 경매·공매 비수기로, 이 시기에는 우량 물건이 많고 저가 낙찰이 잦다. 지금은 이사 철의 의미가 거의 없어졌지만 그래도 봄가을은 경매·공매 수요가 몰려 낙찰가율이 높아지는 계절이다.

날씨와 경매·공매 낙찰가율도 상당한 인과관계가 있다. 혹한·혹서기, 장마철과 폭우·폭설이 있고 난 다음 날 입찰이 진행되는 경매·공매 물건은 입찰자가 줄어 낙찰가율이 평균 10% 정도 하락한다. 또한 설날과 추석 같은 명절이 시작돼 인구 이동이 심한 날 전후의 경매 법정은 비교적 한가하다.

계절적 비수기에 골라야 하는 종목도 있다. 바로 전원형 부동산이다. 토지나 농가시설, 단독주택은 겨울에 고르는 게 정석이다. 농지나 임야, 시골주택은 여름에는 수목과 풀이 우거져 경사도나 묘지 유무, 경계선, 형태 파악이 어려워 실수로 고가에 낙찰받기 쉽다. 나무에 가지만 남아 땅의 형태를 온전히 살필 수 있는 겨울에 살펴보고 투자를 결정해야 하자를 제대로 확인할 수 있다.

입찰 예정 지역 내 최근에 낙찰된 물건의 입찰 경쟁률을 살펴보면 투자 적정 시기인지 아닌지 가늠할 수 있다. 감정평가액_{감정가}의 90~100% 선에서 낙찰되는 물건이 늘어나고 평범한 물건에 10명 이상이 입찰 경쟁을 벌인다면 사람들이 몰리는 시기다. 그러나 2회 이상 유찰된 물건이 늘거나 1~2명만 입찰 경쟁을 벌여 최저가 수준에 낙찰된다면 경매·공매의 가격 거품이 빠지고 있음을 의미한다. 이때 '되면 좋고 안 되면 말고' 식으로 꾸준히 입찰해보길 바란다.

경매·공매 부동산 투자에 있어 좋은 시기를 파악하려면 꾸준히 시장의 추이를 살펴야 한다. 부동산 전환기에는 단기적인 투자 수익을 기대하기보다 개발 재료가 확실한 지역 내 알짜 종목에 멀리 보고 투자하는 것이 안전한 부동산 투자법이다. 이상적인 입찰 타이밍은 부동산 경기가 회복 조짐을 보이는 초기, 즉 부동산 침체기를 벗어나려는 시점에 싼 경매·공매 물건으로 저가 사냥에 나서는 것이 가장 좋은 투자 방법이다.

010 경매·공매의 진행 절차와 필요한 서류는?

A 경매 진행 절차 알아보기

경매는 개인을 대신해 국가기관에서 진행시키는 절차법으로, 크게 3가지 순서로 진행된다.

첫째는 압류 절차다. 채권자가 법원에 경매를 신청하면 법원은 경매 개시 결정을 하여 매각할 부동산을 압류하고 해당 부동산 '등기사항전부증명서_{등기부}' 등기 목적란에 '강제경매개시결정'을 기재, 특기 원인란에 '경매개시결정 ○○○○년 ○○월 ○○일 및 ○○지방법원(○○○○타경○○○)'을 기재해 채무자에게 '경매개시결정문'을 송달한다. 동시에 법원은 매각할 부동산의 현황, 점유 관계, 임차인의 차임 또는 보증금 액수, 기타 현황에 관한 조사를 하고 '현황조사서'를 작성해 감정인에게 부동산의 평가를 명령하여 '감정평가서_{감정서}'를 준비한다. 그리고 마지막으로 '매각물건명세서'를 작성한다.

둘째는 환가 절차다. 법원은 경매 물건의 기간입찰 또는 기일입찰을 지정하고 그 기간과 매각결정기일, 최저매각가격을 정해 '대한민국법원 법원경매정보(www.courtauction.go.kr)' 사이트와 신문 등에 공고한다. 매각기일이 되면 정해진 경매 법정에서 집행관이 매각을 실시한다. 매각 과정에서 최고가매수신고인과 차순위매수신고인을 정하며 매각기일에 입찰자가 없어 유찰되면 최저매각가격을 저감해 새 매각기일에 다시 매각을 실시한다. 매각기일에 최고가매수신고인이 정해지면 매각결정기일에 이해관계인의 의견을 들은 후 매각의 허부를 결정하는데, 이 매각 허가 결정에 대해 이해관계인이 이의가 있는 경우에는 즉시항고할 수 있다. 그러나 절차에 따라 이의신청이나 즉시항고가 없으면 매각 허가 결정이 확정되고, 법원은 대금 지급 기한을 지정하며 낙찰자가 기한 내에 잔금을 납부하면 경매 법원 촉탁등기를 통해 소유권을 이전받게 된다. 만약 낙찰자가 대금 지급 기한까지 잔금을 납부하지 않았을 때 차순위매수신고인이 있으면 차순위매수신고인에 대해 매각의 허부를 다시 결정하고 차순위매수신고인이 없으면 재경매재매각를 실시한다.

셋째는 변제 절차로서 배당 절차다. 낙찰자가 잔금을 납부하면 법원은 배당기일을 지정해 배당 순위에 따라 '배당표'를 작성하고 배당 절차를 진행한다. 배당과 동시에 낙찰자의 부동산 인도명령 신청에 따라 명도가 진행된다.

부동산 경매 절차

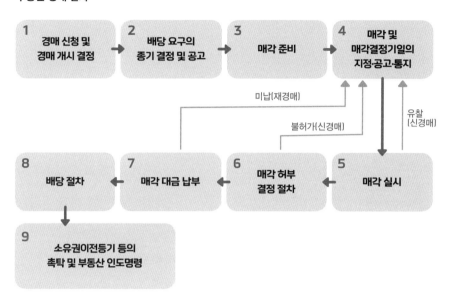

Ⓐ 공매 진행 절차 알아보기

공매 역시 경매 절차와 거의 비슷하게 진행되며 절차상 용어가 조금 다르다. 〈국세징수법〉 개정으로 2012년부터 공매 절차도 경매 절차와 유사하게 변경됐기 때문에 바뀐 내용을 참고하면 쉽게 이해할 수 있다.

첫째는 공매공고등기 제도가 신설됐다. 종전에는 공매 개시를 하면 아무런 등기를 하지 않았으나 개정 후에는 경매같이 공매공고등기를 한다.

둘째는 경매 물건의 현황조사서와 매각물건명세서에 기재되는 내용을 공매 물건도 작성해야 하며 공매 압류재산의 경우 '공매재산명세서' 작성이 의무화됐다. 개정 전에는 감정서를 활용하는 것으로 했으나 개정 후에는 세무 공무원의 현황 조사 내용과 매각 대상 물건에 대한 명세를 작성·비치·열람하게 했다.

셋째는 매각 대금의 납부 기한이 변경됐다. 종전에는 납부 기한 기준 금액이 1,000만 원 이상일 때는 매각결정기일로부터 60일 이내로 지정돼 공매 물건 낙찰 시 잔금 납부에 유리한 부분이 있었다. 그러나 2012년부터는 30일 이내로 단축됐으며 2013년부터는 납부 기한 기준 금액이 3,000만 원으로 조정됐다. 기준 금액 미만일 때는 7일 이내에 잔금을 납부해야 한다.

넷째는 배당요구종기일이 변경됐다. 배당받을 권리자의 배당요구종기일을 종전에는 '배분계산서' 작성 전까지였지만 현재는 최초입찰기일 이전까지로 앞당겨졌다.

더불어 2016년부터 공매 절차에서 크게 2가지 사항이 개정됐으니 꼭 알아둬야 한다.

첫째, 입찰보증금매수보증금이다. 기존에는 입찰자 입찰 가격의 10%를 입찰보증금으로 납부해야 했으나 2016년도 공매 물건부터는 최저입찰가의 10%를 입찰보증금으로 납부한다.

둘째는 차순위매수신고 제도다. 본래 경매에만 있었는데, 새롭게 공매에도 도입된 제도다. 그러나 경매의 경우 낙찰 가격에서 입찰보증금을 뺀 금액을 '초과'해 입찰해야 차순위매수신고가 가능한데, 공매의 경우 '이상'이면 가능하다는 차이가 있다.

과거와는 달리 공매 절차가 경매와 거의 흡사하게 바뀌었기 때문에 경매 절차를 잘 알고 있으면 거의 동시에 적용할 수 있다는 점에서 경매와 공매 모두 편하게 참여할 수 있게 됐다.

경매·공매 필수 확인 서류

서류	설명
등기사항전부증명서	부동산의 전반적인 정보를 기재한 문서로, 소유권에 관한 사항과 소유권 이외의 권리에 관한 사항이 표시됨
매각물건명세서	경매 집행 법원이 제공하는 공적인 문서로, 부동산의 권리분석에 필요한 모든 정보가 표시됨
현황조사서	집행관이 직접 부동산이 있는 현장을 방문해 조사한 내용이 기재된 문서
감정평가서	경매·공매 부동산의 가치를 평가하고 가격으로 산정해 기재한 문서
공매재산명세서 (압류재산의 경우)	공매 부동산의 권리분석에 필요한 모든 정보가 표시된 문서
건축물대장	건물의 규모와 준공 일자, 용도 등 건물의 상태를 기재한 문서
토지대장	토지의 지목과 면적, 소유자, 토지 현황과 상태를 기재한 문서

011 경매와 공매의 차이점은?

　최근 경매보다 공매를 해야 돈을 벌 수 있다고 주장하는 사람들이 있다. 과연 그럴까? 기본적으로 '어떤 물건'에 참여하느냐가 돈을 벌 수 있을지 없을지를 판가름하는 중요한 변수고, 참여자의 절차별 내공이 경매에 강한지 공매에 강한지에 따라 수익성이 달라진다고 보는 것이 맞다. 경매와 공매는 절차의 유사성이 있지만 차이점도 있기 때문에 이를 알고 적절한 전략을 짜는 것이 필요하다.

　첫째, 법률적 성격 차이다. 경매는 채권자와 채무자 간의 이해관계 조정을 목적으로 한 공권력의 개입이라면, 공매는 조세채권의 신속한 만족을 목적으로 한 공법상의 행정처분이라고 할 수 있다. 구체적으로 경매는 〈민사집행법〉을 근거로 법원에서 진행된다. 개인의 채권과 채무는 자력구제가 인정되지 않는다. 따라서 이러한 채권 회수를 개인이 아니라 국가기관인 사법부가 강제집행 절차에 따라 회수해주는 것으로, 법에서 정한 엄격한 절차에 따라 진행된다. 공매는 한국자산관리공사KAMCO에서 〈국세징수법〉을 근거로 진행된다. 국민에게 부여된 납세의무를 근거로 부과된 국세나 지방세를 체납했을 때 한국자산관리공사에 위임해 공매 절차를 통해 체납된 조세를 강제징수하게 된다.

둘째, 매각 결정 가격을 체감하는 방법 차이다. 경매는 가격 체감의 원칙이 없으며 유찰 시 통상적으로 이전 회차 가격의 20~30%씩 체감하지만, 공매는 유찰 시 2회차부터는 1회차 예정 가격의 10%씩 체감해 50%까지 진행한다. 그럼에도 공매로 매각되지 않으면 관서의 장과 협의에 의해 새로운 예정 가격을 결정한다. 이때 최초 가격의 25%까지만 진행 가능했으나, 2016년부터는 예정 가격의 25%까지도 매각되지 않을 경우 추가 체감도 가능하도록 변경됐다.

셋째, 공유자의 우선매수신청 기간 차이다. 경매에서는 집행관이 매각기일을 종결한다는 고지가 있기 전까지 공유자가 우선매수신청을 할 수 있지만, 공매에서는 최초 입찰 기일 이전까지 하는 것으로 개정됐다.

넷째, 매수 자격의 제한 차이다. 경매에서는 낙찰자가 대금을 미납해 재경매재매각가 진행되면 대금을 미납한 낙찰자는 다시 참여할 수 없지만, 공매에서는 매수 제한 규정이 없다.

경매나 공매 모두 시세보다 싸게 부동산을 살 수 있는 방법이지만 어느 것이 더 쉽고 안전하게 낙찰받을 수 있는 것인가 하는 문제는 개인에 따라 다를 것이다. 초보자는 경매냐 공매냐를 두고 결정을 내리지 못하는 경우가 많은데, 경매와 공매 중 내공이 더 깊은 물건에 참여하는 것이 최고의 선택이다.

경매와 공매의 차이점

구분	경매	공매
공고 사이트	대한민국법원 법원경매정보 (www.courtauction.go.kr)	온비드 (www.onbid.co.kr)
근거 법률	민사집행법	국세징수법
담당 기관	경매계	조세정리팀 등
저감률	통상 최저매각가격의 20~30%	매회 10%
물건 구분	사건번호	물건관리번호
매물 종류	임의경매, 강제경매 등	압류재산, 국유재산 등
입찰 간격	1개월	7일
입찰 방법	해당 법원 경매 법정	온비드 사이트 전자 입찰
명도 방법	인도명령	명도소송(인도명령 ×)
매각 서류	매각물건명세서, 현황조사서, 감정평가서	공매재산명세서(압류재산의 경우), 감정평가서

012 경매에서 강제경매와 임의경매란?

〈민사집행법〉에 의해 진행되는 경매에는 강제경매와 임의경매가 있다. 강제경매는 집행권원을 가진 채권자의 신청에 의해 채무자 소유의 재산을 압류하고 매각한 후 그 매각 대금에서 금전채권의 만족을 얻는 방법을 말한다. 즉, 채권자가 받아야 할 물품 대금, 임대차계약 만료에 따른 보증금, 손해 보상금 등을 법원에 소송을 제기해 승소를 했는데도 채무자가 이를 상환하지 않으면 채권자는 국가기관인 법원에 강제경매를 신청해 금전채권의 만족을 얻는 행위로서 인적책임을 구현하는 절차라고 할 수 있다.

임의경매는 담보권 실행을 위한 경매를 말한다. 채무자는 금융기관 등에서 대출을 받을 때 저당권이나 근저당권 등을 먼저 설정하고 대출을 받는다. 그런데 채무자가 이자 상환을 안 하거나 상환 기간 내에 상환하지 않으면 담보로 제공된 물건에 대해 채권자가 경매를 신청한다. 임의경매는 물적책임을 구현하는 절차로서 강제경매와 달리 집행권원은 필요하지 않다.

강제경매와 임의경매는 공통점과 차이점이 있는데, 먼저 공통점부터 살펴보자.

첫 번째 공통점은 진행 절차다. 채권자가 경매를 신청하면 절차에 따라 경매개시결정등기를 시작으로 매각 허부 결정, 대금 납부, 배당과 인도, 그리고 소유권 이전 등의 순서로 모든 절차가 동일하게 진행된다.

두 번째 공통점은 채권 회수 기관이다. 채권자는 채권을 찾기 위한 개인의 자력구제가 금지돼 있어 법원에 경매를 신청해 압류하고 경매를 통해 매각된다. 낙찰자가 잔금을 납부하면 배당 순위에 따라 법원이 대신 채권을 회수해준다는 점도 동일하다.

세 번째 공통점은 소유권 취득 시기다. 매각기일에 최고가매수신고인이 결정되면 일주일 뒤 매각 허부 절차에 따라 매각 허가가 된다. 그 후 일주일 동안의 항고기간에 이의신청이 없으면 낙찰자는 잔금 납부를 통지받고 잔금을 납부함으로써 소유권을 인정받는 점이 동일하다.

다음으로 강제경매와 임의경매의 차이점을 살펴보자.

첫 번째 차이점은 첨부하는 서류가 다르다. 채권자가 경매를 신청하는 경우 임의경매는 담보권의 존재를 증명하는 서류를 첨부하고, 강제경매는 집행권원을 신청서에 첨부해야 한다.

두 번째 차이점은 강제집행 대상물이 다르다. 임의경매는 저당권이 설정된 부동산으로 한정해 경매를 신청할 수 있으나, 강제경매는 채무자 명의의 모든 재산을 상대로 경매를 신청할 수 있다.

세 번째 차이점은 경매 개시 결정의 이의 사유가 다르다. 경매 개시 결정에 있어 임의경매는 실체상 하자와 절차상 하자를 가지고 이의를 제기할 수 있으나, 강제경매는 실체상 하자에 대한 이의는 제기할 수 없고 절차상 하자에 대해서만 이의 사유를 삼을 수 있다.

네 번째 차이점은 공신력 효과가 다르다. 강제경매는 집행권원을 가진 때에만 강제집행권에 의한 경매가 실행됨으로써 공신력이 효력을 가지지만, 임의경매는 강제경매와 달리 담보권에 기인한 경매기 때문에 만약 담보권에 진정성 문제가 발생하면 매각 허가 결정 효력에 영향을 미치므로 임의경매에 공신력 효과가 부정될 수 있다는 차이점이 있다.

013

한 물건이 동시에 경매와 공매로 진행될 수 있을까?

Q

입찰하려는 경매 물건의 '매각물건명세서'를 확인하던 도중 공매로도 진행되고 있음을 알고 당황스러워지는 경우가 있다. 같은 물건이 경매와 공매로 동시에 부쳐지는 게 가능할까?

조세를 체납해 절차에 따라 공매가 진행되고 있음에도 채권자는 공매 절차와 관계없이 채무자의 부동산에 대해 강제경매나 임의경매를 진행할 수 있다. 이러한 경우 낙찰된 물건에 먼저 잔금을 납부하고 소유권을 취득하는 사람이 소유자로 확정된다. 그렇다면 경매와 공매 중 어디에 입찰해 낙찰받는 게 유리할까?

경매 물건에 내공이 있는 사람은 공매 물건을 처음 접하면 다소 불편한 점이 있다. 하지만 바로 이 특성 때문에 공매 물건 낙찰가율이나 경쟁률이 경매보다 낮아 유리하다. 실제로 공매의 평균 낙찰가율은 경매에 비해 5~10% 정도 낮다. 낙찰가율이 낮다는 것은 공매 물건이 경매 물건보다 경쟁이 덜 치열하고 그만큼 낙찰받기가 수월하다고 볼 수 있다. 그러나 공매의 단점도 있다.

첫째는 정보의 폐쇄성이다. 경매 물건은 기본적으로 '대한민국법원 법원경매정보(www.courtauction.go.kr)' 사이트를 통해 많은 정보를 제공받을 수 있고, 더 자세한 정보를 원한다면 유료 경매 정보 사이트를 이용해 구체적인 정보 수집이 가능하기 때문에 위험 부담이 적다. 반면 공매는 '온비드(www.onbid.co.kr)' 사이트를 통해 정보를 제공받는 것 이외에는 마땅히 다른 대안이 없다. 따라서 위험 부담이 더 클 수 있으므로 그만큼 발품을 더 팔아야 한다.

둘째는 인도명령 제도가 없다는 점이다. 경매 물건의 수익성은 명도에 달려있다고 해도 과언이 아니다. 낙찰되면 소유권은 인정받을 수 있지만 진정한 소유권의 행사는 경매나 공매 물건의 명도가 돼야 가능하다. 공매에서는 인도명령 제도가 없어 낙찰자는 명도 부분에 상당한 위험 부담을 가질 수 있다.

이외에도 공매로 낙찰받은 부동산에 중대한 하자가 발생했을 때 공매를 진행한 기관에 대해 책임을 물을 수 있는 법적 근거가 부족하다는 점 등도 있다. 따라서 과열된 경매 시장을 피해 틈새시장이라 할 수 있는 공매 시장에 투자자가 늘고 있는 것은 사실이지만 두 시장이 가진 각각의 장단점에 유의해 참여할 필요가 있다.

014 경매·공매가 진행 도중 취소될 수도 있을까?

여러 번 낙찰에 실패했던 K 씨는 오랜만에 괜찮은 경매 부동산을 발견했다. 권리분석과 물건분석을 하고 현장 답사를 통해 수익성이 있다는 판단까지 내렸다. 물건의 매각기일에 입찰했고 이번에는 낙찰까지 성공했다. 얼마나 뿌듯하겠는가. 콧노래를 부르며 잔금 납부할 일만 생각하고 있었다. 그런데 이게 웬걸, 경매 사건이 취소됐다는 연락을 받았다. 낙찰자 입장에서 경매 취소는 어떤 의미일까? 가슴이 미어지는 고통의 시작이다. 통상적으로 경매 개시 결정을 하면 낙찰자가 잔금을 납부하기까지 대략 7~8개월 이상 소요되는데, 이 기간이 채권자나 채무자에게는 경매를 취소 또는 취하시킬 수 있는 시간이다.

경매를 신청한 채권자는 경매 신청을 '취하'해 해당 경매 절차를 종료시킬 수 있다. 다만 낙찰자가 있기 전까지는 다른 사람의 동의를 받을 필요 없이 경매 신청을 취하할 수 있지만, 낙찰자가 있고 난 후에는 경매 신청을 취하하려면 최고가매수신고인 또는 차순위매수신고인의 동의를 받아야 한다. 따라서 위의 사례처럼 낙찰자가 있는 이후에는 실질적으로 낙찰자의 동의가 있어야만 경매 신청 취하 시 효력이 발생한다.

　채무자 입장에서는 채권자가 경매 신청을 취하해주는 것이 가장 깔끔한 해결 방법이다. 하지만 만약 낙찰자가 채권자의 경매 신청 취하에 동의해주지 않거나 무리한 금전적 보상을 요구한다면 어떻게 해야 할까? 채무자는 경매를 '취소'시킬 방법이 전혀 없는 걸까? 이럴 때 채무자는 낙찰자의 동의 없이 단독으로 경매를 취소할 수 있다. 경매 개시 결정에 대한 이의를 제기하는 방법인데, 강제경매와 임의경매에 따라 조금 다를 수 있다.

　강제경매에서는 경매 개시 결정을 한 법원에 경매 신청 요건의 흠, 경매 개시 요건의 흠 등 절차상의 하자를 이유로 경매 개시 결정에 대한 이의를 제기할 수 있다. 또한 채무자가 청구 이의의 소를 제기할 경우 강제집행 정지 신청도 별도로 해야 하며, '강제집행정지결정문'을 낙찰자의 매각 대금 납부 전까지 법원에 제출해야만 경매 절차를 정지시킬 수 있다.

　임의경매에서는 절차상의 하자뿐만 아니라 실체상의 하자를 이유로 경매 개시 결정에 대해 이의를 제기할 수 있다. 만약 채무자가 등기 말소 청구 이의의 소를 제기할 경우 강제경매와 마찬가지로 강제집행 정지 신청도 별도로 해야 하며, 강제집행정지결정문을 낙찰자의 매각 대금 납부 전까지 법원에 제출해야만 경매 절차를 정지시킬 수 있다.

　공매 역시 진행 중 절차가 취소될 수 있다. 세금을 납부하지 않아 공매로 나오는 압류재산은 체납자가 세금을 납부하거나 낙찰자가 잔금을 납부하기 전 체납자가 낙찰자의 동의를 얻어 세금을 납부하고 취소를 구하는 경우 등에 공매 절차가 취소될 수 있다. 특히 공매는 체납액이 부동산의 가치(건물 가격 등)보다 적은 경우가 훨씬 많아 취소되는 사건이 많은 편이다. 소액의 채무(체납금 등)로 인해 부동산 전체를 공매로 처분하는 것을 보고만 있을 체납자는 많지 않기 때문이다.

따라서 낙찰 후에도 경매·공매가 취소 또는 취하될 수 있음에 유의하고 사전에 그런 가능성이 낮은 물건을 고르는 것이 현명하다.

015 | 경매 법정에는 입찰할 사람만 들어갈 수 있을까?

입찰하는 날에는 경매로 수십 개의 물건이 나오기 때문에 경매 법정에 사람이 많을 수밖에 없다. 매도인, 매수 예정자, 채권자, 채무자, 경매 학원생, 대출 중개인 등 다양한 사람들이 있다. 이제는 경매가 많이 대중화돼 경매 법정을 찾는 사람이 점차 늘고 있다.

경매가 과거보다 쉬워졌다고는 하지만 처음 접하는 사람은 경매 절차를 현장에서 이해하기란 쉽지 않다. 그러다 보니 입찰하려는 사람 대부분은 컨설팅 업체와 계약을 맺고 입찰을 의뢰해 해당 컨설턴트와 함께 오는 경우가 많다. 또한 경매 정보 업체에서는 낙찰 가격과 입찰 경쟁률을 실시간으로 전달해야 하고, 잔금 대출을 중개하는 사람은 홍보를 해야 하기 때문에 경매 법정 앞은 더 복잡하다.

경매 법정에는 입찰자뿐만 아니라 단순히 참관하려는 사람도 누구나 들어가 경매 절차를 지켜볼 수 있다. 이처럼 비좁은 법정에 누구나 들어갈 수 있다 보니 혼잡해서 정신이 없는 경우가 많다.

입찰을 하려면 경매를 진행하는 집행관들로부터 '입찰봉투'를 받아 '기일입찰표'를 작성해야 한다. 입찰표 작성은 매우 중요한 일이기 때문에 법정 근처 소파와 휴게실 같은 좁은 공간에서 집중해 작성하고 다시 경매 법정으로 돌아와 지정된 시간 내에 입찰 서류를 제출하는 것이 좋다.

경매 법정이 북적이는 것을 보고 나면 입찰 가격을 결정할 때 종종 흥분될 때가 있다. 경쟁자가 많다고 느껴 본인이 생각했던 가격보다 더 높은 가격을 써내는 경우가 빈번하므로 경매 법정에 올 때는 마음을 차분히 하고 냉정해질 필요가 있다. 또한 입찰 가격을 당일 경매 법정에서 결정하기보다 입찰 전에 미리 어느 정도 결정하고 가는 것이 실수를 줄이는 하나의 방법이다.

경매 법정은 소송하는 법원인 동시에 부동산을 사고파는 거래 시장이다. 지나치게 엄숙할 필요도 없지만 그렇다고 북적이는 분위기에 휩쓸려 흥분하지도 말아야 한다.

016 경매·공매 부동산의 투자 포인트는?

A 시세 파악을 철저히 하라

경매의 대중화로 낙찰가율이 완만한 상승세를 보이고 있다. 최근에는 아파트나 빌라의 낙찰가율이 80%대를 유지하고 있다. 특히 전세가율(주택 매매 가격 대비 전세 보증금 비율)이 오르거나 도심 지하철역 주변의 소형 주택은 시세에 근접한 수준에 낙찰되는 현상도 나타나고 있다. 경매 시장 분위기가 달아오른 만큼 낙찰가율이 높은 지역의 부동산은 경매가 진행되는 법원 현장에서 소신껏 입찰해야 한다.

호가가 오를 때는 현장 답사를 통한 시세 조사가 필수다. 입찰 전 3곳 이상의 부동산 중개사무소를 둘러보고 정확한 시세를 파악한 후 시세보다 낮은 가격에 입찰해야 한다. 감정평가액감정가을 시세로 오인해 감정가가 낮으면 부동산 가격이 싸다고 착각하기 쉽다. 실제 시세가 감정가보다 낮은 가격에 형성돼 있으면 2~3회 유찰되기도 하니 주변의 시세 동향을 살핀 후 입찰해야 한다. 만약 개발 호재가 있는 지역의 부동산이라면 감정가보다 높이 써내 낙찰받아도 투자에 성공할 수 있다.

또한 경매 부동산 투자를 위해 수익률과 시세 차익을 분석할 때 법원의 매각 서류만 믿어서는 안 된다. 법원에 비치된 자료만 맹신해 고가에 낙찰받았다가는 낭패를 볼 수 있다. 투자자 본인이 직접 현장 답사를 통해 임대료나 관리비 등을 확인하고 수익률과 투자성을 신중하게 따져봐야 한다.

초보자라면 권리상 하자가 없고 낙찰받기 쉬운 안전한 물건부터 도전하는 전략이 효과적이다. 법정지상권이나 유치권 등 고수들이 참여하는 어려운 특수물건을 낙찰받았다가 취득하기까지 긴 시간이 소요된다면 남는 게 없을 수 있다. 따라서 시간 낭비하느니 차라리 적게 남더라도 쉬운 물건부터 도전하는 게 좋다.

가격 경쟁력이 떨어지는 주택보다는 수익률이 보장되는 상업시설로 눈을 돌려보자. 임대 수익이 보장되는 상가, 오피스텔, 지식산업센터 같은 수익형 부동산 수요는 앞으로 계속 늘어날 전망이다.

Ⓐ 공매는 경쟁률이 낮은 '땅'을 공략하라

경매는 국내 지방법원에서 매각이 진행되지만 공매는 온라인으로만 매각이 진행된다. 온라인을 잘 활용하면 돈 되는 부동산을 살 수 있다. '온비드(www.onbid.co.kr)' 사이트를 통한 공매는 경매보다 상대적으로 덜 알려진 편이지만 경매에 버금가는 부동산들이 매물로 나오고 있다.

상가, 아파트, 논·밭·과수원, 공장 등 모든 종류의 부동산이 공매로 나온다. 또한 부동산뿐만 아니라 자동차나 항공기, 가끔 도지사나 시장의 내구연한이 지난 관용차도 공매로 나온다. 압류된 선박이나 주식, 리조트 회원권, 기계, 전자 제품 등도 공매 대상이며 종류를 일일이 열거하기 어려울 정도로 다양한 물품이 공매로 매각된다.

공매는 경매보다 상대적으로 덜 알려져 있다 보니 경쟁률이 낮아 더 저렴한 가격에 낙찰받을 수 있다는 장점이 있다. 실제로 2024년 주거용 부동산의 평균 낙찰가율은 공매가 68%로, 경매의 71%보다 낮았다. 같은 감정가의 주택이라면 경매보다 공매로 살 때 더 싸게 샀다는 의미다.

공매 물건별 성격에 따라 장단점을 먼저 파악하면 선택의 폭을 넓히고 높은 시세 차익을 얻을 수 있다. 압류재산, 국유재산, 유입자산, 수탁재산 등이 공매로 나오는데 수익형 부동산은 압류재산과 유입자산이 유리하다. 압류재산의 경우 임대차 현황 등 권리 관계 분석에 유의해야 한다. 국유재산과 유입자산에는 안정적인 임대 수익이 보장되는 근린생활시설이 많이 포함돼 있어 대금의 할부 납부 제도를 잘 이용하면 높은 임대 수익도 얻을 수 있다. 소규모 창업자나 개인 사업자라면 국유재산 임대 물건을 노려볼 만하다. 특히 창고나 점포, 구내매점 등을 소액의 사용료만 선불로 납부하면 주변 임대가의 절반 가격에 빌릴 수도 있으니 눈여겨볼 만하다.

아파트는 경매가 유리하지만 토지는 공매로 사면 싸다. 경매 물량보다는 적지만 물량이 꾸준히 공급돼 선택이 용이하고 차익도 경매에 버금간다. 공매에는 자투리 토지나 농지, 전원주택 건설이 가능한 임야 등이 한 달에 수백 건씩 쏟아진다. 본인이 눈여겨본 물건에 관심을 두는 사람이 많지 않다 싶으면 여러 차례 유찰돼 가격이 내려가길 기다렸다가 입찰하는 것도 하나의 방법이다. 하지만 사람들이 관심을 두지 않는 물건은 그만큼 돈이 되지 않거나 권리상, 물건상 하자가 있을 수도 있으니 조심해야 한다.

공매에서 명도 책임은 낙찰자에게 있다는 점도 알아둬야 한다. 이미 공고가 된 물건이라도 자진 납부, 송달 불능 등의 사유로 입찰 전 해당 물건에 대한 매각이 취소될 수 있다. 국가나 공공 기관 물건의 경우 기관마다 입찰과 대금 납부 조건이 약간씩 다르므로 입찰 전 조건이나 매각 방식 등을 미리 숙지해야 한다.

경매·공매는 매각 주체와 방식, 조건 등이 서로 다르기 때문에 그 특성을 알고 참여해야 한다. 또한 경매는 물건이 많은 대신 입찰 경쟁이 치열한 편이고, 공매는 물건이 다양한 대신 아직 대중화되지 않은 블루오션이다.

경매·공매 투자 포인트

구분	경매	공매
장점	- 물건이 많음 - 인도명령으로 명도 가능 - 아파트, 상가 등 우량 물건이 많음	- 24시간 온라인 입찰 - 부동산 만물상으로, 물건이 다양함 - 경매보다 낙찰가율이 낮음
단점	- 매수자의 권리분석 책임 - 낙찰가율이 높은 편임 - 입찰 경쟁률이 높음	- 공매 취소 가능성이 높음 - 인도명령 없이 명도소송만 가능 - 경매에 비해 물건이 적은 편임
투자 포인트	- 안전하고 쉬운 물건부터 공략 - 수익형 근린상가 집중 공략	- 아파트보다 상가나 땅 공략 - 국유재산인 점포나 매점 임대 공략

017

경매·공매 부동산 투자 시 실수를 줄이려면?

A 실수를 줄이려면 체크리스트를 작성하라

경매·공매는 실수가 없어야 투자에 성공한다는 이야기가 있다. 생각하지 못한 곳에서 실수를 저지르는 순간, 실패 투자자로 전락하기 쉽다. 실수를 줄이려면 입찰 전 체크리스트를 작성해 하나하나 확인하고 입찰을 결정하는 게 중요하다.

우선 안전한 경매·공매 물건을 고르기 위해서는 기본적으로 법률적, 사실적 문제들을 짚고 넘어가야 한다. 여기서 '안전한 물건'이란 낙찰 이후에 소유권을 가져올 수 있고, '등기사항전부증명서등기부'나 임차인 관계가 낙찰 후 깔끔하게 정리돼 권리상 하자가 없는 물건을 말한다. 여러 번 유찰돼 가격이 싼 물건은 숨겨진 문제가 많아 실수의 여지가 높다. 권리 관계가 까다로운 특수물건은 거기에 얽힌 여러 문제를 낙찰자가 모두 책임져야 함을 꼭 기억하길 바란다.

다음으로는 매각 서류를 잘 살펴봐야 한다. 경매는 '매각물건명세서'와 '현황조사서', 공매의 압류재산은 '공매재산명세서'에 기재된 내용이 본인이 답사한 내용과 다른 점이 있는지 확인해봐야 한다. 다른 점이 있다면 다시 한번 확인해 실수의 여지를 살피도록 한다. 또한 '감정평가서[감정서]'의 가격이 시세를 정확하게 반영했는지, 대지권 등 지분이 포함됐는지 확인해야 한다.

경매의 경우 '대한민국법원 법원경매정보(www.courtauction.go.kr)' 사이트에서 매각 서류와 함께 문건 처리 및 송달 내역도 봐야 한다. 간혹 낙찰 이후 매각 불허가가 되기도 하는데, 이럴 때 문건 송달이 안 됐거나 폐문 부재로 인해 기껏 최고가를 써냈음에도 낙찰받지 못하는 상황이 될 수 있다.

Ⓐ 현장 답사 내용과 매각 서류를 교차 확인하라

경매·공매 부동산이 있는 현장을 찾아 매각 서류와 다른 내용이 있는지 등 입찰 적격성 여부를 반드시 파악해야 한다. 특수물건의 경우 유치권, 법정지상권, 분묘기지권 등의 성립 여부를 따져봐야 한다. 또한 부동산의 시설, 상태, 주차 공간 유무 등 본인의 투자 목적에 적합한 물건인지도 직접 살펴보면 좋다. 아울러 현장 답사를 하면 도시가스 설치 여부, 건물의 방수와 채광 상태, 노후도 등 서류에서 알 수 없는 요소들도 확인이 가능하다.

현장을 찾은 김에 가까운 주민센터에 들러 전입 세대도 열람해보길 바란다. 경매의 경우 해당 부동산에 전입자가 있다면 현황조사서에 임차인의 주민등록 사항이 기재되지만, 참고 자료에 불과할 뿐 법적 구속력을 갖고 있지 않기 때문에 본인이 직접 확인해야 한다. 상가는 사업자등록 현황을 매각물건명세서와 현황조사서에서 확인하면 된다.

어떤 사람이 거주 또는 장사를 하고 있는지 점유자를 만나보는 일도 필요하다. 비록 임차인을 만나는 게 껄끄럽더라도 말을 붙여보면 큰 무리 없이 대화할 수 있다. 이때 경매·공매 대상 주택이나 상가의 내부를 볼 수 있고 점유자의 성향, 예상 수리비 등도 계산해 합리적인 입찰 가격을 책정하는 데 도움이 된다.

상가, 오피스텔, 아파트 등은 체납 관리비와 공과금도 살펴봐야 한다. 수천만 원이 장기 연체돼 관리단과 소송 중인 물건도 있다. 입찰 전에 관리사무소를 방문해 목적을 밝히고 해당 호수의 체납 관리비를 물어보면 확인이 가능하다. 도시가스료나 수도료 등 공과금은 사업소에서 미납 요금을 조회할 수 있다.

최소 3곳 이상의 부동산 중개사무소를 방문해 정확한 매매와 임대 가격 등 시세를 파악하는 것도 중요하다. 특히 수익형 부동산은 임대 시세를 정확히 산출해야 한다. 아무리 괜찮은 상권 내 신축 건물이라도 평균 임대 가격이 낮으면 수익률과 환금성이 떨어진다. 신규 분양 후 1년이 지나면 분양 가격보다 낮은 가격으로 거래되는 사례도 있다. 적정 매매 가격은 투자금 대비 임대 수익을 산정해 수익률이 5~8% 내외면 적당하다고 할 수 있다. 특히 수익형 부동산에 잘못 투자하면 임대가 되지 않아 장기 공실로 남을 위험이 있다. 해당 부동산이 있는 주변 상권의 공실률을 확인하고 매매 가격 대비 임대 가격 수준을 알아내 보수적인 금액으로 입찰해야 한다. 자 칫 고가에 낙찰받으면 임대 수익률이 뚝 떨어지게 된다.

018 경매·공매로 살 수 있는 부동산의 종류는?

A 모든 종류의 부동산이 매각 대상이다

경매·공매에서는 모든 종류의 부동산을 살 수 있다. 부동산을 산다는 말은 부동산의 권리를 산다는 의미다. 예를 들어 경매로 나온 A 아파트를 낙찰받으면 A 아파트에 대한 대지권과 건물 면적에 대한 사용·수익권을 취득하는 것으로, 해당 부동산의 온전한 소유권을 가지게 된다. 경매·공매로 나오는 주거시설로는 주로 아파트, 연립주택, 다세대주택, 단독주택 등이 있으며 오피스텔, 오피스, 꼬마빌딩 같은 업무시설도 있다. 또한 공장, 창고 같은 생산시설과 농지, 임야, 대지 같은 토지도 경매·공매로 나온다.

준부동산도 경매·공매 매각 대상에 포함되는데, 준부동산이란 부동산이 아님에도 등기나 등록을 할 수 있는 재산을 말한다. 예를 들어 전세권(저당권의 목적), 자동차, 선박, 공업 재단, 광업 재단, 어업권, 중기, 항공기, 지상권 등이다. 한때 전세권이 경매 시장에서 관심을 끌었던 적이 있으며 자동차는 여전히 인기 있는 물건 중 하나다.

특히 공매에는 임대(대부) 물건도 입찰에 부쳐진다. 학교 매점이나 공공기관 내 카페, 공공시설 내 자판기, 공공청사 내 사무실 등의 임대 사용권이 연간 계약 조건으로 공매에 나온다. 그래서 다양한 물건이 입찰에 부쳐지는 온비드 공매를 '만물상'이라고도 부른다.

Ⓐ 매각 대상에서 제외되는 권리를 확인하라

경매·공매를 통해 부동산을 살 때는 조심해야 하는 물건들이 있다. 취득하는 권리에서 일부가 빠져 낙찰 후 별도로 돈을 들여 빠진 권리를 취득(인수)해야 하는 물건이다. 즉, 경매·공매로 온전한 소유권을 가질 수 있는 부동산이 아닌 일부 권리가 빠진 부동산도 나올 수 있기 때문에 입찰 전 면밀히 확인하고 참여해야 한다. 예를 들어 B 아파트가 경매로 나왔는데, 건물만 매각 대상이고 대지권은 아닌 경우가 있다. 이럴 때는 대지권은 매각 대상에서 제외되기 때문에 부동산의 반쪽 권리만 취득하는 것이다. 낙찰자는 낙찰 후 대지권을 취득하기 위해 매각 대금 이외에 별도의 비용을 추가로 부담해야 하거나 지상권 등 복잡한 권리 관계를 해결해야 할 수도 있다. 매각 대상에서 제외된 권리는 경매의 경우 '매각물건명세서'에 "○○○ 미등기", "건물만 입찰" 등으로 기재되며 공매는 '온비드(www.onbid.co.kr)' 사이트의 '물건상세' 정보에서 확인이 가능하다.

매각 대상이 지분 물건인지도 살펴봐야 한다. 지분이란 '공유지분'의 줄임말로, 하나의 부동산을 2명 이상이 공동소유하고 있을 때 그중 1명의 지분만 입찰에 부쳐지는 경우다. 이러한 물건이 경매·공매로 나오면 입찰에 부쳐진 지분의 면적만 낙찰받을 수 있다. 낙찰자는 온전한 부동산이 아닌 일부 지분만 취득한 탓에 권리 행사에 제한적이며 추후 되팔 때도 환금성 면에서 문제의 소지가 있다.

경매·공매 부동산에 입찰할 때는 매각 대상이 전체인지 일부인지를 살펴보고 토지와 건물의 일괄 매각 물건을 골라야 한다. 그러기 위해서는 매각 대상에서 빠진 권리는 없는지 매각 서류와 현장 답사를 통한 확인은 필수다.

대표적인 경매·공매 투자 부동산

- 부동산(토지+건물)
- 준부동산
- 공유지분
- 구분소유권
- 소유권이 등기된 수목
- 공매의 임대 부동산(연간 임대)

2장

경매·공매
부동산 고르는
비법

019 경매·공매 부동산은 어디서 찾을까?

A 경매 물건 찾아보기

경매 참여 시 가장 먼저 해야 할 일은 어떤 물건이 경매로 나왔는지 찾는 것으로, 크게 3가지 방법으로 찾아볼 수 있다.

첫째는 온라인에서 경매 물건을 검색하는 것이다. '대한민국법원 법원경매정보(www.courtaution.go.kr)' 사이트에 접속해 첫 화면에서 '빠른물건검색' 또는 '용도별 물건정보' 섹션을 통해 물건을 찾을 수 있다. 사건번호, 매각 물건(소재지와 내역), 감정평가액감정가, 최저매각가격, 매각기일, 담당계, 관련 서류까지 공고돼 있으므로 희망하는 물건을 선택해 '매각물건명세서', '현황조사서', '감정평가서감정서'의 열람 및 출력이 가능하다.

둘째는 유료 경매 정보 사이트를 이용하는 것이다. 법원경매정보 사이트를 이용하다 보면 경매 물건에 관한 자세한 정보와 권리분석을 위한 자료가 부족한 경우가 많다. 경매 사고를 방지하기 위해 조금 더 정확한 정보를 얻고 수익성을 분석하려면 유료 경매 정보 사이트를 이용하면 된다. 대표적인 사이트로는 '부동산태인(www.taein.co.kr)', '지지옥션(www.ggi.co.kr)', '옥션원(www.auction1.co.kr)' 등이 있다. 유료 경매 정보 사이트에서는 법원에서 제공하는 경매 물건 정보를 알기 쉽게 편집하고 요약해 제공하므로 경매 물건에 관한 정보를 손쉽고 빠르게 얻을 수 있다. 그러나 이러한 사이트들은 법원의 경매 물건 정보를 자체 편집해 제공하기 때문에 혹여나 입찰자가 잘못 편집된 정보를 보고 입찰하더라도 책임을 지지 않는다. 따라서 항상 법원에서 제공하는 정보를 기준으로 입찰 준비를 해야 실수를 줄일 수 있다. 대부분의 유료 경매 정보 사이트에서는 법원경매정보 사이트의 주요 정보들을 직접 볼 수 있도록 링크를 연결해놓기 때문에 클릭하면 손쉽게 열람할 수 있다.

대한민국법원 법원경매정보 사이트

Ⓐ 공매 물건 찾아보기

공매 물건 검색은 경매보다 간단하다. 공매는 모두 한국자산관리공사KAMCO에서 대행하고 있기 때문에 '온비드(www.onbid.co.kr)' 사이트나 모바일 애플리케이션 '스마트 온비드'를 통해 손쉽게 실시간 물건 정보를 확인할 수 있다.

먼저 온비드 사이트에 회원 가입을 하고 로그인한 후 '용도별 검색', '지역별 검색', '온비드 자산 구분' 섹션에서 분류에 따른 물건을 검색할 수 있다. 또한 아파트, 오피스텔, 농지 등 부동산을 조회하려면 첫 화면 상단의 '부동산' 탭에서, 부동산이 아닌 동산을 검색하려면 '동산/기타자산' 탭에서 검색하면 된다. 더욱 자세히 검색하고 싶다면 '상세조건검색'이나 '지도검색' 기능을 활용하면 된다. 토지나 건물의 면적, 지분건물 등 여러 조건을 설정해 검색하면 본인이 원하는 조건의 물건을 보다 정확하게 찾을 수 있다.

온비드 사이트

 Tip

경매는 반드시 법원에서 직접 운영하는 '대한민국법원 법원경매정보(www.courtaution. go.kr)' 사이트의 정확한 기록을 바탕으로 입찰을 준비해야 한다. 동시에 경매·공매 부동산이 있는 현장을 직접 방문해 정보를 수집하고 확인하는 것이 가장 정확한 사전 준비 방법이다.

020 경매·공매 부동산은 상태가 안 좋다?

실제로 경매·공매로 나오는 부동산은 소유자의 의지와 관계없이 강제 매각되다 보니 환금성이 결여된 물건이 많다. 즉, 입지가 안 좋은 상가, 1층보다 2~3층 또는 지하 상가, 길 막힌 토지 등이 경매·공매로 나올 확률이 높다. 최상급 요지의 부동산은 경매·공매로 나오기 전에 이미 부동산 중개사무소에서 처리될 것이다. 그래서 최상급 위치나 장사가 잘되는 번화가에 있는 부동산이 경매·공매로 나오는 일은 드물다.

하지만 경매·공매 부동산은 돈 많은 재벌가 회장의 개인 고급 주택에서 법인 사옥과 공장, 벤처기업 대표의 상가와 토지, 빚 많은 자영업자의 공장과 상가주택까지 사람과 종류를 가리지 않고 강제 매각되는 게 현실이다. 빚 안 갚고 세금 안 내면 인정사정 봐주지 않고 경매·공매로 나오는 것이다.

최상급 요지의 부동산은 경매·공매로 잘 나오지 않지만 A, B급 부동산이나 안 좋아 보여도 돈 되는 부동산들은 꾸준히 나온다. 연예인이나 유명인도 경매·공매를 통해 부동산을 싸게 낙찰받아 큰 수익을 거두는 사례가 있다. 허름한 상가나 토지를 싸게 낙찰받아 건물을 지어서 큰 수익을 거두는 게 일반적인 경매·공매 부동산 투자 방법이다. 일례로 전 농구 선수 S 씨는 2000년 2월 서초동 빌딩 부지를 28억 1,700만 원에 경매로 낙찰받았다. 이후 그곳에 업무용 빌딩을 지어 약 200억 원 가치의 수익형 부동산으로 만들었다. 유명 가수 L 씨도 경매로 부지를 4억 9,180만 원에 낙찰받아 빌딩을 지어서 약 57억 원의 가치가 있는 건물로 만들었다.

다년간 경매·공매로 큰 수익을 거두는 고수들은 오히려 겉모습이 반듯한 부동산은 돈이 되지 않는다고 한다. 외관상 하자가 있거나 허름한 부동산을 깊숙이 파고들어 조사해보고 돈 되는 부동산으로 만들 계획으로 투자를 결정한다. '남들이 봐도 돈으로 보이는' 부동산보다 '약간의 손길이 필요한' 부동산을 고르는 게 고수들의 경험적인 투자관이다.

돈 되는 부동산을 고르려면 겉은 초라하지만 알짜 부동산을 찾아야 한다. 겉으로 번듯한 부동산은 경쟁률이 치열해 낙찰가율이 80%를 넘지만 별 볼 일 없어 보이는 부동산은 낙찰가율이 50%대까지 떨어지기도 한다. 초보자라면 우선 쉽게 접근할 수 있는 부동산을 고르다가 투자 경험이 점차 쌓일수록 틈새, 즉 상태가 안 좋아 보이는 부동산 중 알짜를 골라야 한다. 상가나 오피스텔 등 한두 분야에만 집중해 상태가 안 좋아 보이는 부동산을 집중적으로 연구하면 홈런을 칠 수 있다.

경매·공매로는 고물상에서도 보물을 건진다. 싸게 사서 재활용할 수 있기 때문이다. 특히 헌 부동산 중 유망한 것은 재개발·재건축 부동산이다. 허름하고 오래된 부동산을 싸게 사서 몇 년 동안 기다리면 아파트나 상가 입주권이 생기고 가격이 상승한다. 또한 허름한 목욕탕 건물은 상가나 업무용 빌딩으로, 허름한 상가는 학원이나 고시원으로 바꾸면 높은 수익을 얻을 수 있다.

일류보다는 이류, 삼류에 알짜 부동산이 많은 이유는 겉모습이 아닌 해당 부동산의 위치와 상권에 따라 가치가 달라지기 때문이다. 단순한 시세 차익을 기대하고 하는 경매·공매 투자는 고전적인 방식이다. 멀리 내다보는 투자를 해야 한다. 도시재생사업을 기대하고, 리모델링과 업종 변경을 통해 부가가치를 높일 수 있는 부동산을 찾아내는 것이 중요하다.

이처럼 미래 가치가 높은 부동산을 고르려면 현장 답사를 꼼꼼히 해야 한다. 부동산 투자는 현장에서 답을 찾아야 한다. 공고된 자료를 보는 것 외에 현장을 직접 찾아 이해관계인을 만나보고 의문점이 있다면 담당자를 만나보는 게 좋다. 오래된 건물이라면 리모델링과 용도 변경 가능성에 대해 해당 부동산 소재지의 지자체를 찾아가 담당 공무원에게 요모조모 물어본 후 따져봐야 한다.

현장 답사에는 정석이 없다. 의문이 드는 내용은 무조건 질문해야 한다. 경매·공매로 나온 부동산의 공법상 하자, 체납 관리비나 공과금, 유치권, 낙찰 후 인수해야 하는 부분 등을 따져봐야 한다. 이를 통해 추가될 수 있는 금액을 미리 파악해 입찰 가격을 산정해야 실수할 확률이 낮다. 또한 부동산의 인테리어, 점유자의 성향 등을 파악해 낙찰 후 명도 비용을 예상해 보는 것도 좋다.

경매·공매에서 반값 낙찰도 가능할까?

A 2~3회 유찰되면 반값 낙찰도 가능하다

반값 낙찰은 경매·공매에 참여하는 사람이라면 누구나 꿈꾸는 경험일 것이다. 실제로 부동산 거품이 꺼지는 시기에는 감정평가액감정가의 50%대 가격에도 낙찰이 가능하다. 특히 지금 같은 부동산 시장 침체기는 경매·공매로 원하는 부동산을 싼값에 얻을 수 있는 좋은 시기로, 반값에 장만할 수 있는 물건들이 곳곳에 있다.

경매·공매 물건이 많이 늘어나는 때에는 반값 낙찰의 가능성이 더 높다. 부동산 시장 침체기에는 경매·공매는 물론이고 일반 매매도 활발하지 않아 유찰 횟수가 늘어난다. 부동산을 사는 사람은 없는데, 매물은 많다면 낙찰가율은 50~60%에 불과할 게 뻔하다. 실제로 1997년 외환 위기와 2008년 글로벌 금융 위기 때 감정가의 50%대 가격에 낙찰되는 물건이 흔했다.

경기가 좋지 않을 때에는 빚을 내 부동산을 산 개인들의 가계 부실로 인해 경매·공매로 내몰리는 부동산이 늘어난다. 경기가 어려울수록 물건이 늘어나고 입찰자 수는 줄어드는 것이 당연하다. 물건이 많고 입찰자 수가 적어야 싼값에 낙찰받을 가능성이 높다. 즉, 공급은 많으나 수요는 적은 게 가장 이상적인 경매·공매 부동산 투자 환경이다.

반값 낙찰이 가능한 이유는 저감률 때문이다. 경매·공매로 나온 물건에 입찰하는 사람이 없으면 유찰 과정을 밟는데, 경매에서는 유찰이 되면 다음 회차 입찰 시 이전 회차 가격에서 20~30%(공매는 10%) 깎인 금액이 최저 매각가격이 된다. 유찰 횟수의 제한이 없어 저감률이 30%대일 때 2회 유찰되면 최저매각가격은 반값으로 떨어진다. 또한 1회 유찰 시 저감률은 각 경매 집행 법원이 자율적으로 정하게 되어 있어 저감률이 높으면 낙찰가율이 낮을 가능성이 크다. 최근 경매·공매로 나온 부동산 중 반값까지 떨어진 물건은 10~20% 수준이다. 반값 물건 중에는 빌라, 근린상가, 공장, 토지같이 비인기 종목들도 포함돼 있다.

고수들은 반값 낙찰 사례가 늘어나면 적절한 투자 타이밍으로 본다. 유찰이 잦은 물건 중 복잡한 물건만 골라 세밀한 분석을 통해 반값 이하 수준으로 거머쥘 기회를 찾는 것이다. 특히 유찰이 잦은 특수물건은 초보자들이 입찰을 꺼리는 물건이라 고수들에게는 좋은 먹잇감이 된다.

Ⓐ 반값 낙찰이 용이한 물건을 고르라

유찰이 잦은 물건을 고르면 초저가 낙찰도 가능하다. 2~3회 이상 유찰되는 물건은 보통 입찰자들이 꺼리는 부동산으로, 대형 아파트나 근린공장, 토지, 테마형 부동산 등이며 감정가의 반값까지 떨어지는 일이 잦다. 특히 대형 물건은 수차례 유찰돼 반값 이하로 낙찰되는 경우가 부쩍 늘어나고 있다.

주거용 부동산 공급이 많은 지역 내 근린상가는 물량이 풍부한 데다 입찰 경쟁이 낮아 반값 이하에 낙찰되는 건수가 꾸준히 증가하고 있다. 특히 영업 환경이 떨어지는 수도권 중심상가와 택지지구 내 근린상가, 역세권 테마상가는 낙찰가율 30% 이하의 초저가 낙찰 사례도 종종 있다.

반값 낙찰을 위해서는 입찰 전 치밀한 전략이 필요하다. 유찰 횟수를 따져 반값 낙찰이 가능한 부동산을 미리 골라야 한다. 또한 여러 번 유찰된 부동산은 사람들로부터 관심이 집중돼 낙찰받기 쉽지 않지만 꾸준히 입찰하다 보면 반값 낙찰이 가능할 수도 있다. 유찰 시 저감률이 높은 지역의 부동산을 고르는 것도 방법이다. 경매의 경우 1회 유찰 시 이전 회차 가격에서 20% 깎이는 것이 통례지만 저감률이 30%인 법원도 있어 이러한 경우 두 번만 유찰되도 반값으로 경매가 시작된다.

역세권에 개발 계획이 취소된 곳이나 부동산 수요가 한정적이지만 공급이 풍부한 지역의 경우 낙찰가율이 50~60%대로 저조하다. 특히 거래 규제가 많은 곳, 미분양 물량이 많아 할인 분양을 하는 수도권, 대형 주택 공급이 많은 중소 도시, 고가 낙찰이 많았던 지역은 반값 경매 물량이 풍부해 적극적으로 공략할 만하다.

022 경매·공매 부동산의 감정가와 시세는 다를까?

경매·공매에서 가장 먼저 제시되는 가격은 감정평가액감정가으로, 감정인의 평가액을 최저매각가격으로 정한다. 감정가는 시세보다 저렴하지 않은 것이 일반적이나 부동산에 따라 감정가가 시세를 훨씬 넘는 경우도 있다. 경매·공매 부동산의 감정가는 채권자, 채무자, 기타 이해관계인의 입장이 고려된 것이고 감정가가 높게 매겨지더라도 낙찰 가격은 어차피 시세가 고려돼 반영된다.

감정가가 나오면 경매 집행 법원은 이 가격을 기준으로 최저매각가격을 결정하는데, 보통은 감정가가 최초의 최저매각가격이 된다. 그리고 이 금액 이상으로 입찰해 가장 높은 가격을 써낸 사람이 낙찰자가 된다. 공매 역시 감정가를 기준으로 최저입찰가가 결정된다.

경매·공매 부동산의 감정가와 시세는 어떤 관계가 있을까? 시세는 고정된 것이 아니라 여러 경제적, 정치적 요소에 따라 변화가 심하며 감정가와 시세는 같을 수도 있지만 대부분의 경우 상당한 차이가 있다. 따라서 입찰을 위해서는 반드시 정확한 시세 파악이 필요하다. 시세를 얼마로 판단하느냐에 따라 수익이 크게 달라지기 때문이다.

경매·공매 부동산의 입찰 기준이 되는 감정가와 시세가 서로 다른 이유는 시점의 차이 때문이다. 평가를 하는 시점은 경매·공매 신청 후 3주 이내인 데 반해, 입찰은 평가 후 보통 5개월 이상이 지나서 이뤄진다. 그 사이에 해당 부동산의 가격이 변해 감정가와 시세의 차이가 발생하는 것이다.

또한 지역 개발 호재가 있는 경우 이 호재를 감정가에 전부 반영하기가 어렵다. 어떤 지역이 개발된다는 정보가 퍼지면 인근 지역의 부동산 가격, 특히 아파트와 토지 가격이 큰 폭으로 상승한다. 호재가 발표된 직후 이 지역에 있는 부동산이 경매 또는 공매에 신청됐을 때 평가를 하면 미래 가치까지 전부 포함해서 감정가를 산정하기 어렵다. 따라서 감정가는 입찰 당시의 가격보다 낮을 수밖에 없다.

분양하는 부동산, 즉 전원주택, 상가, 공장 등은 일반적으로 거래 빈도가 낮아 평가할 때 대부분 시세 기준이 없다. 이때는 분양가를 기준으로 평가하는 경우가 많은데, 미분양 부동산은 분양 가격 자체가 높아 감정가가 시세보다 높게 산정될 수 있다. 예를 들어 상가를 분양하는데, 투자 가치가 있다고 입소문이 나 상가 전부를 분양에 성공했다. 하지만 몇 달 후 대부분의 상가가 임차인을 구하지 못해 비어 있거나 관리비만 받고 무상 임대하게 됐다. 이러한 상가가 경매·공매로 나오면 매매 사례가 없어 평가하기가 어려워지는 것이다. 결국 분양 가격을 기준으로 평가하게 되는데, 낙찰 가격과는 상당한 차이가 발생한다. 즉, 감정가는 2억 원대인데 시세가 떨어져 최종 낙찰 가격은 1억 원 초반인 사례들이 있다.

경매·공매 시장에는 "감정가를 재평가하라"라는 격언이 있다. 이는 감정가를 믿지 말라는 의미로, 감정가가 곧 시세가 아니므로 직접 현장 답사를 통해 시세를 파악하고 입찰에 나서야 한다. 감정가를 맹신하지 말고 부동산의 미래 가치를 보고 저평가 또는 고평가됐는지를 판단해 입찰 가격을 결정해야 한다.

023 부동산 시세를 파악하는 노하우가 있다면?

본인이 부동산을 매도하면 가격이 오르고 매수하면 가격이 내려가는 경험을 해본 사람이 있을 것이다. 가지고 있는 집을 팔려고 오랫동안 기다려도 팔리지 않다가 어느 날 사려는 사람이 나타나 저가에 팔았더니 그때부터 계속해서 가격이 상승하는 경우처럼 말이다.

경기 변동과 마찬가지로 부동산 가격도 하락기, 회복기, 상승기, 조정기를 순환하며 주기가 반복된다. 부동산 가격은 경제 상황, 공급과 수요, 정책 등에 따라 주기가 변한다. 부동산을 싼값에 매수하려면 아무래도 장기 침체 중인 하락기에 매수하는 것이 좋다. 그 후 다시 가격이 상승할 때까지 매도하지 말고 보유해야 한다. 저가에 매수하고 저가에 매도하면 저가에 매수한 것이 아니기 때문이다. 부동산으로 돈을 버는 사람은 상승기의 꼭대기에서 매도해 현금을 보유하고 있다가 하락기에 저가로 매수하는 사람이다.

결국 부동산 시세는 바위처럼 그 자리에 그대로 있는 것이 아니다. 짧은 시간 동안에는 마치 정지해 있는 듯 가격이 결정되는 것처럼 보이지만 장기적인 관점에서 부동산 가격은 결국 변화의 과정을 거친다. 부동산 가격은 매수자와 매도자의 관점에 따라 임의로 결정된다. 매도자가 매도하려는 가격과 매수자가 매수하려는 가격이 다르므로 시세는 고정돼 있지 않다. 매도자는 조금이라도 더 높은 가격에 매도하려고 하고, 매수자는 조금이라도 더 낮은 가격에 매수하려고 하기 때문이다. 따라서 시세를 조사할 때는 여러 부동산 중개사무소에 방문해 매도자와 매수자가 말하는 가격을 되도록 많이 파악해야 한다.

경매·공매 부동산의 시세를 파악하고자 현장에 있는 중개사무소에 가보면 중개사무소마다 말하는 가격에 다소 차이가 있다. 어떤 중개사무소에서는 얼마까지 해주겠다고 한다. 집주인이 매도하려는 가격이 있는데, 거래가 이뤄지지 않으니 싼값에 매수하도록 해주겠다는 의미다.

부동산 투자를 할 때는 매수자 시장에서 해야 한다. 부동산 가격이 전체적으로 상승할 때는 매도자가 유리한 매도자 시장이므로 팔기는 쉬워도 사기는 어렵다. 부동산 시장이 침체해 있을 때는 매도자가 팔려고 해도 팔리지 않으므로 매물은 넘쳐나지만 사려는 사람이 없다. 이러한 시장을 매수자 시장이라고 한다. 바로 이때, 부동산을 매수해야 시세 차익을 크게 얻는 성공적인 투자를 할 수 있다.

부동산 투자로 돈을 벌기 위해서는 부동산 가격 변동에 따라 자주 갈아타는 것이 중요하다. 시세는 고정돼 있지 않고 변동되기 때문에 부동산을 오래 가지고 있다고 해서 가격이 계속 오르는 것은 아님을 꼭 기억해두길 바란다.

024

투자 목적에 맞는
경매·공매 부동산을 고르는 비결은?

Q

최근 부동산 시장은 깡통 전세 문제, 거래 절벽, 부동산 대출 위험성 등으로 인해 상황이 좋지 않다. 더욱이 수익형 부동산에 투자한다면 적절한 매수 시점과 목적에 맞는 물건을 고르는 것이 중요해지는 시기다.

경매·공매는 부동산 투자라는 큰 그림에서 행하는 하나의 구체적인 전술이다. 따라서 월세 등의 보유 이익이든, 매도 후 얻는 처분 이익이든 뚜렷한 이익 창출이 있어야 한다. 수익형 부동산 투자에 적절한 경매·공매 물건을 만나려면 우선 지나치게 높은 수익률을 얻고자 하는 욕심은 버리고 본인의 투자 목적에 맞는 물건을 선택해야 한다. 보유 중인 자금이 1억 원인데, 강남 재건축 아파트에 투자하고자 한다면 이뤄질 수 없다.

투자 목적을 설정하려면 기본적으로 자금 규모, 투자 기간과 지역, 용도, 투자자 개인의 성격 등을 파악해야 한다. 먼저 투자 목적에 맞는 경매·공매 부동산을 찾기 위해서는 용도별 부동산의 특징을 알아야 한다. 부동산을 용도별로 분류하면 다음 그림과 같다.

부동산의 용도별 분류

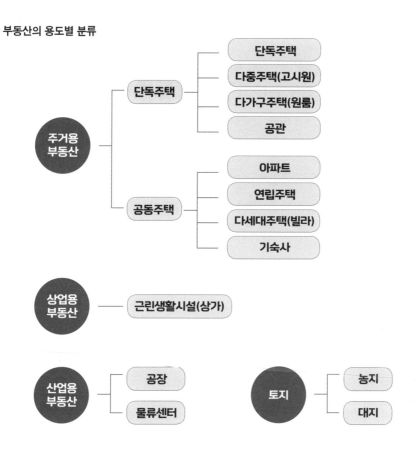

거주가 목적이면 단독주택, 아파트, 다세대주택, 오피스텔 등에 투자하고 업무가 목적이면 상가, 오피스, 지식산업센터, 공장 등에 투자하면 된다. 투자하려는 자금 규모에 따라서는 2억 원 이하면 원룸형 오피스텔, 섹션 오피스, 도시형 생활주택, 4억 원 이하면 투룸형 오피스텔, 지식산업센터, 레지던스 호텔, 10억 원 이하면 비교적 저렴한 상가, 20억 원 이상이면

단독주택, 상가주택, 다가구주택 등에 투자하는 것이 좋다.

아울러 부동산 시장에서 투자 목적을 설정하기 위해서는 현재 부동산 시장의 트렌드도 파악해야 한다. 첫째는 시세 차익에서 임대 수익으로 투자 패턴이 바뀌고 있다. 부동산 시장이 호황일 때는 매매를 통해 시세 차익을 얻으려는 투자자가 많았으나 침체가 장기화되면서 시세 차익을 얻는 것이 어려워지자 임대 수익을 얻는 것으로 방향을 바꿔 수익형 부동산 시장으로 투자 패턴이 전환되고 있다. 둘째는 중대형에서 소형으로 갈아타고 있다. 1인 가구의 증가와 경기 침체에 따라 관리비 등 유지 비용을 절약하기 위해 주거 면적을 축소하고 있다. 셋째는 전세 시장에서 월세 시장으로 분위기가 바뀌고 있다. 집주인들이 임차인의 전세 보증금으로 다른 데 투자하기보다 매달 꼬박꼬박 받는 월세를 선호함에 따라 월세 시장으로 빠르게 전환되고 있다.

투자 목적을 설정했다면 다음으로는 목적에 맞는 부동산을 선택해야 한다. 그러기 위해서는 실패하지 않는 투자 전략이 필요하다. 첫 번째 전략은 수익형 부동산 투자에 있어 높은 수익률보다는 안정적인 수익이 보장되는 부동산을 선택해야 한다. 두 번째 전략은 장기적인 관점에서 투자해야 한다. 단기적으로 큰 수익이 발생하는 부동산보다 장기적으로 투자 가치가 높은 부동산에 투자하는 것이다. 가치 투자를 하라는 말이다. 맞춤주택이나 주택복지라는 말이 있듯이 이제는 양질의 주택이 선호되는 시대가 오고 있다. 세 번째 전략은 세제 혜택을 최대한 활용하는 것이다. 정부에서는 전세난과 1인 가구 거주 문제를 해결하기 위해 민간임대주택사업자 제도를 통해 취득세, 재산세, 양도소득세 등에 혜택을 주고 있다. 네 번째 전략은 수익형 부동산 투자 시대임을 알아야 한다. 투자하기 좋은 수익형 부동산의 위치는 역세권과 업무 단지다. 업무 단지는 기업의 본사나 연구 단지가 밀집된 지역을 말한다. 미래의 성장 동력이 있는 곳이므로 유망한 지역이라고 할 수 있다. 다섯 번째 전략은 1인 가구와 2인 가구 전성시대임을 알아야 한다. 젊은이들이 모여 있는 지역에 투자해야 장기적인 관점에서 실패할 확률이 낮다. 그리고 마지막 전략은 지금 같은 부동산 거래 절벽인 중금리 시기에는 잠시 쉬어감도 필요하다.

지금같이 부동산 시장이 좋지 않을 때 경매·공매 부동산 투자를 한다면 낙찰 시점과 본인의 투자 목적에 맞는 물건을 고르는 것이 중요함을 꼭 기억하자.

025

낡은 경매·공매 부동산을 골라 리모델링하는 게 유행이다?

Q

A **낡은 부동산을 저가에 매수해 리모델링하는 게 유행이다**

경매·공매를 통해 지은 지 오래된 상가나 주택을 저가에 낙찰받아 리모델링하는 사례가 늘고 있다. 이제 경매·공매 부동산 투자도 단순한 시세차익보다 이용 수익을 높이는 쪽으로 바뀌고 활용성을 따져 매수하는 복합투자 형태로 운용 기법이 달라지고 있다.

경매·공매 부동산의 특성상 대체로 낡고 노후한 매물이 흔하고 관리 상태가 허술한 주택이 많다. 따라서 리모델링을 염두에 두고 투자에 나선다면 좋은 조건으로 낙찰받을 가능성이 높다. 허름한 주택일수록 입찰 경쟁이 저조하고 낙찰가율도 낮으므로 목돈이 없는 투자자나 실수요자도 낡고 오래된 부동산을 적극적으로 노려볼 만하다.

리모델링의 장점은 비용과 시간이 적게 드는 것이다. 주택의 경우 3.3㎡당 100~200만 원 정도의 비용으로 고칠 수 있으며 기간도 1개월 정도면

넉넉하다. 특히 일반 상가와 주택은 다양한 리모델링이 가능하며 도로에 접한 상가와 주택은 활용 가치도 충분하다. 대지에 주차장이나 부대시설을 들일 수도 있고 입지 특성에 맞게 용도 변경 역시 가능하다. 상가주택이나 다가구주택으로 개조하면 수익형 부동산으로 만들 수도 있다.

주택에서 수익형 부동산인 상가로 리모델링이 가능한 단독주택 물건을 고르려면 요령이 필요하다. 역세권 일대 물건을 고르되 도로는 최소 6m 이상 접한 곳이 좋다. 부동산의 용도를 바꿔 수익형 부동산으로 활용하려면 주택 선호도가 높고 도심과 가까운 지역의 물건을 골라야 한다.

단독주택이나 다가구주택 리모델링은 내부와 외부를 보기 좋게 꾸미는 것도 중요하지만 지역 수요와 목적에 맞게 고치는 게 중요하다. 단독주택의 1층을 근린시설용으로 만들기 위해 담을 허물거나 주차 공간으로 만드는 것도 고려할 만하다. 주택의 일부를 근린시설로 바꾸려면 사전에 시장 조사를 철저히 해야 한다. 임대 수요와 유동 인구가 많은 대학가나 학원 밀집 지역, 공장 주변이 적당하다.

소형 상가를 값싸게 낙찰받아 다시 수익형 부동산으로 바꾸는 것도 고려해볼 만하다. 지역 특색에 맞는 건물 유형으로 개조하는 것이다. 유명 영화배우 L 씨 역시 2010년부터 경매로 나온 상가 3채를 낙찰받아 리모델링해 새로운 수익형 부동산으로 재탄생시켰다.

역세권, 대학가, 도심 등 소규모 주거시설에 대한 임대 수요가 많은 지역에서는 상가주택이나 근린생활시설을 원룸형 다가구주택으로 개조하면 임대 수익도 얻을 수 있고 건물 관리 비용도 줄일 수 있다.

Ⓐ '경매·공매 + 리모델링' 결합은 최고의 재테크다

경매·공매 부동산을 싸게 낙찰받은 후 리모델링으로 수익을 올리려면 투자 대상을 잘 골라야 한다. 단독주택은 땅이 넓어 활용도가 크고 적은 비용으로 리모델링해 원룸이나 상가주택, 업무용 건물 등 지역 여건에 따라 다양한 용도나 업종으로 전환할 수 있다. 낡은 여관이나 사무실을 원룸(코쿤하우스나 고시텔)으로 바꿔 임대하는 사업도 고려해볼 만하다. 자금 부담이 큰 대형 상가는 점포 면적을 적당한 크기로 잘라 소자본 창업자에게 임대하면 좋고, 값이 싼 허름한 목욕탕도 입지 여건이나 수요에 맞춰 사무실이나 전문 상가 등의 업무 또는 상업 시설로 리모델링하면 꽤 괜찮은 수익을 얻을 수 있다. 상업용 건물로 바꾸려면 지역 상권이 어느 정도 무르익을 조짐을 보이거나 상권 변화가 예상되는 곳을 고르는 것이 중요하다. 상권 분석을 철저히 하여 향후 성장 가능한 상권 내 물건에 주목해야 한다.

특히 낡은 주택 투자의 생명은 권리분석이다. 임차인이 있으면 철저한 권리분석이 선행돼야 한다. 낙찰자가 떠안아야 하는 권리를 제대로 파악하지 못하면 낭패를 볼 수 있다. 일례로 경매·공매로 나온 주택에 거주 중인 선순위 임차인이 있는 경우다. 또한 유치권이 있는 특수물건도 위험 부담이 크기 때문에 철저한 조사가 필수다.

리모델링할 때 주의할 점도 있다. 입찰 전 해당 부동산의 도시계획, '토지대장'과 '건축물대장'을 통해 용적률, 건폐율 등 부동산의 공적 제한 사항을 확인해야 한다. 건물의 노후 정도와 리모델링 후 사업성에 대한 검토 역시 충분히 이뤄져야 한다. 또한 투자 대상 건물의 주요 구조부가 부실하면 자칫 리모델링이 불가능할 수도 있으므로 지은 지 20년 미만인 건물을 고르는 게 유리하다. 입찰 전 지자체 건축 담당 공무원으로부터 업종 변경 또는 허가 여부를 확인하고 건축설계사무소를 방문해 증축 또는 개축이 가능한지를 미리 알아보는 게 좋다.

경매·공매와 리모델링은 최고의 조합이다. 낡은 부동산 위주로 물건을 찾다 보면 수익형 부동산으로 리모델링할 만한 물건이 보일 것이다. 다만 주의해야 할 점은 부동산에 대한 법적 규제 사항을 꼼꼼히 따져봐야 한다. 업종 변경이나 증축 또는 개축에 관한 규제는 워낙 다양하기 때문에 실수하지 않으려면 미리 확인하는 절차를 거치는 것은 필수다.

도시계획·토지대장·건축물대장의 열람·발급 방법

도시계획, 토지대장, 건축물대장은 누구나 열람·발급받을 수 있다. 도시계획은 '토지이음(www.eum.go.kr)' 사이트에서 열람이 가능하고, 토지대장과 건축물대장은 주민센터나 '정부24(www.gov.kr)' 사이트에서 일정의 수수료를 지불하면 열람·발급이 가능하다.

026 현장에서 돈 되는 부동산을 찾는 비결은?

A 꼼꼼한 사전 준비와 기초 사항 확인은 성공 투자의 지름길이다

"임장 활동에서 돈이 보인다. 경매는 현장에 많이 다녀볼수록 수익률이 높다." 실전 고수들이 강조하는 경매·공매 부동산 투자 격언이다. 실제로 현장 답사는 경매·공매 부동산 투자 수익률과 직결되는 중요한 활동이다. 현장 속에 훨씬 많은 투자 정보들이 숨어 있으므로 돈 되는 투자를 하려면 현장 답사를 잘 해야 한다.

고수들은 초보자들과 현장 답사하는 모습이 다르다. 권리분석을 통해 기본적으로 조사해야 할 사항을 먼저 서류에서 한 번 추려낸 후 현장을 방문한다. 서류상 내용보다 현장 답사가 더 유용하다는 것을 알기 때문이다. 서류상으로만 경매·공매 물건을 들여다보면 돈 되는 부동산을 찾기 어렵다. 진짜 돈 되는 정보는 현장에 있으므로 현장 답사를 통해 알짜 정보를 찾아내는 훈련이 필요하다.

그렇다면 실전에 탁월한 고수들의 현장 답사 비결에는 어떤 것들이 있을까? 우선 관심을 두고 있는 부동산에 대한 지역, 종류, 금액대별로 자료를 정리해 답사를 준비한다. 관심 가는 부동산 전부를 답사하기는 현실적으로 힘들므로 미리 찍어둔 관심 지역에 개발 호재가 있는 부동산을 중심으로 투자에 적격한 물건을 체크해둔다. 실제 현장 답사에 나서기 전 온라인, 지역 부동산 중개사무소, 자치구 자료를 통해 답사할 부동산을 몇 개 선정하면 좋다.

현장 답사 전에 체크리스트를 작성하는 일도 필요하다. 경매의 경우 법원에서 제공하는 '매각물건명세서'와 '현황조사서', '감정평가서감정서'를 참고해 중요한 내용을 토대로 조사 목록을 미리 만들어두면 투자성 여부를 쉽게 판단할 수 있다. 초보자가 현장을 답사할 때는 공적 서류와 현황의 일치 여부부터 확인해야 한다. 서류와 실제의 차이점을 발견해내는 게 현장 답사의 기초다. 또한 감정서를 바탕으로 부동산의 경계와 매각 대상 포함 여부도 확인해야 한다.

임차인 탐문도 현장 답사에서 빼놓을 수 없는 중요한 사항이다. 부동산 점유자를 직접 만나보고 명도 저항 여부를 탐문하는 것 외에도 폐문 부재할 경우 도시가스나 수도 계량기 확인, 우편물 확인, 이웃 주민 탐문을 통해 실제 점유하고 있는지를 확인해 임대차 관계의 성립 여부를 따져보는 것도 서류상 권리분석만큼 중요하다. 부동산 소재지에 찾아간 이상 해당 주민센터에 방문해 전입 세대도 열람해보면 좋다.

서류에 보이지 않는 함정이 있는지도 꼭 확인해야 한다. 예를 들어 법원의 매각물건명세서 비고란에 유치권 신고가 기재돼 있더라도 점유 사실이 없거나 경매 개시일 이후 점유 사실을 현장 답사로 밝혀냈다면 유치권 부존재 내용을 밝힘으로써 값싸게 낙찰받을 수 있다. 또한 진입로나 도로 문제, 주변 시세와 수용 여부 등 직접 해당 부동산이 있는 곳을 찾아가 살펴본 후 문제 될 것이 없다는 사실을 확인하면 감정평가액(감정가)보다 훨씬 싼 가격에 낙찰받아 고수익을 챙길 수도 있다.

ⓐ 돈 되는 부동산인지 알아보려면 정확한 시세 파악은 필수다

현장 답사에서 기초 사항을 확인했다면 이제는 돈 되는 부동산인지 파악할 차례다. 고수와 하수의 차이는 시세 파악을 얼마나 정확히 하느냐에 달려있다. 유사 부동산의 호가와 시세, 급매물 가격과 근래 낙찰 가격을 참고해 최근 통상적으로 거래되는 가격을 알아내야 한다. 지역 정보지나 매물 정보지를 통해 유사 부동산의 시세를 알아보고, 해당 지역 중개사무소에서 실제 거래된 몇 가지 사례와 국토교통부 실거래가 정보도 알아봐야 한다. 최소 3곳 이상의 중개사무소에서 시세를 알아본 후 객관적인 형성 가격대를 구해 각종 공과금과 기타 비용을 제하고 시세보다 얼마나 싸게 낙찰받을 수 있을지 산출해봐야 한다.

이처럼 현장 답사에서 빼놓지 말고 탐문해야 할 곳이 부동산 중개사무소다. 공인중개사는 그 지역 부동산의 전문가이므로 현장 답사 시 몇 곳을을 방문해 지역 사정에 대해 자문하는 과정을 거치는 게 좋다. 중개사무소 벽면에는 예외 없이 자세한 지번도가 붙어 있는데, 그것을 보면서 지역 상황에 대해 질문해보라. 블록별 지가, 집값 형성 정도와 거래 가격을 물어보고 최근 부동산 수요와 거래 동향 등 흐름을 탐문하면 지역 트렌드를 읽는데 유용하다. 또한 해당 지역 내 분양률, 청약률, 공실률 등 기본 통계도 조사해보자. 공인중개사는 분양 또는 임대 팸플릿을 가지고 있을 가능성이 높다. 양해를 구해 그것을 얻게 되면 분양 가격과 시설의 특성, 웃돈의 형성 정도를 알아낼 수 있다. 유사 개발 사례가 있다면 분양 시기와 분양 전용률을 확인해보자. 만약 초기 분양률이 높았다면 해당 지역의 부동산 수요는 넉넉하다고 볼 수 있다.

지역 내 고급 개발 정보를 얻으려면 해당 지역의 도시계획안을 살펴보는 것도 좋은 방법이다. 지자체에 방문해 주택과와 건축과에서 도시기본계획이나 군(구)정보고, 통계연보, 행정통계 자료 등을 얻어두면 큰 도움이 된다. 신설 도로 개통 예정지에 대한 정보는 국토교통부나 지자체에서 작성한 광역교통계획망, 도로개설계획 자료를 통해 얻을 수 있으며 유용한 투자 자료로 활용될 수 있다.

027

경매·공매 부동산에 '제시 외 건물'이 있다면?

Q

'제시 외 건물'이란 해당 경매·공매 부동산의 각종 공적 장부상에는 존재하지 않지만 법원의 의뢰를 받은 감정인이 현장에서 발견한 건물을 말한다. 즉, '등기사항전부증명서등기부'나 '건축물대장' 등에 기재돼 있지 않은 유형의 재산이다. 미등기 건물, 무허가 건축물, 사용 승인을 마치지 않은 건물이나 부합물 등이고 옥탑방, 보일러실, 옥외 화장실, 공장에 딸린 창고 등이 대표적인 제시 외 건물에 속한다.

제시 외 건물이 존재할 때 법원은 이 건물이 경매에 부쳐진 대상물과 별개의 독립된 건물인지, 부합물 또는 종물인지 파악해 주된 대상물과 함께 매각 대상 포함 여부를 판단한다. 이러한 법원의 판단을 통해 감정인은 매각 대상 부동산 등기부에 기재돼 있지 않은 제시 외 건물이 존재함을 '현황조사서'와 '매각물건명세서'에 기재한다. 사람들은 제시 외 건물이 기재된 것을 보고 경매 참여 여부를 고민한다. 공매는 '물건상세' 정보나 압류재산의 경우 '공매재산명세서'를 보면 제시 외 건물의 유무를 확인할 수 있다.

경매·공매 부동산에 제시 외 건물이 있으면 다음 사항들에 따라 참여 여부를 판단해볼 수 있다.

첫째는 제시 외 건물이 매각 대상에 포함되는 경우, 등기부에는 미등기된 건물이지만 낙찰자는 제시 외 건물까지 소유권을 취득할 수 있으므로 걱정할 필요가 없다.

둘째는 제시 외 건물이 매각 대상에서 제외되는 경우에는 문제가 된다. 이때 가장 좋은 방법은 제시 외 건물 소유자를 찾아 협의를 통해 매수하는 것이다. 낙찰 후에도 권리 관계가 깨끗하고 차후 별다른 문제가 없으므로 가장 쉽고 편한 방법이다. 하지만 제시 외 건물에 관한 각종 공적 장부가 없기 때문에 소유자를 찾기 힘들 수 있다.

셋째는 제시 외 건물이 위반건축물인 경우다. 제시 외 건물이 위반건축물이면 이전 소유자에게 부과된 이행강제금은 낙찰자가 인수하지 않는다. 그러나 위반건축물인 줄 알면서 낙찰받은 낙찰자라면 원상 복구하기 전까지 이행강제금을 계속 납부해야 하는 부담도 있다.

넷째는 제시 외 건물이 부합물 또는 종물인지를 판단해야 한다. 제시 외 건물이 부합물 또는 종물이 아니라면 법정지상권 문제가 발생할 수 있다. 그러나 법정지상권 문제가 없다면 낙찰 후 건물 철거 소송으로 해결하면 된다. 제시 외 건물이 부합물 또는 종물에 해당한다면 주물, 즉 매각 대상 부동산의 처분에 따르기 때문에 낙찰자는 소유권을 가질 가능성이 크므로 걱정할 필요가 없다.

결과적으로 제시 외 건물이 있는 부동산의 경매·공매 참여 여부는 경우에 따라 달라질 수 있다. 입찰 시 제시 외 건물이 매각 대상에 포함된 경우라면 걱정할 필요가 없지만, 포함되지 않는 경우라면 사전에 충분한 권리분석을 한 후 참여하는 것이 최선의 방법이다.

주물과 종물

물건의 소유자가 그 물건의 상용에 제공하기 위해 자기 소유의 다른 물건을 부속하게 한 경우, 그 물건을 '주물'이라고 하고 주물에 부속한 물건을 '종물'이라고 한다.

종물의 효과

① 종물은 주물의 처분에 따른다(민법 제100조 제1항).
② 주물 위에 저당권이 설정되면 저당권 설정 당시 종물뿐만 아니라 설정 후 종물에도 저당권의 효력이 미치게 된다(민법 제358조).
③ 〈민법〉 제100조 제1항은 임의규정으로, 당사자 간 반대의 특약을 할 수 있다.

부합물

소유자를 각각 달리하는 수 개의 물건이 결합해 1개의 물건이 되는 것으로, 분리시키려면 그 물건이 훼손되거나 과다한 비용을 들여야 하는 상태의 물건을 말한다. 물건의 소유자는 그 물건에 부합한 물건의 소유권도 취득한다(민법 제256조). 건물에 붙어 있는 옥탑방, 증축된 방, 토지에 있는 정원수·정원석·돌담 등이 부합물에 해당한다.

028

경매·공매 부동산의
매각물건명세서 확인은 기본이다?

'매각물건명세서'는 경매 부동산을 낙찰받기 희망하는 사람들에게 해당 부동산에 관한 정확한 정보를 제공하는 서류로, '현황조사서'와 '감정평가서감정서'를 근거로 법원이 작성해 비치한다. 여러 기초 사실을 적시함으로써 사람들이 경매 참여 여부를 결정할 수 있도록 하는 서류다. 매각물건명세서는 '대한민국법원 법원경매정보(www.courtauction.go.kr)' 사이트와 경매 법정에서 제공하며 누구나 쉽게 열람할 수 있다. 다만 물건의 실제 정보가 매각물건명세서와 다른 부분이 있어 낙찰자에게 손해가 발생한다면 매각 불허 판결의 원인을 제공할 수 있다. 공매 압류재산의 경우 '온비드(www.onbid.co.kr)' 사이트의 '공매재산명세서'를 통해 물건 정보를 확인할 수 있다.

매각물건명세서는 현황조사서와 감정서 사본 각 1부를 첨부해 작성된다. 매각물건명세서에 기재되는 사항은 부동산의 표시, 점유자, 점유권원, 점유 기간, 보증금, 차임, 관계인의 진술, 임차인이 있는 경우 배당 요구 여부와 일자, 전입신고와 확정일자 등이 있다. 또한 현황조사서와 다른 내용의 권리 신고나 배당 요구가 있는 경우 신고 내용, 등기된 부동산에 대한 권리 또는 가처분 중 매각으로 효력을 잃지 않는 것, 낙찰자에게 대항할 수 있는 등기된 임차권등기명령권자의 임차권 내용, 배당 요구를 하지 않은 최선순위 전세권, 최선순위 저당권 설정일, 매각에 따라 설정된 것으로 보는 지상권의 개요 등도 기재돼 있어 권리분석 시 반드시 확인해야 한다.

매각물건명세서 예시

매각물건명세서

사 건	2023타경 부동산임의경매		매각물건번호	1	작성일자	2024.	담임법관(사법보좌관)	
부동산 및 감정평가액 최저매각가격의 표시	별지기재와 같음		최선순위 설정	2018. 근저당권			배당요구종기	2023.

부동산의 점유자와 점유의 권원, 점유할 수 있는 기간, 차임 또는 보증금에 관한 관계인의 진술 및 임차인이 있는 경우 배당요구 여부와 그 일자, 전입신고일자 또는 사업자등록신청일자와 확정일자의 유무와 그 일자

점유자 성 명	점유 부분	정보출처 구 분	점유의 권 원	임대차기간 (점유기간)	보 증 금	차 임	전입신고일자·외국인등록(체류지변경신고)일자·사업자등록신청일자	확정일자	배당 요구여부 (배당요구일자)
	111호 전부	현황조사	상가 임차인	미상	30,000,000	2,700,000	2022.	2022.	
	111호 전부	권리신고	상가 임차인	2022.	30,000,000	2,700,000	2022.	2022.	2023.

〈비고〉

※ 최선순위 설정일자보다 대항요건을 먼저 갖춘 주택·상가건물 임차인의 임차보증금은 매수인에게 인수되는 경우가 발생 할 수 있고, 대항력과 우선변제권이 있는 주택·상가건물 임차인이 배당요구를 하였으나 보증금 전액에 관하여 배당을 받지 아니한 경우에는 배당받지 못한 잔액이 매수인에게 인수되게 됨을 주의하시기 바랍니다.

등기된 부동산에 관한 권리 또는 가처분으로 매각으로 그 효력이 소멸되지 아니하는 것

매각에 따라 설정된 것으로 보는 지상권의 개요

비고란
- 대지권 미등기(분양계약서상 대지면적은 9.42㎡임.)이나 매각목적물 및 평가에 포함됨.
- 2023. 자 주식회사 의 사실조회 회신에 따르면 소유자 의 대지지분은 2023. 현재 소유자 소유권이전등기를 경료하지 않았고, 회사 보유중이라고 함

주1 : 매각목적물에서 제외되는 미등기건물 등이 있을 경우에는 그 취지를 명확히 기재한다.
 2 : 매각으로 소멸되는 가등기담보권, 가압류, 전세권의 등기일자가 최선순위 저당권등기일자보다 빠른 경우에는 그 등기일자를 기재한다.

매각물건명세서의 비치 장소와 비치 기간을 알아보자. 기간입찰 또는 기일입찰의 경우 매각물건명세서 사본을 입찰 기간의 개시일마다 일주일 전부터 집행 법원 경매계 사무실 등에 비치하고, 입찰일에는 경매 법정에 비치되며 법원의 근무시간 중에는 누구나 무료로 열람할 수 있다. 매각물 건명세서의 복사와 관련해 대법원은 다른 사람의 열람에 방해가 되지 않는 한 자비로 복사하는 것은 열람 방법의 연장으로서 인정해도 된다고 해석하고 있다.

그렇다면 경매에서 왜 매각물건명세서가 중요할까? 매각물건명세서는 법원에서 제공하는, 법적으로 인정받는 가장 중요한 자료다. 임차인의 전입일자와 확정일자, 배당 요구에 대한 권리 신고를 받은 것에 기초해 그 증명 서류를 바탕으로 작성된다. 또한 등기되지 않는 권리인 유치권과 매각으로 인해 소멸되지 않고 낙찰자에게 인수되는 권리에 관한 내용도 기재돼 있다. 따라서 권리분석에 기준이 되는 자료며 매각물건명세서에 기재되지 않은 권리는 인정되지 않는다. 만약 매각물건명세서 작성에 중대한 하자가 있다면 법원의 매각 허가에 대한 이의신청 사유가 된다(민사집행법 제121조). 법원이 매각물건명세서를 비치하지 않거나 비치 기간을 준수하지 않아도 이에 따른다고 보는 것이 상당하며 직권에 의한 매각 불허가 사유가 된다. 이처럼 매각물건명세서 작성에 중대한 하자가 있는 것이 발견되면 매각 허가에 대한 이의신청 및 매각 허가 결정에 대한 즉시항고의 사유가 되기 때문에 매각물건명세서를 꼼꼼히 확인하고 권리분석을 거친 후 경매에 참여해야 한다.

029 경매·공매 부동산의 감정서를 왜 확인해야 할까?

'감정평가서_{감정서}'는 감정인이 매각 대상 부동산에 대한 법원의 평가 명령에 의해 시가를 평가해 보고하는 서면을 말하며 실무에서는 일반적으로 '감정서'라고 부른다. 부동산의 수익적 분석을 위해서는 감정서를 꼭 확인해야 한다. 경매 부동산에 대한 가격 보고서기 때문이다.

법원은 임의경매일 경우 경매 개시 결정일로부터 3일 내에, 강제경매일 경우 경매등기필증 접수일로부터 3일 내에 매각 대상의 최저매각가격을 정할 목적으로 감정인에게 매각할 부동산의 가격 등을 평가해 2주 이내에 감정서를 제출하라고 명한다. 평가의 대상은 평가 당시 현황을 기준으로 부동산 자체, 부동산의 부합물, 건물의 부합물 및 종물, 기타 지역권 및 지상권과 임차권 등 종된 권리, 대지권, 공장저당 목적인 토지 및 건물에 대한 평가, 분리되지 않은 천연과실, 법정과실, 부동산의 공유지분에 대한 평가, 구분소유적 공유지분에 대한 평가, 온천공, 법정지상권 등 부동산상의 부담, 공법상의 제한 등이 있다.

감정평가서 예시

(구분건물)감정평가표

본인은 감정평가에 관한 법규를 준수하고 감정평가이론에 따라 성실하고 공정하게 이 감정평가서를 작성하였기에 서명날인합니다.

감 정 평 가 사 　　　　　　　　　　　(인)

(서명또는인)

감정평가액	일십오억이천삼백만원정(₩1,523,000,000.−)				
의 뢰 인		감정평가목적	법원경매		
제 출 처		기준가치	시장가치		
소 유 자 (대상업체명)	(2023타경)	감정평가조건	−		
목록표시근거	귀 제시목록등	기준시점	조사기간	작성일	
기 타 참고사항	−	2023.	2023. − 2023.	2023.	

감정평가내용	공부(公簿)(의뢰)		사 정		감 정 평 가 액	
	종 류	면적(㎡) 또는 수량	종 류	면적(㎡) 또는 수량	단 가	금 액
	상가	1개호	상가	1개호	−	1,523,000,000
		이	하	여	백	
	합 계					₩1,523,000,000

본인은 이 감정평가서에 제시된 자료를 기준으로 성실하고 공정하게 심사한 결과 이 감정평가 내용이 타당하다고 인정하므로 이에 서명날인합니다.

심 사 자 : 감 정 평 가 사 　　　　　　　　(인)

감정인은 해당 부동산이 있는 현장을 방문해 육안으로 부동산의 위치, 형상, 주위 상황, 구조, 자재 등 제반 사정을 참작해 객관적으로 공정하고 타당성 있는 방법으로 평가할 때를 기준으로 그 시점의 가격을 평가한다.

그런데 이때 감정인에 대한 공신력이 문제가 될 수 있다. 즉, 감정인의 부실 감정으로 인해 손해를 입게 된 평가 의뢰인이나 선의의 제3자는 토지 평가법상의 손해배상책임과 〈민법〉상의 불법행위로 인한 손해배상책임을 함께 물을 수 있다는 판결이 있다.

감정서는 경매의 경우 '대한민국법원 법원경매정보(www.courtauction. go.kr)' 사이트에서, 공매는 '온비드(www.onbid.co.kr)' 사이트에서 열람이 가능하다. 감정서는 감정평가표, 감정평가명세표, 감정평가요항표, 감정평가액_{감정가}의 산출 근거 및 결정에 관한 의견, 위치도, 건물개황도, 사진 등으로 구성돼 있다. 감정서의 기재 사항은 사건의 표시, 부동산의 표시, 부동산의 평가액과 평가일, 부동산이 있는 곳의 환경, 지적 및 법령에서 정한 규제 또는 제한의 유무와 그 내용, 공시지가, 평가에 참고가 되는 사항, 건물의 종류 및 구조와 평면적 평가액의 산출 과정, 기타 추가적 사항 등이 있다.

감정서에 첨부되는 도면에는 지적 측량도, 건물 각층의 평면도, 부동산 주변의 환경에 관한 사항도 개략적으로 나타나며 감정인은 평가의 결과를 기재한 감정서에 그 사본을 첨부해 법원에 보고한다. 여기서 말하는 감정서의 사본은 감정서의 원본과 동일하게 작성되고 첨부하는 사진 등도 원본과 동일하며 '매각물건명세서' 사본에 첨부되는 서류다.

경매·공매에 참여할 때 감정서는 '현황조사서', 매각물건명세서와 함께 가장 주의 깊게 확인해야 할 서류다.

030 경매·공매 부동산의 현황조사서가 중요한 이유는?

'현황조사서'란 집행관이 매각 대상 부동산의 현황과 점유 관계, 차임 또는 보증금의 액수, 그 밖의 현황을 조사해 작성한 보고서를 말한다. 현황 조사서에는 사건의 표시, 부동산의 표시, 조사 일시와 장소 및 방법, 부동 산의 현상, 점유 관계, 차임 또는 보증금의 액수, 그 밖에 법원이 명한 사항 등이 기재돼 있으며 부동산의 현황을 알 수 있는 도면과 사진이 첨부돼 있 다. 더불어 현황 조사 대상이 주택이면 경매 대상 부동산 소재지에 주민등 록이 된 세대주 전원에 대한 '주민등록등본' 또는 '주민등록초본'이 첨부돼 있다. 공매에서는 압류재산의 '공매재산명세서'가 경매의 현황조사서와 같 은 서류라고 할 수 있다.

현황조사서가 특히 중요한 이유는 부동산의 임대차 관계를 분석하는 데 중요한 자료가 되기 때문이다. 현재 해당 부동산의 점유자가 누구며 어디 에 거주하는지, 차임과 보증금은 얼마인지 등을 알 수 있다. 여기서 주의해 야 할 점은 현황조사서를 신뢰하되 꼭 현장 답사를 통해 공적 장부와 실제에 차이가 없는지 확인해야 한다는 것이다. 자주 발생하지는 않지만 현황 조사서만 믿고 경매에 참여했다가 괜한 낭패를 볼 수 있기 때문이다.

현황조사서 예시

간혹 현황조사서를 확인하다 보면 "임대차 관계 미상"이나 "임차인 내용 없음"이라고 기재된 경우가 있다. 이때 임차인 문제가 크지 않겠다고 판단해 입찰한다면 손해를 보는 일이 생길 수 있다. 따라서 현황 조사 내용을 있는 그대로 믿을 것이 아니라 임차인에 관한 사항을 분석할 때는 반드시

전입 세대를 열람해봐야 한다. 현황조사서 내용만 보고 낙찰받은 후 임차인 명도를 할 때 선순위 임차인이 대항력을 주장하며 인도명령 또는 명도를 거절하거나 낙찰자에게 보증금 반환을 요구하는 경우가 있다. 이때 현황조사서에 기재된 "임대차 관계 미상"이나 "조사된 임차인 없음"이라는 근거는 매각 허부 결정에 대한 취소 사유가 되지 못할 수 있다.

현황조사서에 기재된 사항들은 법원에서 조사한 기본적인 내용이며 집행관이 현황 조사 시 폐문 부재 등의 이유로 임대차와 점유 관계에 대해 조사할 수 없는 경우 "조사된 임차 내역 없음"이라고 기재한다. 이는 임대차 사실이 없다는 의미가 아니라 말 그대로 조사된 임차 내역이 없다는 것으로 해석해야 한다.

전입세대확인서 열람 방법

전입세대확인서는 온라인 열람이 불가능하며 주민센터 또는 구청에서 일정의 수수료를 지불한 후 열람이 가능하다. 다만 열람 신청자별로 필요한 준비물이 다르니 알아두자.

• 임대인 : 신분증
• 임차인 : 신분증, 임대차계약서
• 경매 참여자 : 신분증, 경매 공고 출력(경매 물건임을 확인할 수 있는 서류)

031 현황조사서와 권리 신고 내역이 서로 다르다면?

권리 신고란 채권자에 의해 경매가 신청되면 매각 대상의 권리자가 법원에 본인의 권리를 신고해 증명하는 것을 말한다. 권리 신고를 하면 경매 절차상의 이해관계인이 된다. 그러나 권리 신고를 했다고 해서 배당 요구의 효력까지 발생하는 것은 아니므로 별도로 배당 요구를 신청해야 나중에 배당을 받을 수 있다.

권리 신고도 권리자의 현황을 신고한 것이고 '현황조사서' 역시 집행관이 부동산의 현황을 작성한 것인데, 서로 다를 수 있을까? 충분히 가능하다. 권리 신고 내역과 현황조사서 내용 중 하나가 '현황'을 제대로 반영하지 않았을 때 서로 다른 부분이 발생한다.

경매에서 가장 중요한 '매각물건명세서' 분석은 현황 조사를 바탕으로 하는 것과 권리 신고 내역을 근거로 하는 것으로 나뉜다. 그런데 간혹 매각물건명세서의 현황조사서 내용과 권리 신고 내역이 서로 다른 경우 혼동될 수 있다. 과연 둘 중 어느 것을 믿어야 하는지 고민에 빠지는 것이다. 예를 들어 매각물건명세서의 권리 신고 내역상 임차 보증금과 현황조사서상 임차 보증금이 다른 경우가 있다. 이럴 때는 다양한 경우의 수가 있으므로 정확한 현황을 파악한 후 입찰해야 한다.

권리 신고 내역은 매각 대상 부동산의 이해관계인이 직접 법원에 제출한 내용을 근거로 기재되므로 조금 더 신뢰성을 지니고 있다고 볼 수 있다. 현황조사서는 집행관이 임차인에게 들은 내용만 믿고 그대로 작성했을 수도 있고, 임차인이 부재중이면 주변 사람들에게 습득한 정보를 토대로 작성했을 수도 있다.

3장

경매·공매 낙찰률을 높이는 입찰의 기술

032 경매·공매 입찰은 아무나 할 수 없다?

경매·공매에서 입찰은 원하는 부동산을 얻기 위해 공식적으로 행하는 첫 번째 행위로, 가장 설레고 흥분되는 일인 동시에 가장 신중해야 하는 일이기도 하다. 사전에 권리분석과 물건분석, 수익률 계산을 마쳤다면 본인이 써낸 가격으로 입찰해 낙찰받으면 분명 수익을 기대할 수 있을 것이다. 하지만 경쟁에서 원하는 대로 되기란 쉽지 않다. 막상 입찰을 해보면 본인보다 높은 가격을 써내는 사람이 있어 낙찰받지 못하는 경우가 더 많다.

그렇다면 입찰은 고수들만 할 수 있을까? 아니다. 이제 막 경매·공매 공부를 시작한 초보자도, 절차를 잘 모르는 사람도 누구나 입찰할 수 있다. 그러나 예외인 몇몇 사람이 있다.

첫째는 경매·공매 물건의 채무자는 입찰할 수 없다. 당연한 이야기지만 채무자가 돈을 빌리지 않았다면 돈을 갚지 않아도 됐을 것이고, 그러면 경매·공매가 진행되는 일도 없었을 것이다. 즉, 채무자는 경매·공매를 진행하게 만든 원인 제공자기 때문에 해당 물건의 경매·공매에 참여할 수 없다. 만약 채무자가 입찰해 낙찰받을 돈이 있다면 그 돈으로 빌린 돈을 갚아 경매·공매가 진행되지 않도록 해야 맞는 일 아닌가.

둘째는 재경매재매각인 경우 종전 낙찰자는 입찰할 수 없다. 종전 낙찰자가 잔금을 납부하지 않아 재경매가 진행되는 것이므로 참여할 수 없다. 하지만 공매에서는 종전 낙찰자라도 누구든 재공매 물건에 입찰할 수 있다.

셋째는 매각 절차에 관여한 집행관은 절차상 공정을 해할 우려가 있으므로 입찰이 허용되지 않는다. 매각 대상 부동산을 평가한 감정인도 해당 물건을 매수할 의도가 있는 경우 공정한 평가를 기대하기 어려우므로 입찰이 허용되지 않는다. 감정인이 감정평가법인이라면 그 감정평가법인과 소속 감정인도 해당 물건에 입찰할 수 없다.

이들을 제외하고는 모두 입찰할 수 있다. 경매·공매 물건과 관계없는 일반 사람뿐만 아니라 해당 부동산을 임차한 임차인도, 돈을 빌려준 채권자도 입찰할 수 있다. 만약 남편이 사업을 하다가 부도가 났는데, 보증을 서서 담보로 잡힌 아내 명의의 아파트가 경매로 나왔다면 소유자인 아내는 입찰할 수 있을까? 가능하다. 빚을 진 채무자인 남편은 입찰이 불가능하지만 소유자인 아내는 입찰할 수 있다.

033

경매에 입찰하려면
어느 법원에 가야 할까?

L 씨는 현재 서울에 거주하고 있다. 그런데 강원도 철원에 있는 토지 경매 물건에 입찰하고자 한다. 그러면 어느 경매 법원에 가야 할까?

초보자라면 경매 부동산에 관한 정보와 관할 법원을 찾는 일이 헷갈릴수 있다. 경매 부동산이 어느 법원 관할인지를 알아야 실수하지 않고 입찰할 수 있다. '대한민국법원 법원경매정보(www.courtauction.go.kr)' 사이트에서부동산의 소재지를 보고 관할 법원을 찾는 것이 가장 쉬운 방법이다. 전국18개 지방법원과 42개 지원에서 경매를 진행하는데, 그중 서울과 수도권경매를 관할하는 법원은 다음 표와 같다.

표를 참고해 위 질문의 답을 찾아보자. 강원도 철원에 있는 토지 경매물건에 입찰하려면, 부동산 소재지는 강원도지만 관할 법원인 의정부 지방법원에 가야 함을 알 수 있다. 이처럼 입찰하는 사람이 거주하는 곳이 아니라 입찰할 부동산의 소재지 관할 법원을 찾아야 한다. 또한 부동산 소재지와 관할 법원이 다를 수 있음에 유의해야 한다.

서울·수도권 경매 관할 법원

지역	지방법원/지원	관할 구역
서울	중앙지방법원	강남구, 관악구, 동작구, 서초구, 종로구, 중구
	동부지방법원	강동구, 광진구, 성동구, 송파구
	서부지방법원	마포구, 서대문구, 용산구, 은평구
	남부지방법원	강서구, 구로구, 금천구, 양천구, 영등포구
	북부지방법원	강북구, 노원구, 도봉구, 동대문구, 성북구, 중랑구
인천	인천지방법원	강화군, 계양구, 남동구, 동구, 미추홀구, 부평구, 서구, 연수구, 옹진군, 중구
	부천지원	김포시, 부천시
의정부	의정부지방법원	동두천시, 양주시, 연천군, 의정부시, 철원군, 포천시
	고양지원	고양시 덕양구, 고양시 일산동구, 고양시 일산서구, 파주시
	남양주지원	가평군, 구리시, 남양주시
수원	수원지방법원	수원시 권선구, 수원시 영통구, 수원시 장안구, 수원시 팔달구, 오산시, 용인시 기흥구, 용인시 수지구, 용인시 처인구, 화성시
	성남지원	광주시, 성남시 분당구, 성남시 수정구, 성남시 중원구, 하남시
	여주지원	양평군, 여주시, 이천시
	평택지원	안성시, 평택시
	안산지원	광명시, 시흥시, 안산시 단원구, 안산시 상록구
	안양지원	과천시, 군포시, 안양시 동안구, 안양시 만안구, 의왕시

출처 : 대한민국법원 법원경매정보 사이트

034 경매·공매의 입찰 절차는?

법원 경매의 입찰 절차는 다음과 같다. 다음의 입찰 절차에서 주의해야
할 점이 몇 가지 있는데, 이를 알아야 실수를 줄일 수 있다.

경매 입찰 절차

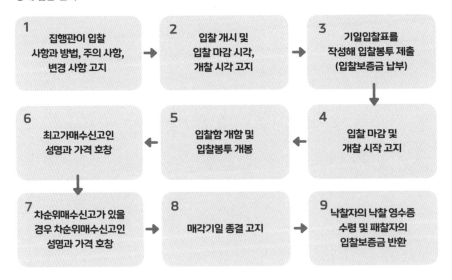

1 집행관이 입찰 사항과 방법, 주의 사항, 변경 사항 고지 → 2 입찰 개시 및 입찰 마감 시각, 개찰 시각 고지 → 3 기일입찰표를 작성해 입찰봉투 제출 (입찰보증금 납부)

6 최고가매수신고인 성명과 가격 호창 ← 5 입찰함 개함 및 입찰봉투 개봉 ← 4 입찰 마감 및 개찰 시작 고지

7 차순위매수신고가 있을 경우 차순위매수신고인 성명과 가격 호창 → 8 매각기일 종결 고지 → 9 낙찰자의 낙찰 영수증 수령 및 패찰자의 입찰보증금 반환

첫째, 입찰 마감의 부저가 있고 난 후에는 더 이상 입찰할 수 없다.

둘째, '매수신청보증봉투' 개봉 후 최고가매수신고인이 입찰보증금_{매수보증금}을 납부하지 않았거나 입찰보증금이 모자란 경우 그 입찰자의 입찰은 무효가 된다. 그러나 '기일입찰표'에 입찰 가격은 기재했고 입찰보증금은 기재하지 않았어도, 매수신청보증봉투에 법원이 요구하는 금액의 입찰보증금이 들어 있고 그 자리에서 누락 사항을 바로 잡으면 유효하다. 반대로 입찰표에 입찰보증금은 기재했고 매수신청보증봉투에 상당액이 들어 있어도 입찰 가격이 기재돼 있지 않으면 무효가 된다. 따라서 입찰표 작성 시 모든 사항을 꼼꼼히 확인해야 하며 '입찰봉투' 제출 전 매수신청보증봉투도 한 번 더 확인하는 것이 좋다.

셋째, 최고가매수신고인이 2인 이상이면 그 사람들에게만 추가 입찰하게 하여 최고가매수신고인을 정한다. 추가 입찰 시 입찰자는 종전의 입찰 가격과 같은 금액으로 입찰할 수는 있으나 종전 입찰 가격에 못 미치는 금액으로는 입찰할 수 없다. 추가 입찰에서도 2인 이상이 또다시 최고 가격으로 입찰하면 추첨을 통해 최고가매수신고인을 정한다. 다만 추첨의 구체적인 방법은 규정에 없다.

마지막으로 입찰보증금의 반환 절차를 알아보자. 입찰 절차가 종결되면 집행관은 최고가매수신고인과 차순위매수신고인 이외의 입찰자로부터 입찰자용 수취증을 교부받아 입찰봉투의 연결번호 및 간인과 일치 여부를 대조한다. 그런 다음 입찰자의 신분증을 받아 본인임을 확인한 후 입찰보증금을 반환하면서 입찰표 하단 영수란에 서명 또는 날인을 받는다.

공매의 입찰 절차는 경매와 용어의 차이가 조금 있지만 전체적으로는 경매와 비슷하다. 다만 공매는 '온비드(www.onbid.co.kr)' 사이트에서 온라인으로 진행한다는 것이 경매와 가장 큰 차이점이며 이로 인해 절차가 비교적 단순한 편이다. 그림으로 간략히 나타내면 다음과 같다.

공매 입찰 절차

035 경매·공매 부동산은 가장 높은 가격을 써낸 사람이 가져갈까?

경매·공매는 불특정 다수를 대상으로 부동산을 매각하는 것이므로 참여한 사람들 중 누구를 당첨자로 할 것인가를 정해야 한다. 입찰할 때 기준이 되는 가격이 있는데, 첫 입찰 때는 감정평가액감정가 이상으로 입찰 가격을 써내야 하며 입찰자가 없어 유찰이 되면 다음 회차에 최저매각가격 이상으로 입찰해야 한다.

경매·공매에서는 입찰 시 가장 높은 가격을 써내 당첨된 것을 낙찰됐다고 하며, 그 사람을 '낙찰자' 또는 '최고가매수신고인'이라고 하여 해당 부동산의 계약자로 인정한다. 낙찰자는 부동산의 소유권을 가져가는 것에 별다른 문제가 없다면 잔금만 내면 소유자가 된다.

경매의 경우 과거에는 경매 법정에서 입찰 최고가만 불러주는 사례가 많았지만 근래에는 해당 부동산 입찰자들의 입찰 가격을 하나하나 다 불러주는 법원이 많아졌다. 입찰자들의 입찰 가격을 전부 불러주면 최고가뿐만 아니라 두 번째로 높은 가격과 다른 입찰자들의 입찰 가격도 모두 알 수 있다. 이때 낙찰자는 좋을 수도 있고 실망감을 느낄 수도 있는데, 혼자만 입찰했다는 사실을 알고 당혹스러울 수 있다. 하지만 이미 낙찰자로 결정된이상 무효화할 수 없다. 낙찰을 포기할 수 있으나 그렇게 되면 입찰 시 납부한 입찰보증금매수보증금을 돌려받지 못하므로 그만큼 금전적 손해를 보게된다.

그렇다면 최고가를 써낸 낙찰자 이외의 입찰자들에게는 더 이상 희망이 없는 걸까? 아니다. 차순위매수신고 제도를 활용하면 낙찰자가 아니더라도기회를 잡을 수 있다. 차순위매수신고란 낙찰자가 잔금 납부 기일에 잔금을 납부하지 않았을 때 경매·공매의 진행을 신속히 하기 위해 재경매재매각가아닌 차순위매수신고인에게 낙찰자의 권리를 주는 제도다.

경매의 차순위매수신고는 매각기일 종결 전에 집행관이 차순위매수신고에 대해 물을 때 신고 의사를 표시하면 된다. 이때 입찰자들 중 두 번째로 높은 가격을 써낸 사람만 신고할 수 있는 것은 아니다. 최초 입찰 가격이 감정가 혹은 최저매각가격 이상이며 최고가매수신고액에서 입찰보증금을 뺀 금액을 '초과'할 경우 누구나 차순위매수신고를 할 수 있다.

예를 들어 경매에서 1회 유찰된 부동산의 최저매각가격이 2억 4,000만원이고 입찰보증금은 10%인 2,400만 원이라고 가정해보자. 최고가매수신고인이 2억 8,000만 원에 낙찰받았다면 입찰보증금 2,400만 원을 뺀 2억5,600만 원을 초과한 가격으로 입찰한 사람은 누구나 차순위매수신고가 가능하다.

공매도 경매와 비슷한데, 온라인으로 진행되다 보니 차순위매수신고 자격을 가진 입찰자는 해당 부동산의 매각 허가 결정일 전날까지 차순위매수 신고를 하고 입찰보증금을 납부해야 한다. 이때 차순위매수신고 자격을 가진 입찰자는 낙찰 가격에서 입찰보증금을 뺀 금액 '이상'으로 입찰한 사람을 가리킨다.

036 **입찰 가격은 어떻게 정할까?** **Q**

A **입찰 가격과 수익 계산하는 방법 알아두기**

부동산으로 돈 버는 방법은 간단하다. 싸게 사서 비싸게 팔면 된다. 다만 요즘은 부동산에 대한 가격 정보가 거의 실시간으로 온·오프라인에 공개되기 때문에 싸게 사서 비싸게 팔기가 쉽지 않다. 그런데 경매·공매 부동산은 입찰 절차가 복잡하고 권리분석도 해야 하며 건물에 거주하는 점유자도 내보내야 하는 등 낙찰자가 책임져야 하는 부분이 많다 보니 시세보다 저렴하게 살 수 있다. 이것이 경매·공매의 최대 장점이다.

경매·공매로 낙찰받은 부동산을 시간이 지나 매매할 때 매도 가격과 입찰 가격의 차이가 곧 수익이다. 따라서 입찰 가격은 수익을 결정짓는 중요한 요소다. 입찰 가격을 정하기 위해서는 해당 부동산의 매도 가격을 비롯해 점유자를 내보낼 때 지불해야 하는 합의 비용, 취득할 때 필요한 비용, 목표 수익 등을 알아야 한다. 즉, 매도 가격에서 본인이 원하는 목표 수익,

취득세 등의 취득 비용, 기타 비용 등을 차감하면 입찰 가격이 정해진다. 이때 목표 수익은 해당 부동산을 매도했을 때 남길 수 있는 수익이며 매도 가격은 지금의 시세거나 미래에 팔아야 할 가격이다. 입찰 가격 정하는 방법을 공식으로 정리하면 다음과 같다.

입찰 가격 = 매도 가격 - 목표 수익 - 취득 비용 (- 기타 비용)
수익 금액 = 매도 가격 - 입찰 가격- 취득 비용 (- 기타 비용)

매도 가격은 개인마다 다소 다를 수 있는 주관적인 가격이다. 입찰 가격이 결정되면 매도 가격에서 입찰 가격과 취득 비용 등을 빼면 수익 금액이 나오는데, 이 금액이 본인이 원하는 목표 수익과 같으면 결정된 입찰 가격으로 입찰하면 된다. 그런데 수익 금액보다 목표 수익이 낮으면 입찰 가격이 높은 것이므로 내려서 입찰하고, 수익 금액보다 목표 수익이 높으면 입찰 가격이 낮은 것이므로 올려서 입찰하면 된다.

Ⓐ 입찰 가격은 매매 가격이 기준이다

입찰 가격을 정할 때 기준이 되는 것은 실제 부동산이 거래될 수 있는 매매 가격이다. 매매 가격을 파악하기 위해서는 매각 대상 부동산 주변의 여러 부동산 중개사무소를 들러 시세를 정확하게 파악해야 한다. 서로 붙어 있지 않은 최소 3곳 이상의 중개사무소를 방문해 매도자가 팔려는 가격과 매수자가 사려는 가격으로 호가와 실거래가를 확인해야 한다. 아파트나 다세대주택 같은 공동주택은 실거래가를 확인하기 쉽지만, 일반 주택이나 상가 등 상업용 건물은 거래 사례가 많지 않아 매매 가격을 파악하기 어렵다. 더구나 토지나 지방 부동산들은 주변에 중개사무소가 없는 곳도 많아 난감할 때가 있다. 이럴 때 고수들은 유사 지역이나 인근 지역 분석 등을 통해 매매 가격을 산정한다. 인기가 많은 아파트는 시세 대비 85~90% 정도에 낙찰받는 것이 좋고, 상가 같은 수익형 부동산은 시세 대비 70% 정도에 낙찰되는 편이다.

입찰 가격을 기준으로 낙찰받으면 시세에 따라 수익률이 결정된다. 잔금 납부일 기준 원하는 목표 수익을 계산해 입찰하면 낙찰받기가 쉽지 않다. 하지만 3년 후, 5년 후의 매매 가격을 예상해 입찰하면 최저가로 낙찰받겠다는 욕심에서 벗어날 수 있다. 고수들은 최저가보다 낙찰받은 부동산의 미래 가치와 개발 가능성 등에 초점을 맞춰 입찰 가격을 정한다. 다만 매매 가격을 정확히 파악하는 것이 우선이다.

037 입찰보증금은 얼마나 내야 할까?

경매·공매 입찰 시 입찰보증금매수보증금을 납부하는 이유는 누군가 장난으로 입찰해 입찰을 방해하거나 지연시키는 행위를 사전에 막아 시간적 낭비를 제거하기 위함이다. 또한 낙찰 후 낙찰자가 계약을 이행하지 않을 때 그에 따른 손실에 대한 책임을 지게 하기 위해서다.

경매는 본인이 입찰하려는 금액의 10%가 아니라 최저매각가격의 10%를 입찰보증금으로 납부하면 된다. 이때 법원에서 정한 최저매각가격은 신건과 입찰자가 없어 유찰된 건이 다르다. 처음으로 경매가 진행되는 물건이면 일반적으로 감정평가액감정가을 기준으로 하며, 유찰된 경우에는 법원에서 정한 최저매각가격을 기준으로 한다. 법원마다 정하는 최저매각가격이 다르므로 입찰할 때 해당 법원이 정한 입찰보증금이 얼마인지 미리 확인해야 한다. 최저매각가격의 10% 미만으로 입찰보증금을 납부하면 입찰은 무효가 되며 당일에 바로 돌려받는다.

또한 경매 물건을 낙찰받은 낙찰자가 잔금을 납부하지 않아 다시 경매가 진행되는 것을 재경매재매각라고 하는데, 이때는 입찰보증금이 감정가의 10%가 아니라 20%인 경우가 대부분이며 25%, 30%인 지방법원도 있다. 이처럼 재경매 물건은 법원마다 정하는 입찰보증금 금액이 다르므로 미리 확인하고 준비해가야 한다.

입찰보증금은 현금이나 수표, 법원에서 정한 보증 증권으로 납부할 수 있으며 '매수신청보증봉투'에 넣어 제출한다. 입찰에서 최고가매수신고인이 되지 못하면 입찰보증금은 당일에 바로 돌려받는다.

공매도 본인이 입찰하려는 금액의 10%가 아니라 최저입찰가의 10%를 입찰보증금으로 납부한다. '온비드(www.onbid.co.kr)' 사이트에서 입찰서 작성 및 제출 완료 후 발급된 납부 계좌로 납부하면 된다.

038 부부가 함께 입찰(공동 입찰)할 수 있을까?

요즘에는 부부 간 증여세가 완화돼 부동산 매수 시 부부가 공동으로 소유하는 경우가 많아지고 있다. 이처럼 부동산 소유권을 여러 명이 공동으로 가지면 절세 측면에서 유리한 점이 많다. 부동산을 취득할 때 납부하는 세금에는 별 차이가 없지만 매도할 때 양도소득에 대해 납부하는 세금에는 차익이 클수록 더 큰 혜택을 볼 수 있기 때문이다. 즉, 부동산 소유권을 공동으로 가지면 양도소득세를 아낄 수 있다. 양도소득세는 누진 과세로, 양도 차익이 적으면 양도세율도 낮게 적용된다. 경매·공매로 나온 부동산은 여러 명이 공동으로 입찰할 수 있어 부부가 공동으로 입찰하는 것이 가능하다. 공동으로 입찰해 낙찰받아 잔금을 납부하면 공동 명의로 소유권을 가져올 수 있다.

경매의 경우 공동으로 입찰하려면 입찰하는 각자의 지분을 '기일입찰표'에 기재해야 한다. 예를 들어 경매로 나온 아파트를 부부가 각자 반씩 소유하기로 하고 공동으로 입찰한다면 각자의 지분을 1/2로 써넣어야 한다. 또한 법원에서 별도로 '공동입찰신고서(부록 2' 참고)'를 받아 작성해야 하며 공동입찰신고서에 각자의 지분을 기재해야 한다. 만약 공동 입찰 시 입찰표와 공동입찰신고서에 각자의 지분을 기재하지 않으면 입찰이 무효가 되는 것이 아니라 균등한 지분을 갖는 것으로 처리된다.

경매에 입찰하기 위해서는 본인이 참석하는 것이 원칙이지만, 예를 들어 부부가 공동으로 입찰하는데 둘 중 1명이 당일 경매에 참여하지 못하면 대리 입찰도 가능하다. 참여하지 못하는 사람의 '인감증명서'와 인감도장이 날인된 '위임장'을 첨부해 나머지 1명이 대리 입찰하면 된다.

공매의 경우 '온비드(www.onbid.co.kr)' 사이트에서 공동 입찰을 할 수 있다. 입찰서 작성 시 공동 입찰자를 등록하고 지분을 입력하면 되는데, 공동 입찰하는 사람 모두 사이트에 회원 가입을 하고 본인 인증 절차를 거쳐야 한다.

공동 입찰은 부부뿐만 아니라 자금이 넉넉하지 않은 소액 투자자들도 여러 명이 함께 금액이 큰 부동산에 입찰할 수 있다. 다수의 투자자가 모여 각자가 가진 자금을 합해 규모가 큰 상가나 비싼 토지 등을 공동 입찰하는 것이다. 이때 낙찰 후 분쟁의 소지가 있을 수 있으므로 공증을 해두는 것이 좋으며 공동 명의로 소유권을 등기하는 것이 바람직하다. 또한 사전에 입찰 가격을 조율해 경매 법정에서 우왕좌왕하는 일이 없어야 하며, 나중에 해당 부동산을 매도할 때도 잘 협의해 매도 시기를 놓치는 일이 없어야 할 것이다.

경매 공동 입찰 시 대표 입찰자 1인이 대리 입찰할 경우 준비해야 할 서류

- 공동입찰신고서 및 공동입찰자목록
- 대표 입찰자 1인의 신분증과 도장(인감도장 또는 막도장)
- 대표 입찰자 1인을 제외한 공동 입찰자의 인감도장, 인감증명서, 위임장

039 타인이 대리로 입찰할 수 있을까?

경매·공매 물건은 본인이 직접 입찰해 낙찰 가부를 정하는 것이 가장 좋다. 그런데 경매의 경우 원하는 물건들의 매각기일이 겹치거나 개인적인 사정으로 참여하지 못하면 본인 대신 제3자가 대리 입찰을 할 수 있다. 지인을 통해 참여하는 방법과 매수신청대리인을 통해 참여하는 방법이 있다.

매수신청대리인이란 부동산 중개업을 하는 개업 공인중개사 중 별도의 매수신청대리인 교육을 받고 경매 법원에 등록된 자를 말하며 매수신청대리인에게 매수를 위임하면 별도의 수수료가 발생한다. 경매 절차의 위험도를 생각한다면 매수신청대리인을 지정해 참여하는 것도 좋은 방법이며 단순 낙찰을 받기 위함이라면 지인을 통해 참여하는 방법도 고려해볼 수 있다.

본인이 직접 입찰할 때는 신분증과 함께 입찰 서류를 제출하면 간편하게 참여할 수 있다. 하지만 대리 입찰을 하려면 먼저 대리인이 본인으로부터 입찰을 위임받았다는 사실을 증명해야 한다. 위임 서류로는 입찰자 본인의 '인감증명서'와 인감도장이 날인된 '위임장'이 필요하며 대리인이 공인중개사라면 위임 서류 외에 입찰 대리를 허가받은 서류인 '매수신청대리인등록증'을 함께 제출해야 한다. 대리 입찰을 하기 위해 필요한 여러 서류 중에 하나만 없어도 입찰을 할 수 없으므로 대리 입찰을 하려면 필요한 위임 서류를 미리 준비해두는 것이 좋다.

'기일입찰표'를 작성할 때도 입찰자 본인의 인적 사항과 대리인의 인적 사항도 기재해야 한다. 인적 사항으로 성명, 전화번호, 주민등록번호, 주소(주민등록상 주소)를 적고 대리인도 같은 내용을 적으면 되는데 특별한 것은 본인과의 관계를 적는 칸이 있다. 여기에는 본인과의 실질적인 관계를 적으면 된다.

공매는 온라인 입찰이므로 본인임을 확인하는 공인인증서가 있으면 누가 입찰하더라도 본인이 입찰하는 것으로 인정할 수밖에 없다.

경매 본인 입찰 시 준비해야 할 서류
• 신분증과 도장(인감도장 또는 막도장)

경매 대리 입찰 시 준비해야 할 서류
• 입찰자 본인의 인감도장, 인감증명서, 위임장
• 대리인의 신분증과 도장(인감도장 또는 막도장)

040 | 입찰 시 주의해야 할 점은?

경매·공매 절차가 간소화되고 대중화되면서 참여하는 사람들이 늘어나고 있다. 그러나 법적 절차에 따라 진행되고 낙찰자가 오롯이 위험 부담을 떠안아야 한다는 점에서 결코 만만한 시장이 아니다. 특히 낙찰받을 준비를 완벽하게 했다고 생각하고 입찰을 해도 입찰 전과 후가 전혀 다른 상황으로 전개될 수 있다는 점에서 끝까지 마음을 놓을 수 없다. 입찰 사고는 곧 금전적 손해와 맞물리기 때문에 항상 신중해야 한다.

Ⓐ 경매 물건 입찰 시 주의 사항

첫째, 입찰 전 해당 사건의 진행 여부를 확인해야 한다. '대한민국법원 법원경매정보(www.courtauction.go.kr)' 사이트에서 입찰 예정인 물건의 경매가 연기 혹은 정지, 취소됐는지 확인한 후 법원으로 가야 한다. 경매가 취소됐는데도 입찰하고자 법원으로 가면 시간과 비용을 낭비하는 셈이다. 경매 법정에 가면 당일 경매 예정인 물건들이 많이 있는데 이 중 15% 정도는 항상 기일 연기, 변경, 취소, 취하, 대금 납부 등의 이유로 경매가 진행되지 않는다. 입찰이 끝난 후 '입찰봉투'를 정리하다 보면 경매가 진행되지 않는 물건임에도 이를 확인하지 않고 입찰한 사람들이 있어 집행관이 직접 그 사람들을 법정 앞으로 호명해 입찰봉투를 돌려주는 창피한 경우가 생길 수 있다.

둘째, 법원별로 입찰 시작 시간과 마감 시간이 다르다. 대부분의 법원은 오전 10시나 10시 30분에 개정하며 오전 10시에 개정하는 법원은 통상 11시 10분에, 10시 30분에 개정하는 법원은 통상 11시 40분에 입찰이 마감되기 때문에 마감 시간에 맞춰 '기일입찰표'를 제출해야 한다. 입찰 시간을 착각해 입찰하지 못하는 경우도 있고, 현장에서 입찰표를 작성하는데 지나친 눈치작전으로 인해 마감 시간을 넘겨 입찰표 제출을 거부당하는 경우도 있다.

셋째, 입찰 전 물건의 소유자를 누구로 할 것인지 미리 정해두는 것이 좋다. 본인이 소유자고 본인이 직접 입찰할 예정이라면 본인 신분증과 도장만 준비하면 된다. 만약 배우자 등 타인을 물건의 소유자로 하고 본인이 입찰할 예정이라면 소유자의 '인감증명서'와 인감도장이 날인된 '위임장' 등이 필요하다. 이러한 서류는 당일에는 준비할 시간이 촉박하니 미리 준비해두는 것이 좋다. 특히 타인의 인감증명서를 발급받기 위해서는 인감도장뿐만 아니라 인감증명서를 발급받는 사람의 신분증도 필요하니 빠짐없이 챙기도록 하자.

넷째, 입찰 전 미리 입찰보증금매수보증금을 준비해두는 것이 좋다. 입찰 당일 법원 인근에 은행이 없을 수도 있고 은행을 찾아가도 대기 인원이 많을 수 있다. 입찰보증금은 결코 적은 금액이 아니므로 미리 준비해 입찰하는 편이 좋다.

다섯째, 경매 물건 중에는 사건번호만 있는 물건도 있고 사건번호와 더불어 물건번호가 있는 물건도 있다. 이때 사건번호와 물건번호가 함께 있는 물건은 입찰표에 사건번호뿐만 아니라 물건번호도 꼭 기재해야 한다. 물건번호를 기재하지 않고 입찰해 무효로 처리되는 안타까운 사례가 많다.

여섯째, 입찰 가격은 결국 경매로 부동산을 싸게 사는지 비싸게 사는지를 결정하는 것이므로 냉철하게 분석해 실수 없이 써내야 한다. 일반적으로 경매 진행 당일 전에 입찰 가격을 결정하면 문제가 없지만 대부분 입찰 당일에 가격을 결정하는 사람이 많다. 이때는 주변 분위기에 휩쓸려 입찰 가격을 높여 적지 않도록 주의하고, 금액 적는 칸에 숫자 '0' 하나를 더 써넣어 곤란한 상황을 겪을 수도 있으니 신중하게 입찰 가격을 쓰고 한 번 더 확인하는 과정이 필요하다.

Ⓐ 공매 물건 입찰 시 주의 사항

경매·공매 대상 물건이 건물인 경우 대부분 해당 건물에 거주 중인 점유자가 있다. 경매에서는 점유자가 '등기사항전부증명서등기부'의 말소기준권리보다 후순위 임차인이라면 인도명령을 통해 강제집행을 할 수 있다. 하지만 공매에서는 후순위 임차인이라면 명도소송을 통해 강제집행을 해야 하므로 입주까지 긴 시간이 필요하다.

또한 공매는 대부분이 조세채권에 의한 매각이므로 채권 금액이 소액인 경우가 많다. 따라서 공매를 통해 물건을 낙찰받았어도 채무자가 채권을 변제해 사건이 취소되는 경우가 많으므로 시간을 낭비하지 않기 위해서라도 조세채권의 금액이 얼마인지 미리 파악하는 것도 중요하다.

앞에서도 언급했지만 경매는 경매 법정 현장에서 바로 권리를 주장할 수 있지만, 공매는 온라인 입찰이다 보니 본인의 권리를 주장하는 방법이 다르다. 예를 들어 차순위매수신고 등은 경매처럼 현장에서 할 수 있는 것이 아니기 때문에 공매 절차는 별도로 이해할 필요가 있다.

아무리 사전에 권리분석을 철저히 하고 수익률 계산도 마친 후 자신 있게 경매·공매에 참여해도 입찰 시 작은 실수로 인해 사전에 준비한 것들이 헛수고로 돌아갈 수 있다. 이러한 안타까운 일을 겪지 않으려면 매각 종결까지 마음을 놓지 말고 집중해야 한다.

041 최초매각가격과 최저매각가격의 차이점은?

초보자들이 경매에 참여할 때 간혹 감정평가액감정가과 최저매각가격을 혼동하는 경우가 있다. 또한 감정가가 곧 최초매각가격이라고 하면 더욱 혼란스러워한다. 경매에서 최초매각가격이나 최저매각가격은 참여자에게 는 수익 분석의 기초가 되는 절대적인 가격이므로 매우 중요하다.

감정가는 감정인이 법원의 평가 명령에 의해 매각 대상 부동산에 대한 시가를 평가한 금액이다. '감정평가서감정서'를 토대로 한 감정가가 곧 최초매 각가격이며 1회차 경매 물건의 기준 매각 가격이 된다. 그러나 경매 투자자 들은 수익성 때문에 1회차 물건에는 대부분 입찰하지 않는다. 그러면 법원 은 다시 매각기일을 지정해 경매를 진행하는데, 이때 경매 신청인의 채권 에 우선하는 채권자의 권리가 침해되지 않는 한도 내에서 20~30%를 줄여 최저매각가격을 정할 수 있다.

최저매각가격이란 감정인이 평가한 부동산의 시가를 법원이 참작해 다 시 정한 기준 매각 가격으로, 최저매각가격은 곧 매각의 기준이 되는 가격이기 때문에 최저매각가격 미만의 금액으로는 낙찰받을 수 없다. 따라서 입찰자는 최저매각가격 또는 그 이상의 금액을 '기일입찰표'에 써내야만 낙찰받을 수 있고 그중에서 최고가를 써낸 사람이 낙찰자가 된다.

예를 들어 최저매각가격이 1억 원이라면 낙찰 가능 여부를 3가지 경우로 나눌 수 있다. 첫째는 '금99,999,999원'을 입찰표에 써내면 낙찰받을 수 없다. 둘째는 '금100,000,000원'을 입찰표에 써내면 다른 입찰자가 없다면 낙찰이 가능할 수 있다. 셋째는 '금100,000,000원'을 초과하는 금액을 입찰표에 써내면 그중 가장 높은 입찰 가격을 써낸 사람이 낙찰받게 된다.

결과적으로 경매에서는 물건의 감정가인 최초매각가격 이상의 금액을 써내 낙찰받는 경우도 있을 것이며, 최저매각가격 이상의 금액을 써내도 낙찰받지 못하는 경우도 있을 것이다. 따라서 부동산 시장의 흐름을 잘 파악한 후 참여해야 한다. 보통 경매 부동산을 감정가보다 높은 금액에 낙찰받는 것은 손해라고 생각하기 때문에 최초매각가격을 넘겨서 낙찰받는 경우는 많지 않다. 그러나 모든 일에는 원칙이 존재하면 예외도 존재하니 시세와 미래 가치를 모두 잘 따져보고 경매에 참여해야 한다.

감정평가액 = 최초매각가격 = 최초의 최저매각가격

042 유찰이 잦은 물건에 입찰해도 될까?

초보자라면 대박 물건을 고르기 전에 쪽박 물건을 골라내는 노력이 필요하다. 경험이 적은 사람일수록 경매·공매 부동산은 대부분 돈이 된다고 오해하기 쉽다. 초보자의 눈에 싸게 보이는 이유는 1회 유찰 후 저감률과 최저매각가격의 오류로 인한 착시 효과 탓이 크다.

하지만 겉으로 보기에 좋아 보일수록 의심해야 하는 게 경매·공매 부동산이다. 1~2회 유찰된 부동산은 대부분 낙찰 후 안전하게 소유권을 넘겨받을 가능성이 크지만, 3~4회 이상 유찰돼 반값까지 떨어진 부동산은 하자가 있을 것이라는 의심부터 하는 게 좋다. 실제로 유찰이 잦은 부동산을 잘 들여다보면 권리상 하자나 물건상 하자가 있는 경우가 많다.

유찰이 여러 번 된 부동산은 매각 대금 이외에 선순위 임차인의 보증금 등 낙찰자가 추가로 인수해야 할 게 많은 것이 대부분이다. 매각 대금 외에도 추가 금액을 더 지급해야 하므로 결코 가격이 싼 부동산을 잡은 게 아니다. 유찰 횟수가 많을수록 권리 관계가 복잡하고 초보자가 발견하지 못하는 하자가 있는 경우가 많기 때문에 전문가의 도움을 받아 세밀한 분석을 하거나 입찰을 자제하는 것이 바람직하다. 특히 유치권이나 법정지상권이 설정된 특수물건은 복잡한 권리들이 얽혀 있어 세심한 판단이 요구되므로 아무리 가격이 싸다고 할지라도 초보자는 손대지 않는 것이 좋다.

유찰이 잦은 부동산은 겉으로 보기에는 가격이 싼 것처럼 보이지만 수익성과는 거리가 멀 수 있음을 염두에 둬야 한다. 토지와 건물이 따로 경매에 부쳐져 법정지상권 성립 여지가 있거나, 온전한 단독 소유가 아닌 공유지분 부동산, 묘지가 있는 땅, 개발 호재가 거의 없는 지역 내 위치한 부동산일 가능성도 있다. 3회 이상 유찰된 부동산이 있다면 일단 입찰을 멈춘 후 꼼꼼한 권리분석과 물건분석이 우선이다.

043 신중히 입찰해야 할 경매·공매 부동산은?

A 반값 물건은 배보다 배꼽이 더 클 수 있다

경매·공매에서 가격이 감정평가액감정가의 반값까지 떨어졌다면 권리상, 물건상 안전하지 못한 위험한 물건일 수 있으므로 신중하게 입찰해야 한다. 법적으로 하자가 있는 물건은 감정가 대비 절반으로 떨어졌어도 허풍선일 가능성이 크다. 이러한 물건은 싼값에 낙찰받아도 추후 거액의 돈을 물어줘야 하는 경우가 생길 수 있고 불리한 입장에서 협상을 통해 해결해야 하는 어려움도 있을 수 있다.

'경매 함정'이라는 말이 있다. 경매 절차상 또는 권리분석상 하자가 있는 물건은 낙찰받아도 문제를 해결하는 데 오랜 시간 걸릴 수 있고 해답을 찾기도 어려워 결국에는 원하는 수익을 얻을 수 없어 경매 함정에 빠졌다고 말한다. 이러한 부동산의 특징은 낙찰자의 완전한 소유권 행사인 사용·수익·처분을 자유롭게 할 수 없는 제한적인 물건이라고 할 수 있다. 유치권을 주장하는 대상이 있거나, 토지나 건물 중 하나만 경매·공매로 나와 법정지상권 유무를 판단해야 하거나, 하나의 부동산에서 일정 지분만 경매·공매로 나오는 공유지분 물건이거나, 점유자가 대항력이 있는 것처럼 보이는 위장 임차인이거나, 점유자가 많은 경우 등을 예로 들 수 있다.

이러한 부동산은 낙찰자가 완전한 소유권을 행사하려면 소송으로 해결해야 하므로 입주까지 긴 시간이 필요하고, 대출이 되지 않거나 매매 가격이 원하는 금액 이하일 경우가 많다. 따라서 저렴한 가격에 낙찰받을 수는 있지만, 먼저 사전에 부동산에 얽힌 여러 문제 해결에 필요한 시간과 비용을 계산하고 문제가 해결된 이후 부동산 가격이 어떻게 될지 등의 동향을 미리 분석해 입찰해야 한다.

ⓐ 임차인이 많으면 해결해야 할 문제도 많다

임차인이 많은 물건도 신중하게 입찰해야 한다. 임차인이 많다는 것은 낙찰자가 해결해야 할 숙제가 많다는 의미일 수 있다. 최초 근저당 설정일보다 빨리 전입신고를 한 선순위 임차인이라면 대항력이 유지돼 낙찰자가 임차인의 보증금을 인수한 후 명도를 요구할 수 있다. 다만 배당 요구를 한 선순위 임차인이라면 배당을 받아 나가기 때문에 문제 될 것이 없다.

따라서 임차인이 많은 집단상가, 다가구주택, 단독주택 등의 물건에 입찰하려면 대항력 있는 임차인의 유무와 배당 요구 여부 등을 입찰 전에 반드시 확인해야 한다. 낙찰 후 여러 임차인의 우선순위를 정리해야 하거나 명도 저항에 부딪혀 수개월 동안 애를 먹는 경우가 발생할 수 있기 때문이다. 또한 이사 비용 등의 문제로 실랑이를 벌이기도 하므로 입찰 전 임차인 성향과 이사 비용 등 추가로 부담해야 할 비용도 미리 계산해봐야 한다.

Ⓐ 무리한 대출을 필요로 하는 대형 물건은 피하라

덩치가 큰 부동산은 신중하게 입찰을 결정해야 한다. 대형 주택이나 토지, 건물은 경매·공매에서 인기가 많다. 중소형은 유찰 횟수가 1회 정도라면 대형은 2~3회에 달해 반값까지 떨어지는 물건도 있기 때문이다. 단기 시세 차익을 목적으로 이러한 대형 부동산을 대출까지 해서 낙찰받았는데, 매매가 안 되어 애를 먹는 경우가 많으니 주의가 필요하다.

특히 부동산 시장 전환기에는 더욱 조심해야 한다. 초보자라면 본인의 수준에 맞지 않는 투자는 가급적 피하는 게 좋다. 부동산 시장에 대한 안목을 키우면서 안전한 물건 위주로 경험을 쌓아 서서히 투자 종목을 넓혀가길 바란다. 자칫 자만해 신중해야 할 물건에서 실수를 저지른다면 투자 실패로 이어져 큰 손해를 볼 수 있다.

아는 만큼 보이는 것이 경매·공매다. 안전한 부동산 위주로 투자 경험을 쌓고 신중하게 입찰해야 실패하지 않는다.

044 입찰표는 어떻게 작성할까?

경매에서 '기일입찰표('부록 2' 참고)'는 부동산 매매계약서와 같다. 매매 계약서가 작성되면 해당 부동산과 관련된 사항은 계약 내용대로 이뤄져야 하는 것과 마찬가지로 입찰표를 작성하고 제출하면 입찰표 내용대로 이행 돼야 한다. 입찰표는 사건번호, 입찰자 정보, 대리인 정보, 입찰 가격, 보증 금액 등으로 구성돼 있다.

먼저 사건번호는 법원에서 진행하는 소송에 대한 접수번호다. 경매도 부동산 소송 행위이므로 당연히 접수번호가 있고 그것이 곧 사건번호다. 해당 경매 물건의 사건번호를 입찰표에 기재하면 되는데, 이때 사건번호 옆에는 물건번호를 기재하는 칸이 있다. 물건번호는 경매 물건 하나에 여 러 개의 부동산이 포함된 경우에 부여되는 번호다.

예를 들어 한 동짜리 아파트를 완공했는데, 오랫동안 미분양 상태로 있 다가 대출이자를 갚지 못해 아파트 전체가 경매로 나왔다고 가정해보자. 감정평가액감정가이 어마어마해 아파트 전체를 매수할 사람이 없을 가능성이 크므로 쉽게 매각하기 위해 호수별로 나누어 경매를 진행한다. 하나의 사건번호에 101호는 물건번호 1번, 102호는 물건번호 2번, 504호는 물건번호 20번, 이렇게 각 호수별로 물건번호를 지정하는 것이다. 만약 본인이 102호에 입찰할 예정이라면 입찰표에 사건번호와 함께 물건번호 2번을 기재해야 한다.

다음으로 경매 물건의 실질적 소유자가 될 본인의 인적 사항을 기재해야 한다. 성명, 전화번호, 주민등록번호, 주소 순으로 기재하면 되는데 이 중 주소는 주민등록상 주소를 적으면 된다. 또한 본인이 직접 본인이 소유할 물건에 입찰할 때는 대리인의 인적 사항은 기재하지 않아도 되지만 대리 입찰할 때는 대리인의 인적 사항도 기재해야 한다. 대리인의 성명, 전화번호, 주민등록번호, 주소, 그리고 본인과의 관계를 적어야 한다.

입찰 가격을 기재하는 칸에는 입찰 가격과 보증 금액을 적는다. 낙찰받으려는 실제 입찰 가격을 적고 보증 금액은 최저매각가격의 10%를 적으면 된다.

입찰표를 작성할 때는 실수가 있어서는 안 되기 때문에 조용하고 편한 곳에서 혼자 집중해 작성하는 것이 좋다. 경매 법정 앞쪽에 기표대를 만들어놓지만 법정 앞쪽에 있어 다른 사람들의 시선이 주목되니 신경이 쓰일 수 있다. 따라서 천천히 생각을 가다듬으면서 입찰표를 작성할 수 있는 법원 근처 공간을 찾아야 한다. 경매에 자주 참여하는 사람들은 법원별로 본인이 점찍어놓은 자리가 있는데 지하 매점이나 식당, 대기실 같은 곳이 입찰표를 작성하기 좋다.

045

입찰 서류 작성 시
유의해야 할 점은?

Q

입찰 당일 경매 법정에서 이뤄지는 입찰 절차를 서류 중심으로 살펴보면 '입찰봉투 수령 → 기일입찰표 작성 → 매수신청보증봉투에 입찰보증금 넣기 → 앞면에 사건번호, 물건번호, 제출자 성명 기재 → 기일입찰표와 매수신청보증봉투를 입찰봉투에 넣기 → 앞면에 사건번호, 물건번호, 제출자 성명 기재 → 집행관에게 제출 또는 입찰함에 넣기'로 정리할 수 있다. 각 과정에서 유의해야 할 사항들을 살펴보자.

첫째, 황색의 '입찰봉투'를 수령하면 먼저 '기일입찰표'에 모든 사항을 정확히 기재한다. 입찰표 작성이 끝나면 꼼꼼히 확인한 후 도장을 찍는다. 입찰에 떨어졌을 때 입찰보증금매수보증금을 돌려받으면서 서명하는 보증금 반환 확인란은 비워둔다.

둘째, 입찰보증금을 흰색의 '매수신청보증봉투'에 넣고 앞면에는 사건번호와 물건번호, 제출자 성명을 기재한 후 도장을 찍고 봉한다.

셋째, 다른 사람이 본인의 입찰표를 보지 못하도록 주의하며 입찰표(대리 입찰의 경우 인감도장이 날인된 위임장과 인감증명서 첨부)와 매수신청보증봉투를 입찰봉투에 넣고 앞면에 사건번호와 물건번호, 제출자 성명을 기재한 후 풀을 발라 봉한다. 입찰 마감 시간 전에 입찰봉투를 담당 집행관에게 제출하거나 입찰함에 넣는 것으로 입찰 절차가 마무리된다.

넷째, 입찰 마감 후에는 곧바로 개표하며 최고가매수신고인이 결정된다. 이어서 차순위매수신고는 최고가매수신고인의 결정과 동시에 이뤄진다. 그리고 입찰이 종료되면 낙찰자는 보증금 영수증을, 패찰자는 입찰보증금을 돌려받아 확인한다.

이러한 과정에서 초보자일수록 조그마한 실수로 인해 큰 손해를 입는 사례가 종종 있다. 특히 입찰표와 관련된 실수가 잦은데, 다음과 같은 사항들을 꼭 유의해야 한다.

첫째, 사건번호 오기다. 흔하지는 않지만 사건번호를 잘못 기재하면 다른 물건을 낙찰받을 수 있으니 유의해야 한다.

둘째, 물건번호가 있는 경우 꼭 기재해야 한다. 하나의 사건에 여러 개의 물건이 개별 입찰로 부쳐진 경우 입찰하고자 하는 물건의 물건번호를 정확히 알아야 하며 각각의 입찰표를 작성해야 한다.

셋째, 한 번 기재한 입찰 가격은 수정할 수 없다. 만약 잘못 기재했다면 새로운 입찰표를 받아 다시 적어서 제출해야 한다.

넷째, 입찰보증금을 정확히 기재해야 한다. 입찰보증금은 통상 최저매각가격의 10%지만 특별 매각 조건의 경우 입찰보증금이 20~30%로 정해질 때도 있으므로 반드시 확인해야 한다.

마지막으로 가장 중요한 입찰 가격의 정확성이다. 숫자 '0' 하나로 인해 극과 극의 결과를 맛볼 수 있으므로 특히 유의해야 한다. 예를 들어 입찰 가격을 '금100,000,000원'으로 적어야 하는데, 숫자 '0' 하나를 추가해 '금 1,000,000,000원'으로 적으면 낙찰되는 것은 당연하다. 이럴 때는 낙찰을 받고도 환희보다는 상처투성이의 결과를 낳을 수 있다.

경매 물건에 입찰할 때 법정에서 입찰봉투, 매수신청보증봉투, 기일입찰표를 받고 공동 입찰일 경우 공동입찰신고서와 공동입찰자목록을 추가로 받는다. 모든 서류에는 입찰자 본인이 날인하게 되어 있는데, 인감도장이나 막도장 모두 사용이 가능하다. 만약 도장이 없으면 사인을 해도 되지만 이를 허용하지 않는 법원도 있다. 지장을 찍는다면 집행관 앞에서 신분을 확인하고 진행하는 것이 좋다.

046 입찰표가 무효가 될 수도 있을까?

경매는 절차법에 따라 진행되기 때문에 절차마다 중요한 사항들이 있다. 수익성 있는 부동산을 찾아내 권리분석, 물건분석, 그리고 수익률 계산까지 마쳤다면 마지막 절차인 '기일입찰표' 작성이 낙찰 여부의 관건이다. 마지막 고지인 낙찰만 받으면 되는데, 입찰표를 잘못 작성해 9부 능선에서 되돌아가야 하는 처지가 된다면 가슴 아픈 일일 것이다. 그런데 생각보다 이러한 일이 자주 발생하기 때문에 조심해야 한다. 입찰표 작성 시 무효가 되는 경우는 다음과 같다.

첫째, 입찰 가격을 기재하지 않았을 경우다. 입찰 가격을 기재하지 않으면 입찰이 무효가 되며 제출한 입찰보증금매수보증금은 돌려받는다.

둘째, 입찰 가격을 수정했을 경우다. 입찰표에 이미 기재한 입찰 가격을 수정해 제출하면 입찰이 무효가 되며 제출한 입찰보증금은 돌려받는다. 금액 수정이 필요하면 꼭 새로운 입찰표를 받아 다시 작성해야 한다.

셋째, 입찰보증금이 부족한 경우다. 정해진 입찰보증금보다 금액이 조금이라도 모자라면 입찰은 무효가 된다. 따라서 정해진 입찰보증금보다 조금 여유롭게 넣는 것이 안전하다.

넷째, 하나의 입찰표에 여러 개의 사건번호나 물건번호를 기재한 경우다. 입찰할 물건이 여러 개라면 각각 따로 입찰표를 작성해야 한다.

다섯째, 물건번호를 기재하지 않았을 경우다. 경매 물건에 부여된 물건번호가 있으면 반드시 물건번호를 기재해야 입찰이 무효가 되지 않는다. 다만 하나의 사건번호에 하나의 물건번호만 있으면 물건번호를 기재하지 않아도 된다.

그 외에는 입찰 가격이 최저매각가격 미만인 경우, 채무자가 입찰하거나 재경매再競賣 시 종전 낙찰자가 입찰하는 경우, 경매 절차에 관여한 집행관 또는 매각 대상 물건을 평가한 감정인이 입찰하는 경우, 동일 물건에 대해 입찰자인 동시에 다른 입찰자의 대리인인 경우, 동일 물건에 대해 이해관계가 다른 2인 이상의 대리인인 경우 등에 입찰이 무효가 된다.

본인의 작은 실수로 수익성 있는 물건을 코앞에서 놓친다면 그동안 준비해온 시간과 비용을 날리는 것이므로 심신의 괴로움이 클 수 있다. 경매는 절차법에 따라 진행되기 때문에 중요한 사항이라면 확인하고 또 확인하고 여러 번 확인해야 한다. 이렇게 해야만 실패를 줄이고 훗날 경매 고수가 될 수 있다.

047 시장 흐름에 맞는 입찰 전략이 있다면?

Ⓐ 변화하는 부동산 시장의 새로운 흐름을 파악하라

2010년 초반까지 경매·공매 시장에는 값싼 부동산들이 즐비했다. 감정평가액감정가의 30~40%대 낙찰이 대부분이었고 반값 낙찰도 드물지 않던 시절이었다. 요즘처럼 한 물건에 10명 이상 몰리던 때와 달리 당시에는 단독 낙찰을 예상하며 '한 번 더 유찰됐을 때 입찰할걸' 하고 걱정하던 호시절이었다.

그리고 2016년부터 2021년 말까지 대세 상승기를 거치면서 서울 지역 아파트의 평균 낙찰가율이 100%를 상회했지만 2022년 코로나19와 경기 불황, 고금리까지 겪으면서 서울 지역뿐만 아니라 지방까지 부동산 가격이 30% 이상 하락했다. 마찬가지로 경매·공매 시장의 서울 지역 아파트 낙찰가율도 80%대로 하락했다. 중금리는 여전하고 거래 침체에 부동산 가격은 하락세를 유지하고 있다. 2023년 하반기 이후 강남 재건축을 중심으로 부동산 가격이 상승하고 있지만 여전히 거래량은 회복되지 않고 않다.

경매·공매 시장도 2022년부터 낙찰가율 등의 지표들은 크게 움직이지 않았지만 최근 들어 긍정적인 신호를 하나둘 보내고 있다. 서울 지역 아파트 경매 물건은 대세 상승기에는 매월 80여 건 내외였지만 2023년 하반기 이후부터는 매월 350여 건이나 되고 있다. 부동산 거래 침체에 중금리로 보유가 힘들어지자 경매로 나오는 부동산이 늘어나고 있는 것이다.

부동산 가격이 무릎에 와 있는 지금, 앞으로 가격 상승을 예상하고 경매·공매로 부동산을 싼값에 장만할 수 있는 좋은 기회다. 부지런한 새가 먹이를 먼저 먹듯이 경매·공매를 통해 새로운 시장에 공격적인 진입을 준비해야 한다.

Ⓐ 급매물 추이를 살피며 저가에 입찰하라

고가 낙찰이 이어지면서 과열 양상을 보일 때는 남는 게 없다. 이때 공격적으로 입찰했다가는 오히려 비싸게 낙찰받을 수 있다. 이처럼 바람이 거셀 때는 잠시 쉬어가는 전략이 필요하다. 90% 이상 고가 낙찰이 계속될 때는 타이밍을 늦추고 차라리 부동산 중개사무소에서 급매물 추이를 살피는 것이 훨씬 실속 있는 활동이다.

인기 있는 지역의 소형 수익형 부동산의 감정가는 시세가 낮을 때 저평가된 시세를 반영한 상태이므로 현 시세보다 낮은 수준일 경우가 있다. 2회 이상 유찰된 저가의 물건을 고르면 높은 경쟁률 때문에 낙찰받기가 어렵다. 이럴 때는 차라리 감정가가 낮게 평가된 물건을 일찍 공략하는 게 좋다. 1회 유찰된 물건 중 최저가 수준으로 입찰해 낙찰받는 것이 실속 있는 입찰 요령이다.

경매·공매 시장이 지속해서 과열 양상을 띨 때는 1~2개 물건만 분석해 입찰을 준비하기보다 3~5개 물건을 분석해 꾸준히 입찰하는 전략을 세우는 게 저가 낙찰 확률이 높다. 여러 물건을 준비해 최저가 수준에서 입찰하면 입찰자가 많지 않을 때 저가에 낙찰받아 부동산을 값싸게 장만할 기회를 얻을 수 있다.

Ⓐ 소신 있고 꾸준한 입찰 전략을 세우라

수익형 부동산인 중소형 상가의 인기가 높아져 고가 낙찰이 이어지는 시점에는 입찰 경쟁률이 높아지기 마련이다. 따라서 반드시 소신 입찰하는 전략이 필요하다. 경매의 경우 입찰 당일 경매 법정에 사람이 많이 몰렸다는 이유로 가격을 높이 쓰거나 입찰을 포기하는 것은 바람직하지 않다. '되면 좋고 안 되면 말고' 식으로 꾸준한 입찰 전략을 세우는 것이 좋다.

경매·공매 부동산이 무조건 싸다는 고정관념은 버리고 시세 파악과 함께 급매물 추이를 알아보는 것도 좋은 투자 전략이다. 시세를 조사할 때 급매물과 경매 최저매각가격의 차익도 함께 조사해 낙찰 예상 가격보다 낮은 가격에 나온 급매물을 매수하는 것도 대안이 될 수 있다.

또한 입찰 전 매각 대상 물건들의 최근 낙찰가율과 경쟁률, 유사 물건의 공급량과 낙찰 사례 등을 비교해 수요가 과다하게 몰리는 과열 양상인지를 미리 분석해보는 것도 좋다. 통상 한 물건의 입찰 경쟁률이 10 대 1을 넘거나 낙찰가율이 90% 이상이면 시장이 과열된 상태라고 본다. 이럴 때는 차라리 급매물이나 조건 좋은 미분양 매물, 일반 할인 매물을 노리는 것이 훨씬 유리하다.

인기 있는 지역의 물건이나 대중적인 물건보다는 다른 사람들이 잘 모르는 비대중적인 물건이나 틈새용 임대 물건에 입찰하는 것도 전략이 될 수 있다. 최근에는 임대 수익을 올릴 수 있는 전통적인 경매·공매 부동산인 근린상가, 오피스텔, 소형 아파트에서 지식산업센터, 창고, 숙박시설까지 수요가 확대되고 있다. 비대중적이고 입찰 경쟁이 덜한 틈새형 임대 물건으로 수요가 몰리는 탓이다. 경매·공매 열기가 뜨거울 때는 이러한 틈새 시장을 노리는 것도 하나의 전략이 될 수 있다.

048 경매·공매 입찰을 미리 체험할 수 있을까?

A 경매 법정을 찾아가 간접 체험해보기

보통 경매는 해당 부동산 소재지에 있는 지방법원에서 입찰하는데, 일주일에 서너 번 진행하는 법원도 있고 한 번만 진행하는 법원도 있다. 경매 물건이 많은 수도권은 자주 진행하지만 지방은 적은 편이다. 시간에 맞춰 경매 법정을 방문해 주변을 둘러보며 간접 체험을 해보길 추천한다.

경매 절차가 어떠한지 이론으로 배우는 것보다 직접 경매 법정을 방문해 간접 체험을 해보면 더 빠르고 쉽게 경매 절차를 이해할 수 있다. 또한 어떤 부동산이 시세의 몇 퍼센트에 낙찰되고, 어떤 부동산이 가격 경쟁력이 좋은지 등의 정보들을 파악할 수 있다. 경매 법정은 실전 투자가 이뤄지는 곳이므로 초보자가 감각을 키우기에 좋은 체험장이다.

Ⓐ 온비드 사이트에서 공매 모의 입찰해보기

공매는 '온비드(www.onbid.co.kr)' 사이트에서 전자자산처분시스템을 통해 진행된다. 직접 경매 법정에 나가 입찰 서류를 써내는 법원 경매와는 다른 매각 방식이다. 공매 물건에 입찰하려면 우선 온비드 사이트에 회원으로 가입해야 하며 공인인증서가 필요하다. 회원 가입을 완료했다면 입찰서 제출부터 입찰보증금매수보증금 납부까지 모든 절차가 온라인에서 진행된다. 물건들의 입찰 기간을 확인한 후 정해진 기간 내에 입찰하면 되고, 입찰할 때는 입찰보증금을 송금해야 하기 때문에 미리 돈을 준비해두는 것이 좋다.

공매 입찰 경험이 없다면 온비드 사이트에서 제공하는 가상의 모의 입찰을 통해 미리 체험해볼 수 있다. 모의 입찰은 입찰서를 제출하되 입찰보증금은 송금하지 않게 되어 있다. 법원 경매에서 '입찰봉투'에 입찰보증금을 넣지 않고 제출하면 무효가 되는 것처럼 공매에서도 입찰서상 가상계좌로 보증금을 송금하지 않으면 자동 무효 처리가 된다.

경매·공매 입찰 시 가장 먼저 살펴야 할 것은 입찰하려는 물건이 실제로 당일에 입찰에 부쳐졌는지 확인하는 일이다. 경매의 경우 법정 밖에 있는 입찰 게시판에서 확인할 수 있고, 공매는 온비드 사이트의 입찰 목록에서 어떤 물건들이 매각되는지 확인할 수 있다. 만약 경매 법정의 입찰 게시판 사건번호 옆에 취소나 취하, 연기 등의 도장이 찍혀 있으면 그 물건은 그날 경매를 진행하지 않는다.

4장

경매·공매 투자의 성공은 권리분석이 좌우한다

049 권리분석이 중요한 이유는?

초보자들이 권리분석에 대해 종종 잘못 알고 있는 사실들이 있다. 경매 부동산의 권리분석은 '매각물건명세서'에 모두 설명돼 있다는 것과 거기에 얽힌 모든 문제는 법원에서 깨끗하게 처리된 후 나온다는 것이다. 그러나 경매·공매로 나오는 것 자체가 권리상 문제가 있어 나오는 것이므로 사전에 철저한 권리분석을 통해 낙찰 후 해당 부동산에 얽힌 문제들은 낙찰자가 직접 해결해야 한다. 권리분석은 말 그대로 권리를 분석하는 것으로, 경매·공매 부동산의 채권자나 임차인 등 이해관계인이 갖고 있는 권리를 분석해 완전한 소유권을 확보하려는 게 목적이다.

경매·공매 부동산에 대한 권리분석을 잘못해 발생하는 모든 손해는 낙찰자의 몫이므로 위험 부담을 항상 인지하고 입찰 전 철저한 권리분석은 필수다. 권리분석은 경매·공매 부동산 투자의 성공 여부를 좌우한다고 할 정도로 중요하다.

권리분석의 중요성을 인식했다면 그 필요성도 알아야 한다. 권리분석은 경매·공매에 참여하기 위한 전체 단계의 분석이며 그 과정에서 부동산의 하자를 찾기 위한 수단이다. 경매·공매 부동산 투자를 하는 이유는 수익을 얻기 위함인데 권리상 하자가 있는 부동산을 매수하면 시간적, 금전적 손실이 발생할 수 있다. 따라서 권리상 하자를 사전에 파악해 손해를 막거나 그 하자가 해결 가능한 수준인지를 파악해 입찰 여부를 결정해야 한다. 즉, 권리분석을 통해 완전한 소유권 행사가 가능한지를 미리 가늠해보는 것이다. 그리고 이러한 권리분석은 곧 수익성 분석으로 이어진다.

권리분석을 통해 경매·공매 부동산의 권리상 하자, 공적 장부상 하자, 법적 하자가 없다고 판단되면 어느 정도 안정성이 확보된 것이므로 참여해도 좋다.

050 권리분석은 어떻게 할까?

권리분석의 기본 원칙은 사고 예방이며 수익을 극대화하는 것이 최고 목표다. 보통 경매·공매에서 사고라고 하는 것은 예상치 못하게 낙찰자가 임차인의 보증금을 인수해야 하는 경우나 낙찰된 부동산을 명도받지 못해 완전한 소유권 행사를 못 하는 경우 등이다.

이러한 사고를 예방하기 위해서는 '등기사항전부증명서_{등기부}'와 대장 같은 공적 장부를 철저히 확인하는 것이 중요하다. 등기부는 법원 등기관이 법에 정해진 절차에 따라 작성한 공적 장부로서 부동산에 관한 권리 관계를 기재한 것이고, 대장은 부동산에 관한 과세나 징세 등을 하고자 부동산의 상태를 명확하게 기재한 공적 장부다. 이러한 공적 장부를 '공부_{公簿}'라고 한다. 대장은 시장·군수·구청장이 관할하고 공무원이 직권으로 기재 및 변경하는 것이 원칙인 반면, 부동산에 관한 등기는 당사자의 신청으로 이뤄진다. 등기부와 대장은 만들어진 목적이 다르지만 그 내용은 일치해야 한다.

먼저 대장에는 토지와 관련된 '토지대장'과 '임야대장', 건물과 관련된

'건축물대장'이 있다. 건축물대장에는 '일반건축물대장'과 집합건물에 적용되는 '집합건축물대장'이 있다. 권리분석 시 토지대장에서는 토지의 소재지, 지번, 지목, 면적, 소유자, 등급 등에 관한 사항을 보고, 특히 등기부상 소유자와 일치하는지 확인해야 한다. 건축물대장에서는 건축물의 면적, 구조, 용도, 층수, 부속 건축물 현황 등에 관한 사항을 보고, 위반건축물 여부와 법정지상권 성립 여부도 반드시 확인해야 한다.

또한 경매·공매 부동산의 공법 사항을 확인할 수 있는 서류로는 토지대장, 건축물대장, '토지이용계획확인원', '지적도', '개별공시지가확인서' 등이 있다. 이 중 토지이용계획확인원에서는 해당 지역의 토지 이용, 도시계획 시설 결정 여부 및 규제 등에 관한 사항을 확인해야 한다. 아울러 경매·공매를 통해 취득한 토지가 공법상 제한으로 부동산의 유효성을 찾지 못한다면 투자에 실패한다는 점에서 매우 중요한 자료다.

낙찰자에게 인수되는 권리와 소멸되는 권리 확인을 위해서는 등기부를 확인해야 한다. 특히 권리분석 시 임차인에 관한 분석은 사고가 많이 발생하는 부분이다. 임차인의 대항력 유무를 알기 위해서는 주택일 경우 '전입세대확인서'를 보고 세대주의 전입일자와 최초 전입일자를 확인해야 한다. 또한 서류상 가장 임차인과 실제로 살고 있는 임차인도 정확히 파악해야 사고를 막을 수 있다. 상가일 경우 사업자등록 신청일을 보면 된다.

권리분석을 위한 각종 공적 장부들은 '대법원 인터넷등기소(www.iros.go.kr)', '정부24(www.gov.kr)', '토지이음(www.eum.go.kr)' 사이트에서 열람 및 발급받을 수 있다. 다만 전입세대확인서는 온라인 열람이 불가능하며 주민센터나 구청을 방문해 열람해야 한다. 또한 경매 참여자가 전입세대확인서를 열람하려면 신분증과 함께 경매 공고(경매 물건임을 확인할 수 있는 서류)를 꼭 출력해서 갖고 가야 한다.

아울러 경매·공매 사고를 미연에 방지하기 위해 입찰 전 권리분석 시 다음의 핵심 사항들을 꼭 점검하길 바란다.

권리분석 시 핵심 점검 사항

① 등기사항전부증명서상 인수되는 권리와 인수되지 않는 권리
② 임차인의 보증금 유무(인수할 것인가, 인수하지 않을 것인가)
③ 임차인의 배당 요구 및 배당 요구 철회 여부
④ 임차인의 명도 또는 인도명령 대상 여부
⑤ 제시 외 건물이 있는 경우 낙찰자 부담 여부
⑥ 대위변제에 따른 낙찰자 부담 여부
⑦ 재경매된 물건인 경우 그 이유
⑧ 특별 매각 조건이 기재된 경우 그 이유
⑨ 유치권 성립 여지가 있다면 낙찰자 부담 여부
⑩ 법정지상권 성립 여지가 있다면 낙찰자 부담 여부

051 권리분석을 잘 하려면?

경매·공매 물건과 이해관계인이 가지고 있는 권리를 분석하기 위해서는 〈민법〉의 물권과 채권에 대한 이해가 필요하다.

먼저 채권이란 임대인과 임차인이 부동산 임대차계약을 하고 임차인이 보증금을 지급한 후 입주한 경우 임대차계약 기간이 만료됐을 때 임차인이 임대인에게 보증금을 청구할 수 있는 권리다. 즉, 특정인에게만 특정한 행위를 청구할 수 있는 권리로, 쉽게 말해 사람과 사람 간의 행위에 관한 권리 관계다.

물권은 매도인과 매수인이 부동산 매매계약을 하고 잔금 지급일에 매수인이 잔금을 지급함과 동시에 매도인으로부터 매매 부동산에 대한 소유권 이전등기를 통해 '등기사항전부증명서등기부'에 소유자로 기재되는 권리다. 즉, 부동산을 직접적으로 지배해 이익을 얻을 수 있는 배타적 권리로, 쉽게 말해 부동산과 사람 간의 권리 관계다. 누구에게나 주장할 수 있는 절대적 권리며 제3자에게도 주장할 수 있는 대항력을 가진다. 물권은 부동산을 사용·수익·처분할 수 있는 권리며 다음과 같이 총 8가지로 분류된다.

물권	① 점유권			
	본권	② 소유권		
		제한물권	용익물권	③ 지상권
				④ 지역권
				⑤ 전세권
			담보물권	⑥ 유치권
				⑦ 질권
				⑧ 저당권

물권과 채권은 각각의 권리를 가지며 상호 간에는 다음과 같은 우선순위가 있다.

1. 물권과 물권 간의 우선순위

물권과 물권이 충돌하면 선입선출법, 즉 시간상 빠른 권리가 우선하게 됨을 적용해 먼저 설정된 물권이 후일에 설정된 물권보다 먼저 권리 행사를 할 수 있다.

2. 물권과 채권 간의 우선순위

동일 물건 위에 물권과 채권이 동시에 충돌하면 물권 우선 원칙에 따라 물권이 우선하게 된다. 다만 〈주택임대차보호법〉과 〈상가건물임대차보호법〉상 채권의 물권화에 따른 우선변제권과 최우선변제권은 채권이지만 물권보다 우선할 수 있다.

3. 채권과 채권 간의 우선순위

특정인에게만 청구할 수 있는 채권은 채권끼리 충돌하면 우선순위가 없고 채권자 평등주의에 따라 경매나 파산이면 안분 배당을 한다. 즉, 채권 금액에 따라 비율적으로 골고루 나누게 된다.

4. 등기사항전부증명서상 우선순위

등기부는 갑구와 갑구, 을구와 을구 또는 갑구와 을구 간의 권리 충돌이 발생한다. 같은 구끼리 권리 충돌이 발생하면 순위번호에 따라 우선순위가 정해지며, 다른 구끼리 권리 충돌이 발생하면 등기부상 접수번호에 따라 우선순위가 정해진다.

5. 그 외 임대차보호법상 권리 순위

물권과 채권 상호 간 권리 순위에 따라 우선순위가 정해지는 것 이외에 임대차보호법 취지에 따른 임차인의 우선변제권과 최우선변제권이 있다. 즉, 대항 요건(주택 점유와 전입신고)과 확정일자를 갖추고 임차인이 거주하고 있는 건물에 임대차 기간 중 경매나 공매가 진행되면 임차인은 배당요구종기일까지 배당 신청을 하면 '채권의 물권화'가 되어 뒤에 오는 물권이나 채권보다 우선해 배당받을 수 있다.

052 권리분석 시 말소기준권리부터 찾아라?

Q

　권리분석을 할 때 가장 먼저 해야 하는 것은 '등기사항전부증명서_{등기부}' 에서 말소기준권리를 찾는 일이다. 그 이유는 임차인이 있는 부동산이라면 임차인의 대항력 유무와 등기부상 각종 권리에 대한 인수와 소멸 여부를 알 수 있기 때문이다. 이를 통해 경매·공매 부동산의 수익성이 결정된다.

　말소기준권리를 찾는 것은 권리분석의 가장 기초 단계로, 결코 어렵지 않다. 대부분은 등기부상 최초 근저당권이 말소기준권리가 될 확률이 70~80% 이상이며 그 외 최초 가압류가 20% 내외다. 말소기준권리가 될 수 있는 권리로는 저당권, 근저당권, 압류, 가압류, 담보가등기, 강제경매 개시 결정, 전세권이 있다.

　예를 들어 어느 경매 부동산의 등기부에 '근저당권-담보가등기-가압류-가처분' 순서로 기재돼 있다고 가정해보자. 만약 세 번째 가압류권자가 경매를 신청했다면 말소기준권리는 첫 번째 근저당권이 된다. 낙찰자가 잔금을 납부하면 촉탁등기에 따라 소멸 기준 권리인 근저당권을 포함한 그 이후의 모든 권리나 등기는 다 소멸되므로 낙찰자는 인수하지 않아도 된다.

그렇다면 권리분석에서 말소기준권리가 왜 중요할까?

첫째, 등기부에 기재돼 있는 각종 권리에 대해 인수와 소멸의 기준이 되기 때문이다. 만약 1순위 근저당권이 말소기준권리라면 5순위까지 있다 하더라도 근저당권을 포함한 후순위 권리는 모두 소멸돼 낙찰자는 인수하지 않아도 된다. 만약 인수할 권리가 있다면 경매·공매에 참여하지 않는 것이 좋고 반대로 인수할 권리가 없다면 부담 없이 참여해도 된다.

둘째, 임차인이 있으면 임차 보증금에 대한 인수와 소멸 기준이 되기 때문이다. 임차 보증금의 인수와 소멸 기준에 따라 입찰자의 입찰 가격이 달라질 것이고 투자 금액 결정에도 중요한 변수가 된다.

셋째, 완전한 소유권 행사를 위한 임차인의 인도명령 또는 명도소송 대상의 기준이 된다. 경매·공매 부동산은 명도를 받아야 완전한 소유권 행사가 가능하다는 점에서 중요한 권리다.

말소기준권리가 가지고 있는 권리를 이해하면 경매·공매 부동산에 대한 해석을 폭넓게 할 수 있으며 보다 구체적인 수익 계산이 가능하므로 입찰 전 말소기준권리를 정확히 파악해야 한다.

053

권리분석 시 등기부에서 확인해야 할 사항은?

'등기사항전부증명서_{등기부}'는 해당 부동산의 얼굴이며 부동산 권리에 대한 현주소를 나타내는 서류다. 따라서 부동산 거래나 경매·공매뿐만 아니라 본인의 부동산 관리를 위해서라도 확인하고 해석할 줄 알아야 한다. 그러나 등기부를 해석하거나 그것의 상징성을 모르는 사람이 생각보다 많다. 그 이유는 등기부를 직접 발급받아 확인하는 경우도 잘 없지만 그것의 중요성을 모르기 때문이다. 등기부는 가까운 주민센터나 등기소, '대법원 인터넷등기소(www.iros.go.kr)' 사이트에서 열람 및 발급받을 수 있다.

부동산은 크게 토지와 건물로 나눠진다. 단독주택은 개별성을 갖고 있어 토지 등기부와 건물 등기부를 각각 확인해야 하며 연립주택, 다세대주택, 아파트 같은 집합건물은 일체성을 갖고 있어 집합건물 등기부를 확인해야 한다. 집합건물 등기부에는 건물 부분과 대지 지분에 관한 사항이 함께 기재돼 있다.

등기부는 크게 표제부, 갑구, 을구로 구성돼 있다. 표제부에는 각종 공법 사항들이 기재돼 있으며 등기부상 부동산의 소재지, 지번 및 건물 번호, 면적, 대지권 비율, 구조 등이 해당 경매·공매 부동산과 일치하는지 확인해야 한다.

등기사항전부증명서 표제부 예시

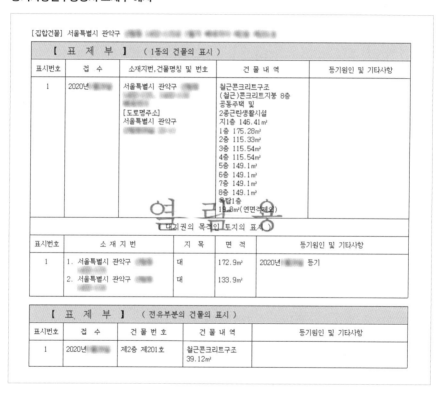

갑구에는 소유권에 관한 사항들이 기재돼 있다. 부동산의 등기부상 소유자와 경매·공매 부동산의 소유자가 일치하는지 확인하고, 등기 목적란

에서는 임의경매인지 강제경매인지를, 접수란에서는 경매 접수일을, 등기
원인란에서는 법원의 경매 개시 결정일과 사건번호를, 권리자 및 기타 사
항란에서는 경매 신청자를 확인한다.

등기사항전부증명서 갑구 예시

【 갑 구 】	(소유권에 관한 사항)			
순위번호	등 기 목 적	접 수	등 기 원 인	권리자 및 기타사항
1	소유권보존	2020년		공유자 지분 2분의 1 　서울특별시 양천구 지분 2분의 1 　서울특별시 양천구
2	강제경매개시결정	2020년	2020년 강제경매개시결 정(2020타경	채권자 서울 관악구
3	임의경매개시결정	2020년	2020년7월9일 서울중앙지방법 원의 임의경매개시결 정(2020타경	채권자　협동조합 서울특별시 구로구

　을구에는 소유권 이외의 권리에 관한 사항들이 기재돼 있다. 최초 근저
당권 설정일을 통해 임차인의 대항력 기준일에 따른 선순위 임차인이 있는
지 꼭 확인해야 한다.

　그리고 마지막으로 전체 페이지를 봐야 하는데, 표제부 오른쪽 상단에
서 총 페이지 수를 확인해야 정확한 권리분석이 가능하며 사고를 막을 수
있다.

등기사항전부증명서 을구 예시

【 을 구 】	(소유권 이외의 권리에 관한 사항)			
순위번호	등 기 목 적	접 수	등 기 원 인	권리자 및 기타사항
1	근저당권설정	2020년	2020년 추가설정계약	채권최고액 금5,473,000,000원 채무자 　　서울특별시 관악구 근저당권자　　　　　협동조합 　　서울특별시 구로구 공동담보목록
1-1	1번근저당권변경	2020년	2020년	채무자

054 소유권이전가등기가 기재된 부동산에 입찰해도 될까?

경매·공매로 나온 부동산의 '등기사항전부증명서등기부'에 소유권이전가 등기가 기재돼 있어 불참하거나 피할 필요는 없다. 특히 초보자들에게 이러 한 물건은 접근이 어렵다는 인식이 강한 이유는 가등기 효력에 대한 권리분 석에 취약하기 때문이다. 소유권이전가등기에는 돈을 빌리면서 행하는 소 유권이전담보가등기와 매매 예약을 위한 소유권이전청구권가등기 2가지가 있다.

소유권이전가등기는 청구권을 보전하기 위해 임시로 해두는 등기를 말 한다. 보통은 본등기를 하면 소유권이전가등기 순서에 따라 등기 순위를 인정받는다. 예를 들어 A가 아파트를 매수하면서 본인 이름으로 등기를 할 수 없는 이유가 있어 B의 이름으로 등기를 하고 소유권이전가등기를 한다. 이후 B가 C에게 해당 아파트를 담보로 근저당권을 설정해 대출을 받았을 때 실소유자인 A는 소유권이전가등기에 의한 본등기를 하면 C의 근저당권 은 효력을 잃게 된다.

소유권이전가등기는 본등기가 되면 그 효력은 가등기한 날짜로 소급해 발생하므로 본등기와 가등기 사이에 발생한 물권보다 우선순위에 위치하게 된다. 이처럼 비교적 복잡한 분석 때문에 초보자 입장에서는 소유권이전가등기가 된 부동산에 입찰하기가 쉽지 않다. 혹여나 낙찰 후 잔금을 납부하고도 소유권을 상실할 수 있기 때문이다.

그러나 경매·공매 부동산에 소유권이전담보가등기가 설정돼 있는 것은 저당권과 비슷한 성질을 가지므로 후순위 권리들은 당연히 소멸되며, 선순위인 경우에도 말소기준권리가 되어 소멸되기 때문에 걱정하지 않아도 된다.

다만 주의할 점이 있다. 등기부에는 소유권이전가등기의 종류가 구별돼 기재되지 않고 단순히 '소유권이전가등기'라는 이름으로 나타나기 때문에 등기부만 봐서는 구분할 수 없다. 이럴 때는 어떤 종류의 가등기인지 직접 확인해야 한다.

이러한 사항을 명확히 하기 위해 경매 집행 법원에서는 가등기권자에게 최고서를 발송하고 가등기권자는 본인의 권리에 맞는 신고를 한다. 특히 경매·공매 절차 중 아무런 신고를 하지 않거나 소유권이전가등기가 있음에도 불구하고 채권 신고나 배당 요구를 한 기록이 없으면 소유권이전청구권가등기일 가능성이 크므로 입찰에 신중해야 한다. 반대로 경매·공매 부동산의 문건 처리 내역에 가등기권자가 채권 신고나 배당 요구를 한 기록이 있으면 소유권이전담보가등기로 보고 입찰해도 문제 될 것이 없다.

경매·공매로 나온 이러한 부동산은 권리분석에 내공이 필요하다. 초보자에게는 위험 부담이 있어 회피 대상이자 골치 아픈 물건이 될지 몰라도 오히려 권리분석에 내공을 갖고 있는 사람에게는 또 다른 수익 극대화의 기회가 될 수 있는 최고의 물건이기도 하다.

055 가압류가 설정돼 있다면?

가압류는 가장 많이 발생하는 등기 중 하나다. 예를 들어 채무자 B가 채권자 A에게 빌린 돈을 약속한 날짜에 갚지 못해 B의 재산에 대해 A가 강제경매를 하려면 판결문 등의 집행권원이 있어야 한다. 이때 법원의 판결을 받아내기까지는 많은 시간이 필요할 수 있는데, 그동안 B가 본인의 재산을 도피시키거나 은닉하고 의도적으로 장기간 소송을 지연시킬 것을 대비헤 A는 B의 재산을 강제집행할 때까지 보전하고자 보전처분등기를 하는 것이 바로 가압류다. 다시 말해 가압류는 돈을 받아내기 위한 소송, 즉 금전채권에 대한 소송이면서 채무자의 일반 재산을 임시로 동결하는 소송이다. 법원이 보전처분 신청을 받아줬다고 해서 승소한 것은 아니다. 오히려 보전처분을 신청한 사람이 본안 소송에서 패소하는 사례도 있다.

경매·공매 부동산에 가압류가 설정돼 있다면 당황하지 말고 차분한 분석이 필요하다.

첫째, 가압류등기가 말소기준권리인지 아닌지를 분석해야 한다. 말소기준권리라면 가압류를 포함한 후순위 권리들은 전부 소멸되기 때문에 걱정할 필요가 없다.

둘째, 가압류가 효력을 유지하고 있는지 분석해야 한다. 효력을 상실한 가압류라면 가압류등기가 존재하지 않는 것이나 마찬가지기 때문에 안심하고 참여해도 된다.

셋째, 가압류가 누구를 대상으로 설정됐는지 분석해야 한다. 이전 소유자를 상대로 했는지, 아니면 현 소유자를 상대로 했는지 파악하면 된다. 이때 낙찰자에게 인수되거나 소멸되는 경우가 있는데, 인수되는 가압류는 이전 소유자를 상대로 한 것으로 경매를 조금 안다는 사람들 사이에서는 일명 '할아버지 가압류'라고 부른다. 대법원 판례에 의하면 이전 소유자를 상대로 설정한 가압류는 배당에 참여시킨 후 소멸시킬 수도 있고, 배당에서 아예 배제해 낙찰자가 인수하는 것을 전제로 매각 절차를 진행할 수도 있다. 다만 이때는 낙찰자 입장에서 경우의 수를 조심해야 한다. 즉, 할아버지 가압류가 예외 없이 배당을 받고 소멸하는 경우에는 문제 될 것이 없으나, 무조건 인수해야 하는 경우에는 낙찰자 부담뿐만 아니라 말소기준권리의 변동으로 임차인 보증금의 인수 여부도 변동이 생길 수 있으므로 주의해야 한다.

그렇다면 할아버지 가압류의 권리분석은 어떻게 할까? 답은 '매각물건명세서'에서 찾을 수 있다. 가압류에 대해 낙찰자에게 인수시키는 판례와 소멸시키는 판례가 상존하는데, 경매 집행 법원은 이 중 하나의 판례를 선택해 경매를 진행한다. 최근 법원에서는 대법원 판례 이후 원활한 진행을 위해 대부분 해당 가압류를 낙찰자에게 인수시키기보다 채권자에게 배당을 하고 '등기사항전부증명서등기부'에서 말소하는 쪽으로 진행하고 있다. 바로 이러한 사항을 매각물건명세서에서 확인할 수 있다. 다만 법원에 따라 조금씩 차이가 있으므로 항상 확인하고 정확한 권리분석을 해야 한다.

공매는 '온비드(www.onbid.co.kr)' 사이트의 '물건상세' 정보나 압류재산의 경우 '공매재산명세서'를 확인하면 된다.

056 이해관계인은 누구를 말할까?

경매 절차에서 이해관계인은 〈민사집행법〉 제90조에 4가지로 규정돼 있으며, 이에 해당되지 않는 사람은 경매 절차에서 실제적인 이해관계가 있는 사람이더라도 이해관계인으로서 자격이 없다. 경매 절차에서 법원의 절차법에 따라 본인의 권리를 행사해 보호받을 수 있는 자는 다음과 같으며 공매도 동일하다.

1. 채무자와 소유자

채무자는 집행당하는 사람을 말하고 소유자는 경매개시결정등기 당시의 경매 부동산의 소유자를 말한다. 가압류등기 후 본압류에 의한 경매 신청 전에 소유권이전등기를 받은 사람은 여기서 소유자에 해당한다.

2. 압류채권자와 집행력 있는 정본에 의해 배당을 요구한 채권자

압류채권자는 근저당권 등에 기인한 임의경매를 신청한 채권자를 말하며, 경매개시결정등기 이후 배당요구종기일까지 경매 신청을 한 후행 압류 채권자도 이해관계인에 해당한다.

3. 등기사항전부증명서에 기재된 부동산 위의 권리자

경매개시결정등기 당시에 '등기사항전부증명서_{등기부}'에 기재돼 있는 용익권자(임차권자, 전세권자, 지상권자) 및 저당권자, 저당채권에 대한 질권자, 공유지분의 강제경매에서 다른 공유자, 가등기담보권자, 순위 보전의 가등기권자(일반적으로 매매 예약 가등기권자) 등은 이해관계인에 해당한다.

4. 부동산 위의 권리자로서 그 권리를 증명한 사람 등

부동산 위의 권리자란 경매신청등기, 즉 압류의 효력을 발생시키기 전에 등기부에 권리 기재가 되어 있지 않더라도 제3자에게 대항할 수 있는 물권 또는 채권을 가진 자를 말한다. 대표적으로 유치권자, 점유권자, 법정지상권자, 대항력이 있는 선순위 임차인 등이라 할 수 있다.

경매 절차에서 이해관계인으로 혼동하기 쉬운 권리자들도 있다. 가압류권자, 가처분권자, 임차권등기를 하지 않은 후순위 임차인, 공동주택이나 구분소유 상가 등과 같이 구분소유권 관계에 있어 대지권이 목적인 토지의 공유자, 재경매_{재매각}를 하는 경우 종전 낙찰자 등이 있다.

참고로 경매 개시 전의 가압류권자는 배당 요구를 하지 않아도 배당 요구를 한 것과 동일하게 취급되지만 이해관계인은 아니다. 그러나 경매개시

결정등기 후 제3의 취득자 및 담보권자, 용익권자, 지상권자, 임차권 등기 명령에 따른 등기권자 등은 등기부 등을 제출해 그 권리를 증명한 경우 이해관계인으로 취급된다.

또한 경매 집행 법원이 이해관계인에게 입찰 기일 및 낙찰 기일을 통지하지 않은 채 입찰 기일에 경매 절차를 속행해 낙찰이 이뤄지게 했다면, 이해관계인은 이로 인해 법이 보장하고 있는 절차상의 권리를 침해당한 손해를 본 것이므로 낙찰 허가 결정에 대해 즉시항고를 할 수 있다.

이해관계인이 행사할 수 있는 권리

① 입찰에 참여할 수 있는 권리
② 매각 대금을 납부할 때까지 경매 개시 결정에 대한 이의를 제기할 수 있는 권리
③ 경매 절차 및 집행 처분 등에 관한 이의를 제기할 수 있는 권리
④ 배당 요구 신청과 이중경매를 신청하는 경우 법원으로부터 통지를 받을 권리
⑤ 매각기일과 매각결정기일 등의 지정이나 변경에 관한 합의를 할 수 있는 권리
⑥ 매각결정기일에 매각 허가에 대한 의견을 진술할 수 있는 권리
⑦ 매각 허부 결정에 따라 손해를 보면 즉시항고를 할 수 있는 권리
⑧ 낙찰 후 경매 신청 취하에 동의할 수 있는 권리
⑨ 배당기일에 출석해 배당표에 관한 의견을 진술할 수 있는 권리

057 가처분등기가 설정돼 있다면?

가처분등기가 설정된 물건은 기초적인 권리분석만 잘 하면 힘들지 않게 참여할 수 있다. 경매 집행 법원에서는 참여자의 안전을 위해 보통은 선순위 가처분이 존재하는 경우 경매를 진행하지 않기 때문에 선순위 가처분이 존재하는 물건에 대한 걱정은 하지 않아도 된다. 공매에서도 선순위 가처분이 존재하면 공매 절차를 진행하지 않는다.

경매 절차에 있어 꼭 알아야 하는 2가지 종류의 가처분이 있다. 처분금지가처분과 점유 이전 행위를 금지하는 점유이전가처분이다. 처분금지가처분이 설정된 부동산은 낙찰받은 후 잔금을 납부해 완전한 소유권 행사를 하려고 해도 소유권에 제한이 발생한다. 즉, 소유권을 빼앗기는 최악의 경우가 발생할 수 있다. 점유이전가처분은 완전한 소유권 행사를 위한 사전 작업이라고 생각하면 된다. 낙찰받은 부동산에 대해 임차인이 명도를 거절하면 인도명령이나 명도소송을 신청함과 동시에 점유이전가처분을 신청하는 것이 안전한 낙찰 방법이다.

예를 들어 매도자 A와 매수자 B가 토지 거래를 하게 됐다. 둘은 매매 대금을 조율하다가 2023년 3월 15일 총 대금을 24억 5,000만 원으로 협의하고 계약금을 지급한 후 매매계약을 체결했다. 그리고 중도금 지급일은 2023년 6월 12일, 잔금 지급일은 2023년 10월 23일로 했다. B 입장에서는 계약금을 지급하고 잔금 지급일까지 날짜가 많이 남아 있기 때문에 그동안 A가 다른 사람에게 이중 매매계약을 하거나 중도금을 받은 후 토지를 담보로 대출을 받아 도주할 수도 있어 불안할 것이다. 이럴 때를 대비해 매도자가 토지를 처분하거나 담보 제공을 못 하도록 매수자가 '등기사항전부증명서등기부'에 등기하는 것을 가처분등기라고 한다.

만약 등기부에 가처분등기가 기재돼 있다면 말소기준권리를 기준으로 인수주의와 소멸주의에 따라 권리분석을 하면 된다. 첫째, 가처분등기가 말소기준권리보다 선순위일 때는 낙찰자가 인수한다고 보고 참여하지 않는 것이 좋다. 힘들게 권리분석과 물건분석을 해서 낙찰받았지만 본안 소송에서 가처분등기 채권자가 승소하면 소유권을 박탈당하기 때문이다. 둘째, 말소기준권리보다 후순위 가처분등기는 원칙적으로 소멸된다. 그러나 원칙이 있으면 예외도 있기 마련이다. 토지 소유자가 건물 소유자를 상대로 건물 철거 및 토지 인도를 위한 가처분은 소멸되지 않는다.

058 전세권이 설정된 부동산의 권리분석은 어떻게 할까?

주거용 건물에 전세권과 근저당권이 순서대로 설정된 물건을 만나면 애매한 경우가 있다. 보통 '등기사항전부증명서등기부'를 보면 1순위 권리로는 근저당권이나 가압류가 많은데, 그보다 선순위로 전세권이 설정돼 있는 물건을 만나면 권리분석 시 말소기준권리를 찾는 것이 애매해진다. 이때는 전세권자의 배당 신청 여부에 따라 말소기준권리가 달라져 낙찰자의 인수 여부가 결정된다.

우선 전세권은 전세권자가 거주하고 있는 부동산에 대해 경매·공매가 진행되면 후순위 채권자보다 전세 보증금을 우선 변제받을 수 있는 권리다. 전세권은 담보물권적 성격과 용익물권적 성격을 동시에 갖고 있기 때문에 경매·공매가 진행될 경우 전세권 분석은 반드시 필요하다.

전세권은 크게 2가지 종류로 나눌 수 있다. 첫째는 일반적 전세권과 물권적 전세권이다. 일반 부동산 거래의 임대차계약은 일반적 전세권을 말하며 물권적 전세권은 등기부 을구에 기재된 전세권을 말한다. 경매에서 일반적 전세권은 임대차보호법에 따른 대항력과 우선변제권의 근거가 된다. 문제는 물권적 전세권이다. 등기부상 1순위 권리가 물권적 전세권이라면 전세권자의 배당 신청 여부에 따라 권리분석이 달라진다. 예를 들어 경매로 나온 어느 부동산의 등기부를 보니 1순위에 전세권, 2순위에 근저당권이 설정돼 있었다고 가정해보자. 권리분석을 하고자 문건 처리 및 송달 내역을 확인해보니 1순위 전세권자가 배당 신청이나 경매 신청을 하지 않았다. 이럴 때 전세권은 말소기준권리가 될 수 없어 낙찰자가 인수해야 한다. 반대로 1순위 전세권자가 배당 신청을 하면 스스로 용익물권을 포기하고 담보물권으로서 우선변제권을 주장하는 것이므로 전세권자는 배당을 받고 전세권은 소멸된다.

둘째는 아파트, 연립주택, 다세대주택, 오피스텔 등의 집합건물에 대한 전세권과 단독주택, 다가구주택, 상가건물 등의 일반건물에 대한 전세권이다. 집합건물에 전세권을 설정하는 경우 경매·공매가 진행되면 전세권자는 대지와 건물 모두에 권리를 주장할 수 있으며 대지와 건물의 매각 대금에서 우선 변제를 받는다. 하지만 일반건물은 건물의 매각 대금에서만 우선 변제를 받는다는 점이 다르다.

059 지상권이 설정된 부동산의 권리분석은 어떻게 할까?

지상권이란 '약정지상권'의 줄임말로, 타인의 토지에 건물 또는 기타 공작물이나 수목을 소유하기 위해 그 토지를 사용하는 용익물권을 말한다. 이러한 지상권은 지상권설정계약을 통해 취득하는 것이 일반적이며 지상권자가 토지 소유자에게 주장할 수 있는 강력한 권리다. 따라서 경매·공매 물건에 지상권이 성립되면 지상권자는 타인에게 그 권리를 양도하거나 권리의 존속 기간 내에서 토지를 임대할 수 있다. 또한 지상권에서 가장 중요한 권리는 지상권자의 갱신청구권과 매수청구권으로, 지상권자가 행사하는 갱신청구권은 거절할 수 있지만 그 이후 매수청구권을 행사하면 바로 매매가 성립되는 형성권이다.

지상권은 지상권자가 토지를 사용하려고 설정하는 경우도 있지만 타인의 토지 사용을 제한하기 위해 설정하기도 한다. 이는 근저당권의 담보 가치를 유지하기 위해 설정한 것이므로 근저당권을 말소하면 지상권도 자동으로 말소된다. 이러한 지상권을 '담보지상권'이라고 한다. 보통은 은행에서 건물이 없는 나대지나 농지 등 토지를 담보로 대출해줄 때 근저당권과 함께 지상권을 설정한다. 만약 토지 소유자가 그 토지 위에 건물을 신축하면 저당권자는 토지와 건물을 일괄 경매 신청할 수 있으므로 문제가 없다. 그러나 토지 소유자가 아닌 타인이 그 토지 위에 건물을 신축하면 일괄 경매를 신청할 수 없기 때문에 토지의 담보 가치가 떨어진다. 이러한 이유로 담보지상권을 설정하며 근저당권자와 담보지상권자가 동일인인 경우가 많다.

예를 들어 경매·공매 부동산의 '등기사항전부증명서_{등기부}'를 보니 근저당권이 1순위, 지상권이 2순위, 가압류가 3순위로 설정돼 있다면 권리분석의 출발은 말소기준권리를 찾아내는 것부터다. 위 물건에서 말소기준권리는 1순위 근저당권이므로 지상권은 소멸된다. 다만 조심히 접근해야 하는 부동산은 등기부상 지상권이 1순위, 근저당권이 2순위로 설정된 경우다. 간혹 매매나 경매로 소유권이 이전됐음에도 지상권이 말소되지 않고 나오는 사례가 있기 때문이다. 이러한 경우에는 지상권이 말소기준권리가 될 수도 있으므로 선순위 지상권이 실제로 유효한지 등기부를 확인해봐야 한다. 지상권자와 근저당권자가 동일한데 근저당권은 이미 말소가 됐다면 해당 선순위 지상권은 소멸한다.

토지 경매·공매에 관심이 있다면 선순위 지상권이 있다고 무조건 피하지 말고 등기부와 '매각물건명세서'를 통해 분석해보자. 지상권 설정 등기는 지상물의 종류와 구조에 따라 최소 5년에서 최대 30년으로 존속 기간을 정하고 지료도 함께 등기하는데, 만약 지료에 관한 부분이 등기돼 있지 않다면 대법원에서는 무상으로 지상권을 설정한 것으로 인정하고 있다. 무상의 선순위 지상권이 성립된 부동산을 낙찰받으면 지상권 존속 기간이 만료될 때까지 한 푼의 지료도 받지 못할 수 있다. 따라서 선순위 지상권이 있을 경우 지상권의 목적과 기간, 지료 등을 분석한다면 큰 어려움 없이 수익성 있는 물건을 고를 수 있다.

060 법정지상권이 기재된 부동산은 위험할까?

경매·공매 부동산의 '매각물건명세서' 특이 사항에 "법정지상권 성립 여지 있음"이라고 기재돼 있으면 특수물건이라고 보고 지레 겁을 먹는데, 그 이유는 토지 물건의 핵폭탄이기 때문이다. 법정지상권이란 경매·공매 또는 다른 이유에 따라 토지와 건물의 소유자가 각각 달라진 경우 그 건물을 철거한다는 특약이 없는 한 건물의 소유자가 소유권 행사를 위해 토지 소유권에 대해 성립되는 특수 권리다.

법정지상권 권리분석에서는 〈민법〉의 법정지상권 성립 요건이 중요하다. 첫째는 토지와 건물 중 적어도 어느 하나에 저당권이 설정돼 있어야 하고, 둘째는 저당권 설정 당시 건물이 존재해야 하며, 셋째는 저당권 설정 당시 토지와 건물의 소유자가 같아야 하고, 넷째는 경매로 인해 토지와 건물의 소유자가 서로 달라져야 한다. 이러한 4가지 요건이 모두 충족되는 경우에만 건물 소유자를 위한 법정지상권의 효력이 발생한다. 이 중 하나라도 충족되지 못하면 건물 소유자를 위한 법정지상권은 성립되지 않기 때문에 낙찰자는 법정지상권에 따른 의무에서 벗어나므로 경매·공매 참여에 부담이 없다. 즉, 낙찰받은 토지 위에 건물이 있더라도 낙찰 이후 건물 소유자를 상대로 철거를 청구할 수 있다.

법정지상권이 존재하는 이유는 경매나 매매 등 여러 원인으로 인해 건물 소유자와 건물이 속한 토지 소유자가 달라질 때 발생할 수 있는 분쟁을 해결하기 위함이다. 토지 소유자가 바뀌면 토지 내 건물 또한 철거될 확률이 크기 때문에 건물 소유자의 권리가 훼손될 우려가 있다. 법정지상권은 이러한 상황을 방지하기 위해 성립되는 권리로, 토지 소유자가 타인의 건물을 함부로 철거하지 못하도록 하는 근거가 된다.

그러나 경매·공매 부동산의 법정지상권에 대한 법원의 판례 변화에 주목할 필요가 있다. 법정지상권 성립에 대한 법원의 시각이 변하고 있기 때문이다. 기존 판례를 통해 알 수 있는 법정지상권에 대한 법원의 입장은 건물 철거에 관한 특약 자체가 건물과 토지 소유자가 다를 경우에만 성립될 수 있고, 이것은 대부분 소유권의 유효한 변동이 이미 발생했음을 의미하므로 법정지상권의 성립 요건 자체는 변동 가능성이 크지 않다는 것이다.

그러나 법원의 변화되는 시각에 따른 법정지상권에 대한 대법원 판결문은 이러하다.

첫째는 법정지상권의 성립 판단 시점의 변화로, 경매·공매 부동산에서 법정지상권 성립 요건의 충족 시기는 중요한 사항 중 하나다. 대법원 판례에서 알 수 있는 것은, 법정지상권 성립을 판단할 수 있는 유효한 소유권 변동 시점은 해당 판례가 있기 전까지는 낙찰자의 지위가 잔금 납부 완료

시점에 따라 결정됐지만 해당 판례에서는 경매 절차상 압류의 효력이 발생하는 시점에 따라 정해진다는 것이다.

둘째는 참여자들이 법정지상권을 대하는 대부분의 시각은 토지 소유자와 건물 소유자의 다툼으로 보지만 법원의 판결은 그 기준을 공익성에 두고 있다. 즉, 법정지상권에 대해 건물도 허물지 않고 채권자 측의 손해도 방지할 방법을 제시하고 있다. 법원은 법정지상권의 의의가 원고와 피고의 승소와 패소에 대해 판결해주는 것에 있지 않고 건물 철거를 최대한 방지함으로써 사회적 이익 지키기를 우선적인 목적으로 본다.

보통은 법정지상권이 설정된 부동산은 특수물건이라 하여 두려움을 갖지만 법정지상권에 대한 이론을 바탕으로 법원의 관점을 이해하고 접근하면 오히려 위험 부담 감소와 수익성 확대에 긍정적인 효과를 기대할 수 있다. 다만 특수물건일수록 항상 경우의 수를 조심해야 한다.

061

유치권이 기재된 부동산은
왜 특수물건일까?

경매·공매를 공부하는 사람들한테 가장 많이 회자되는 말이 "경매로 돈을 벌려면 특수물건을 낙찰받아야 한다"다. 그러나 말과 현실은 너무나 다른 것이 경매·공매 시장이다. 특수물건은 내공이 없는 사람에게는 꿈일 뿐, 잘못 낙찰받으면 사고로 연결된다.

'매각물건명세서'나 '공매재산명세서'에서 "유치권 성립 여지 있음"이라는 기재 사항만 봐도 벌써 아찔한 물건으로 보는 이유가 있다. 바로 등기가 되지 않는 권리기 때문이다. 제3자 입장에서는 그 유치권이 진성 유치권인지, 허위 유치권인지에 대해 전혀 알 수 없으며 현장을 확인하고 물건분석과 현황을 분석해도 답을 찾지 못하기 때문에 입찰자로서는 매우 위험한 권리다.

"유치권 성립 여지 있음" 또는 "유치권 신고가 있으나 그 성립 여부는 불투명함"이라고 기재돼 있는 경우 상당한 권리분석 내공을 갖고 있지 않다면 참여에 주의해야 한다. 유치권 신고가 되어 있는 부동산은 경매·공매 절차에서 보이지 않는 핵폭탄을 안고 있는 것과 같다. 유치권에 대한 법리적 다툼이 발생하면 유치권 성립 여부의 최종 판단은 법원에서 하기 때문에 더더욱 권리분석이 힘들다.

매각물건명세서 비고란의 유치권 관련 기록 예시

비고란
1. 지분매각
2. 공유자우선매수 1회에 한하여 할 수 있음
3. 임차인 ███████ 2023. ██ ███ 유치권 행사 신고를 함.

그렇다면 유치권은 왜 낙찰자에게 문제가 될까? 권리분석 시 '등기사항전부증명서등기부'에서 말소기준권리를 찾아내면 인수주의와 소멸주의에 따라 각종 권리들을 해결할 수 있으나, 유치권은 등기부에 기재되지 않은 권리라 해결하기가 까다롭기 때문이다.

진성 유치권의 경우 유치권자는 매각 대금에서 배당받을 권리는 없으나 진성 유치권의 부담은 낙찰자에게 인수되기 때문에 낙찰자가 완전한 소유권을 행사하는 데 상당한 부담감을 느끼고 투자 실패의 원인을 제공하기도 한다. 만약 입찰자가 사전에 현장 확인이나 진성 유치권에 대한 조사를 하여 허위 유치권으로 분석돼 입찰했는데, 낙찰 후 진성 유치권으로 바뀐다면 낙찰자로서는 크나큰 금전적 손해를 보게 된다. 이러한 행위에 대한 모든 책임은 낙찰자에게 있고 낙찰 후 진성 유치권에 대한 법리적 다툼이 발생하면 명도소송을 통해 법원의 판단을 구해야 하므로 시간적 손실도 감수해야 한다.

보통은 시공 업체들이 공사 비용에 대한 유치권 신고를 많이 한다. 그러나 시공 업체들은 관행적으로 선수금을 받지 않으면 공사를 진행하지 않기 때문에 진성 유치권이 아닌 경우가 많다. 경매·공매 부동산에 설정된 유치권 중 80~90% 이상을 허위 유치권으로 보는 이유다.

유치권을 해제하려면 어떻게 해야 할까? 다음의 성립 요건을 모두 만족하면 유치권을 해제하기 어려우며 이 중 하나만 만족하지 않아도 유치권을 해제할 수 있다.

① 채권이 유치권의 목적물에 관한 것이어야 한다.
② 채권이 변제기에 도래해야 한다.
③ 유치권자는 물건을 점유하고 있어야 한다.
④ 유치권 발생을 배제하는 특약이 없어야 한다.

소송에 들어가면 위의 성립 요건 중 유치권의 목적물에 관한 것이 가장 쟁점이 될 수 있다. 즉, 공사 대금과 관련한 객관적 자료를 요구할 시 제출된 자료가 유치권 목적물에 관한 것으로 한정된다. 공사도급계약서, 공사 대금에 대한 은행 거래 내역, 공사 관련 세금계산서 발행 여부 등의 자료를 법원 소송 과정에서 제출하지 못하면 허위 유치권으로 보고 유치권은 해제할 수 있으며 나아가 형사 고소 등을 통해 유치권을 해결하는 방법도 있다.

이러한 내용만 보면 유치권을 해제하기 쉽다고 생각할 수 있지만 사실상 유치권에 대한 소송은 민사소송으로, 시간과의 싸움이다. 낙찰자로서는 경매·공매 부동산을 낙찰받으면 잔금을 납부하고 하루빨리 완전한 소유권을 행사하고 싶을 것이다. 그러나 유치권을 해제하기 위한 소송을 하게 되면 시간적, 금전적, 정신적 고통 부담이 크기 때문에 초보자로서는 함부로 참여하기가 어렵다.

062 유치권이 자주 발생하는 이유는?

경매·공매 부동산에서 유치권이 자주 발생하는 이유는 여러 가지다.

첫째는 유치권 신고 제도의 편의성이다. 유치권자가 유치권을 신고할 의무도 없으며 유치권을 주장하는 사람이 유치권을 신고한 경우 경매 집행 법원은 유치권 신고에 대한 진정성 여부를 확인하거나 심사하지 않는다. 법원은 유치권 신고가 있으면 유치권의 성립 여부에 대한 법률적인 판단을 하는 것이 아니라 형식적 심사만으로 "유치권 성립 여지 있음" 또는 "유치권 신고가 있으나 그 성립 여부는 불투명함" 등으로 기재해 '매각물건명세서' 작성을 완료한다.

둘째는 경매·공매로 나온 부동산의 소유자가 낙찰받기 위한 수단으로 활용하는 것이다. 보통은 유치권 신고가 되면 사람들이 입찰을 꺼려 몇 번의 유찰 과정을 거친다. 이때 소유자가 타인의 이름을 빌려 저가에 낙찰받으려는 경우가 있는데, 이러한 수단으로 유치권 신고를 가장 많이 선택한다.

셋째는 채무자가 채무를 변제할 시간을 갖기 위함이다. 채무자는 시공 업체를 섭외해 가짜로 공사 대금을 줘야 한다고 주장한다. 해당 물건에서 발생된 인테리어 공사 비용 같은 채권을 근거로 거짓 유치권자를 만들어 부동산을 점유하도록 하는 것이다. 이럴 때 유치권이 거짓일지라도 그 내막을 모르는 사람들은 부담을 느낄 수밖에 없다. 그러면 입찰하는 사람이 없어 유찰 과정을 거치게 되고 자연스레 경매·공매 절차도 지연된다. 이를 통해 채무자는 채무를 변제할 시간적 여유를 얻게 되고 결과적으로 경매·공매의 취소 가능성도 커진다.

넷째는 낙찰자와 명도를 협상하는 경우 유리한 입장에 서기 위함이다. 대항력 없는 임차인이나 채무자 겸 소유자 등이 명도 과정에서 이사 비용과 명도 비용 등을 요구하기 위한 수단으로 이용되기도 한다.

이처럼 다양한 이유로 유치권이 자주 발생하지만 유치권에 대한 논의가 활발히 진행돼 신고 남발은 확연히 줄어들었다. 그래도 특수물건은 초보자가 함부로 입찰할 수 없는 물건이라 생각하고 권리분석 내공을 키운 후 입찰하는 것이 가장 안전하다.

'대지권 미등기'와 '대지권 없음'은 서로 다른 것일까?

경매·공매 부동산을 검색하다 보면 "대지권 미등기" 또는 "대지권 없음" 이라고 적힌 물건을 종종 발견할 수 있다. 예를 들어 대규모 택지 개발을 한 지역에서 개발 전 복잡하게 얽혀 있던 토지를 개발 후에도 다 정리하지 못해 지체되는 사례가 있다. 아파트 입주가 끝난 후 대지권이 '등기사항전부증명서등기부'에 정리가 안 된 상태에서 아파트가 경매·공매로 진행되는 경우다. 이러한 물건을 본 초보자들은 대지권 미등기와 대지권이 없는 물건을 구별하기 어려워 혼동하기 쉽다.

경매 집행 법원에서 현황 조사를 할 때 단순히 대지권 미등기 물건인지, 아니면 처음부터 대지권이 없는 물건인지를 조사하고 판단해 '현황조사서'에 기재하면 혼동할 일이 없다. 그런데 현황조사자가 대지권 유무에 대한 확정 판단을 내릴 수 없으면 통상적으로 '매각물건명세서'나 '공매재산명세서'에 "대지권 유무는 알 수 없음"이라고 기재하고 경매·공매가 진행되기 때문에 혼란을 일으킨다.

먼저 대지권 미등기에 대해 알아보자. 대지권 미등기란 대지권이 처음부터 없는 경우와는 달리, 실제 대지권은 있으나 아파트나 다세대주택이 완공된 후 구분 건물에 대한 등기부가 작성됐지만 절차상 또는 실체상의 하자로 대지권이 등기부에 기재되지 못한 상태다. 대지권 미등기는 대지의 분·합필 및 환지 절차의 지연, 측량, 대지권 지분의 확정 등으로 인해 대지권 등기가 상당 기간 지체되면서 발생한다. 대지권 미등기 발생 지역은 보통 신도시나 택지지구, 도시개발, 재개발, 재건축 같은 대규모 개발 사업이 있는 지역이다.

대지권 미등기 부동산은 대지권이 미등기된 상태라 할지라도 '감정평가서감정서'에 대지권에 대한 평가가 된 경우 대지권도 낙찰로 취득하게 된다. 그런데 대지권에 대해 감정서에 기재돼 있어 경매·공매에 참여해 낙찰받았음에도 나중에 대지권이 없는 것으로 판명되는 경우가 있다. 이때는 매각 불허가 신청 또는 매각 허가 결정에 대한 즉시항고를 할 수 있고, 이미 매각 허가 결정이 확정됐다면 매각 허가 결정 취소 신청을 할 수 있다.

이러한 대지권 미등기와 비슷하면서도 다른 것이 대지권이 없는 물건이다. 대지권 미등기는 대지권은 있지만 등기가 안 된 권리고, 대지권이 없는 물건은 등기부상 대지권이 아예 등재되지 않은 것을 말한다. 보통 시유지나 국유지에 건축된 건물이 대부분 대지권이 없는 경우가 많다. 이러한 부동산은 감정서상 대지 가격이 감정평가액감정가에 포함돼 있지 않기 때문에 물건 정보에 "건물만 입찰" 또는 "대지권 없음"이라고 표기돼 있는 것이다. 또한 낙찰 이후에도 대지권을 온전하게 찾아올 수 없으며 토지 소유자가 대지 사용에 대한 지료 납부 및 구분소유권, 매도청구권을 행사할 수 있어 입찰 전 이러한 문제점에 대한 대책을 마련해야 한다.

일반적으로 대지권 미등기는 대부분 감정가에 대지 지분의 평가액을 포함하는 반면, 대지권이 없는 물건은 감정가에 건물만 평가돼 있기 때문에 감정서를 통해 둘을 구별할 수 있다.

064 토지의 별도등기가 있는 부동산은 어떨까?

집합건물은 건물과 토지에 관한 내용이 모두 하나의 '등기사항전부증명서_{등기부}'에 표시된다. 그런데 토지에 별도의 채권이나 기타 권리가 등기된 경우 별도의 등기가 존재한다는 것을 알려주기 위해 토지의 별도등기가 있다. 토지의 별도등기가 발생하는 경우는 다음의 3가지로 나눠 설명할 수 있다.

① 아파트 같은 공동주택이 준공 후 지적측량이 끝나지 않아 토지 등기가 확정되지 않은 경우

② 토지 근저당권 말소를 위해 대출금을 변제했음에도 불구하고 등기부에 말소 정리가 되지 않아 "토지 별도등기 있음"이라는 문구가 그대로 남아 있는 경우

③ 공동주택 신축 당시 토지에 근저당을 설정하고 대출을 받았으나 완공 후까지 이를 변제하지 못한 경우

위와 같은 이유로 토지의 별도등기가 발생하면 입찰에 특별히 제한이 있는 것은 아니지만 종종 낙찰자가 불의의 피해를 볼 여지도 있어 조심해야 한다. ①번이나 ②번에 의해 토지의 별도등기가 발생한 부동산에는 낙찰자가 부담해야 할 권리가 없으므로 안심하고 참여해도 된다. 그러나 ③번의 이유로 토지의 별도등기가 발생한 부동산은 낙찰 후 인수해야 할 권리, 즉 대출금에 대한 부담을 질 수도 있다는 점에 유의해야 한다. 토지 근저당권자가 채권 신고나 배당 신청을 하지 않으면 낙찰이 된다 해도 소멸하지 않을 가능성이 크기 때문이다.

이러한 위험 요소를 방지하기 위해서는 토지의 별도등기 단서가 붙은 물건인 경우 일단 그 별도등기를 열람해봐야 한다. 경매·공매 신청자가 토지에 대해서도 함께 경매를 신청하지 않은 경우거나 건물과 토지의 소유자 명의가 다른 경우 토지에 설정된 채권이 가처분이나 가등기 등 경매·공매로 소멸되지 않는 비금전 채권이면 토지의 별도등기 물건에 입찰하는 것은 바람직하지 않다.

065 '제시 외 건물 포함'과 '조사된 임차 내용 없음'은 무슨 의미일까?

권리분석에는 '등기사항전부증명서_{등기부}'상 권리분석과 부동산상 권리분석이 있다. "제시 외 건물 포함"은 등기부상 권리분석으로, "조사된 임차 내용 없음"은 부동산상 권리분석으로 해결할 수 있다. 그런데 막상 '매각물건명세서'나 '공매재산명세서'에서 이러한 문구를 보면 애매한 경우가 있기 마련이다.

제시 외 건물은 매각 대금에 포함되는 판례와 그렇지 않은 판례가 존재해 권리분석에 어려움이 따를 수 있다. 제시 외 건물이 등기부에는 미등기된 물건이지만 명세서상 매각 대금에 포함돼 있는지를 확인하면 "제시 외 건물 포함"이라는 문구를 발견할 수 있다. 이 말은 매각 대금에 제시 외 건물도 포함돼 있다는 의미로, 낙찰자는 매각 대금을 납부하면 제시 외 건물까지 소유권을 취득할 수 있으므로 안전하게 입찰해도 된다.

그런데 "조사된 임차 내용 없음"이라는 모호한 문구를 발견하면 임차인 권리분석을 어떻게 해야 할지 고민이 된다. 조사 결과 임차인이 아예 없다는 말인지, 임차인은 있는 것 같은데 확실치 않다는 말인지 헷갈린다. 이럴 때는 주민등록이나 '현황조사서' 내용을 그대로 믿으면 안 되고 '전입세대 확인서'를 통해 임차인을 분석해야 한다. 또한 현장을 방문해 임차인 조사를 하여 권리분석을 하는 것이 가장 좋은 방법이다. 즉, "조사된 임차 내용 없음"이라고 기재된 경우 임차인이 없다는 말이 아니라 입찰자가 임차인 분석을 더 정확히 하고 참여하라는 '주의'의 뜻으로 해석하는 것이 불이익을 피할 수 있는 길이다.

066

임대차보호법은
낙찰자에게 불리할까?

임대차보호법은 임차인을 위한 법이고 몇 년 전 개정된 임차인의 계약갱신요구권에 따라 상당한 힘을 발휘하게 됐다. 따라서 임차인 권리분석을 할 때 가장 중요한 법임을 기억해야 한다.

임차인 권리분석에서 가장 중요한 핵심은 임대차보호법을 완전히 이해하고 분석할 수 있어야 한다는 점이다. 임대차보호법은 임대인보다 상대적으로 열악한 지위에 있는 임차인을 보호하고자 제정된 법이다. 강력한 힘을 발휘할 수 있으므로 입찰자는 임대차보호법의 법적 성질을 반드시 알아둬야 한다.

첫째, '민법에 대한 특별법'이라는 것이다. 〈민법〉으로 임대차계약을 하면 임차인은 임대인의 우월적 지위 아래에서 계약하기 때문에 늘 불리한 입장일 수밖에 없다. 이러한 〈민법〉에서의 임대인이 가진 권리 축소와 임차인의 권리 보호를 동시에 강화하겠다는 취지로 제정된 법이 바로 임대차보호법이다.

둘째, 임대차보호법은 '일반법적 성격'을 갖고 있다. 임대차보호법은 임대차계약에 관해 '국민 주거 생활의 안정 보장'을 목적으로 〈민법〉에 대한 특례를 규정한 법률이다. 여기서 국민의 주거 보장이란 곧 임차인 보호라는 점에서 〈민법〉에서 임대인이 가지고 있는 계약자유의 원칙을 수정해 〈민법〉에서 약자인 임차인의 주거 생활 안전을 도모하겠다는 취지다.

셋째, 임대차보호법은 '강행규정'이라는 것이다. 〈민법〉으로 임대차계약을 하는 경우 임대인의 우월적 지위를 이용하는 권리들에 대해 임대차보호법을 적용해 임대차 관계에서 임차인에게 불리하게 적용된 법은 무효가 될 수 있다. 예를 들어 〈주택임대차보호법〉 제10조를 보면 "이 법에 위반된 약정으로서 임차인에게 불리한 것은 그 효력이 없다"라고 되어 있다. 즉, 임대차보호법상 임차 기간이 2년으로 보장된 경우 계약서 특약 사항에 임대인과 임차인이 합의로 1년으로 기재해 계약을 하더라도 효력이 없음을 의미한다.

가끔 주변에서 임차인의 갑질에 대한 이야기가 들리곤 한다. 예전의 〈민법〉을 적용해 임대차계약을 하면 임대인이 갑의 입장에서 막대한 권한을 휘두르기 때문에 말이 많았지만, 최근에는 오히려 임대인이 "임차인이 갑이다"라고 말한다. 임차인을 위한 임대차보호법 때문에 생겨난 말이다. 그러나 임대차계약 시 임대차보호법을 적용하는 것은 임차인의 갑질이라기보다 본래 약자인 임차인을 보호하고자 적용하는 것으로, 낙찰자에게는 불리할 수도 있는 법이지만 임대차 관계의 권리분석을 요모조모 잘 따져 입찰하면 사고를 방지할 수 있다.

067 임차인 권리분석은 왜 중요할까?

경매·공매 부동산 투자를 하는 이유를 물어보면 돈을 벌기 위함이라고 대답하는 것은 제1원칙이고, 실수요 부동산을 반값에 사기 위함이라고 대답하는 것은 제2원칙이라고 할 수 있다. 제1원칙과 제2원칙이 원하는 결과로 이어지려면 임차인 권리분석이 무엇보다 중요하다. 임차인 권리분석은 경매·공매 참여를 위한 전체적인 분석 중 가장 중요한 과정이다.

먼저 '등기사항전부증명서등기부'에서 말소기준권리를 찾으면 기본적인 권리분석은 끝냈다고 해도 과언이 아니다. 다음으로 임차인 권리분석 시 임차인의 대항력과 우선변제권 및 최우선변제권 유무에 따라, 배당요구종기일까지 임차인의 배당 신청 여부에 따라 수익성이 확연히 달라진다. 매각 대상 부동산을 점유하고 있는 임차인의 권리분석을 한다는 것은 낙찰자가 잔금을 납부한 후 임차인이 배당을 받느냐, 아니면 낙찰자가 임차인의 보증금을 인수하느냐의 문제를 분석하는 것이다.

어떠한 이유에서인지 임차인이 대항력은 있는 것 같은데, 우선변제권에 의한 배당 신청을 하지 않았다면 임차인 권리분석이 어려워질 수 있다. 이는 곧 수익성 분석이 어려워지는 것과 같다.

이러한 임차인 권리분석을 위해서는 먼저 임대차보호법에서 가장 중요한 대항력 있는 임차인과 대항 요건을 갖춘 임차인을 찾아내야 한다. 그리고 우선변제권을 취득한 임차인이 배당 신청을 했는지 하지 않았는지, 임차인이 최우선변제권이 있는지 없는지, 임차인이 여러 명이라면 모두 몇 명이고 그중 배당 신청자나 최우선변제권을 가진 임차인은 몇 명인지를 분석해야 한다.

경매·공매 부동산의 임차인 분석은 사람들이 쉽게 생각하면서도 사고를 가장 많이 내는 부분이다. 〈주택임대차보호법〉과 〈상가건물임대차보호법〉에서 임차인의 대항력과 대항 요건은 무엇이며, 확정일자에 의한 우선변제권은 어떤 권리고, 최우선변제권을 가진 임차인은 어떤 특징과 권리를 가지는지 정확한 이해가 꼭 필요하다.

특히 주택 임차인의 대항력이란 2년 거주 권리와 보증금 반환 권리를 말하며, 임차인이 대항력을 가지려면 주택 점유와 전입신고라는 2가지 대항 요건을 갖춰야 한다. 대항력을 취득하는 기준은 전입신고한 다음 날 0시다. 임차인이 말소기준권리보다 대항력을 먼저 취득했다면 낙찰자가 임차인의 보증금을 인수해야 하고, 말소기준권리보다 후순위라면 임차인의 보증금을 인수하지 않는다. 이럴 때 임차인은 본인의 보증금을 돌려받기 위해 배당 신청을 할 수 있으므로 임차인의 배당 신청 여부를 확인해야 한다. 배당 신청을 한 임차인이라면 우선변제권이 있는 임차인이다. 이때 임차인의 우

선변제권 취득일 파악이 중요한데, 임차인이 대항력을 취득한 날과 확정일
자를 받은 날 중 늦은 날이 기준이다. 그림으로 나타내면 다음과 같다.

우선변제권 취득일 기준 예시

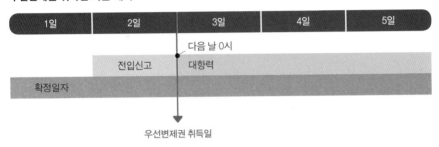

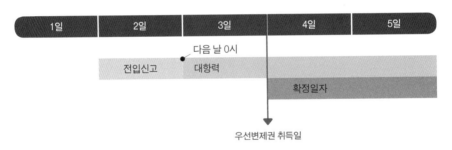

그리고 소액 임차인을 보호하기 위한 최우선변제 제도가 있다. 임차인
이 최우선변제권을 가지려면 소액 임차인, 대항 요건(주택 점유와 전입신고), 배
당 신청 3가지 요건을 갖춰야 하며 확정일자는 해당되지 않는다. 소액 임
차인이 될 수 있는 보증금의 범위와 최우선변제금은 지역과 시기별로 다르
며, 말소기준권리에 해당하는 권리가 등기된 시점이 소액 임차인 보증금
범위와 최우선변제금이 정해지는 기준이 된다.

주택임대차보호법의 소액 보증금 범위와 최우선변제금액

기준 시점 (담보물권 설정일)	지역	보증금 범위	최우선변제금액
1984년 6월 14일 ~1987년 11월 30일	특별시, 직할시	300만 원 이하	300만 원 이하
	그 밖의 지역	200만 원 이하	200만 원 이하
2016년 3월 31일 ~2018년 9월 17일	서울특별시	1억 원 이하	3,400만 원 이하
	수도권 과밀억제권역(서울시 제외)	8,000만 원 이하	2,700만 원 이하
	광역시(과밀억제권역, 군 제외), 수도권과밀억제권역이 아닌 인천(군 제외), 광주, 김포, 안산, 용인	6,000만 원 이하	2,000만 원 이하
	그 밖의 지역	4,500만 원 이하	1,500만 원 이하
2018년 9월 18일 ~2021년 5월 10일	서울특별시	1억 1,000만 원 이하	3,700만 원 이하
	수도권 과밀억제권역 (김포, 세종, 용인, 화성 포함)	1억 원 이하	3,400만 원 이하
	광역시(과밀억제권역, 군 제외), 광주, 안산, 이천, 파주, 평택	6,000만 원 이하	2,000만 원 이하
	기타 지역(광역시, 군 포함)	5,000만 원 이하	1,700만 원 이하
2021년 5월 11일 ~2023년 2월 21일	서울특별시	1억 5,000만 원 이하	5,000만 원 이하
	수도권 과밀억제권역 (김포, 세종, 용인, 화성 포함)	1억 3,000만 원 이하	4,300만 원 이하
	광역시(과밀억제권역, 군 제외), 광주, 안산, 이천, 파주, 평택	7,000만 원 이하	2,300만 원 이하
	기타 지역(광역시, 군 포함)	6,000만 원 이하	2,000만 원 이하
2023년 2월 22일 ~현재	서울특별시	1억 6,500만 원 이하	5,500만 원 이하
	수도권 과밀억제권역 (김포, 세종, 용인, 화성 포함)	1억 4,500만 원 이하	4,800만 원 이하
	광역시(과밀억제권역, 군 제외), 광주, 안산, 이천, 파주, 평택	8,500만 원 이하	2,800만 원 이하
	기타 지역(광역시, 군 포함)	7,500만 원 이하	2,500만 원 이하

출처 : 대한민국 법원 종합법률정보 사이트

상가건물임대차보호법의 보증금 범위와 최우선변제금액

기준 시점 (담보물권 설정일)	지역	보호 대상	보증금 범위	최우선 변제금액
2010년 7월 28일 이후	서울특별시	3억 원 이하	5,000만 원 이하	1,500만 원 이하
	수도권 중 과밀억제권역과 부산시	2억 5,000만 원 이하	4,500만 원 이하	1,350만 원 이하
	광역시(인천시, 군 제외), 광주, 김포, 안산, 용인	1억 6,000만 원 이하	3,000만 원 이하	900만 원 이하
	기타 지역	1억 5,000만 원 이하	2,500만 원 이하	750만 원 이하
2014년 1월 1일 이후	서울특별시	4억 원 이하	6,500만 원 이하	2,200만 원 이하
	수도권 중 과밀억제권역과 부산시	3억 원 이하	5,500만 원 이하	1,900만 원 이하
	광역시(인천시, 군 제외), 광주, 김포, 안산, 용인	2억 4,000만 원 이하	3,800만 원 이하	1,300만 원 이하
	기타 지역	1억 8,000만 원 이하	3,000만 원 이하	1,000만 원 이하
2018년 1월 26일 이후	서울특별시	6억 1,000만 원 이하	6,500만 원 이하	2,200만 원 이하
	수도권 중 과밀억제권역과 부산시	5억 원 이하	5,500만 원 이하	1,900만 원 이하
	광역시, 광주, 김포, 안산, 용인, 파주, 화성, 세종	3억 9,000만 원 이하	3,800만 원 이하	1,300만 원 이하
	기타 지역	2억 7,000만 원 이하	3,000만 원 이하	1,000만 원 이하
2019년 4월 17일 이후	서울특별시	9억 원 이하	6,500만 원 이하	2,200만 원 이하
	수도권 중 과밀억제권역과 부산시	6억 9,000만 원 이하	5,500만 원 이하	1,900만 원 이하
	광역시, 광주, 김포, 안산, 용인, 파주, 화성, 세종	5억 4,000만 원 이하	3,800만 원 이하	1,300만 원 이하
	기타 지역	3억 7,000만 원 이하	3,000만 원 이하	1,000만 원 이하

출처 : 대한민국 법원 종합법률정보 사이트

주택과 상가 임대차보호법의 차이점은?

〈주택임대차보호법〉은 기본적으로 국민 주거 생활의 안정 보장이 목적이며 주택의 전부 또는 일부 임대차에 관해 적용된다고 규정하고 있지만 임차한 주택이 허가를 받은 건물인지, 등기된 건물인지, 미등기된 건물인지를 구별하고 있지는 않다. 따라서 임차한 건물이 국민 주거 생활의 용도로 사용되는 주택에 해당하는 이상 위반건축물이나 옥탑방 등 등기가 이뤄질 수 없는 사정이 있더라도 다른 특별한 규정이 없는 한 〈주택임대차보호법〉의 적용 대상이 된다.

또한 〈주택임대차보호법〉에 근거해 주거용 건물인지 판단할 때 겸용주택일 경우 법 적용이 애매한 경우가 많다. 겸용주택이란 점포가 딸린 주택으로, 주거용 부분과 비주거용 부분을 겸한 주택을 말한다. 이러한 겸용주택의 일부가 주거 이외의 목적으로 사용되는 경우, 즉 주된 용도가 주거용이면서 이상적 면적 비율을 갖고 있고 유일한 주거 공간이면 그 전부에 대해 〈주택임대차보호법〉이 적용될 수 있다.

〈상가건물임대차보호법〉은 상가건물 임대차에 적용되는 법으로, 상가건물 여부는 건물의 용도나 현실적 이용 상태 등으로 판단하는 것이 아니라 사업자등록 대상이 되는지 여부에 따라 판단한다. 즉, 공장이나 오피스텔 등 건물의 용도와 관계없이 사업자등록을 한 건물이면 〈상가건물임대차보호법〉의 상가건물에 해당한다고 볼 수 있다. 그러나 대통령령으로 정하는 보증금을 초과하는 임대차에 대해서는 〈상가건물임대차보호법〉 대상에서 제외된다. 여기서 적용 대상 보증금은 지역별로 구분해 규정하되 보증금 외에 차임이 있는 경우 월차임에 1분의 100을 곱한 금액을 보증금에 합산해 환산 보증금을 계산해야 한다.

〈주택임대차보호법〉과 〈상가건물임대차보호법〉은 입법 취지, 형식과 내용, 요건, 효력 등에서 여러 차이점이 있는데 그중 몇 가지만 간략히 알아보겠다.

첫째, 적용 범위가 다르다는 점이다. 〈주택임대차보호법〉은 미등기 건물이든 위반건축물이든 주거용 건물이면 보증금의 액수를 불문하고 적용되지만 〈상가건물임대차보호법〉은 일정한 보증금 한도 내에서만 적용되며 상업용 건물일지라도 다 적용되는 것이 아니다.

둘째, 적용 대상이 다르다는 점이다. 〈주택임대차보호법〉은 임차인을 보호하는 법이기 때문에 법인은 원칙적으로 보호 대상에서 제외된다. 다만 예외도 있으며 특히 외국인도 적용 대상이다. 〈상가건물임대차보호법〉은 예외 없이 법인과 외국인도 일괄 적용된다.

셋째, 건물 용도가 다르다는 점이다. 〈주택임대차보호법〉은 공적 장부상 용도와 관계없이 주거용으로 사용되면 적용되지만 〈상가건물임대차보호법〉은 사업자등록 대상이 되는 영업용 건물에 한해 적용된다.

넷째, 임대차의 공시 방법과 존속 기간이 다르다는 점이다. 〈주택임대차보호법〉의 공시 방법은 주민등록을, 〈상가건물임대차보호법〉은 사업자등록을 요구한다. 또한 〈주택임대차보호법〉의 존속 기간은 2년 미만인 경우 존속 기간을 2년으로 주장할 수 있으며 〈상가건물임대차보호법〉의 존속 기간은 1년으로 하고 있다. 그리고 계약갱신요구권은 주택 임차인은 임대차 기간 종료 6개월 전부터 2개월 전까지 정상적으로 행사할 때 4년간 거주할 수 있으며, 상가건물 임차인은 임대차 기간 종료 6개월 전부터 1개월 전까지 계약갱신요구권을 행사하면 계약 후 10년 동안 영업을 할 수 있다.

다섯째, 확정일자를 받는 기관이 다르다는 점이다. 주택 임대차의 경우 전입신고는 '정부24(www.gov.kr)'에서 할 수 있고 확정일자는 '대법원 인터넷등기소(www.iros.go.kr)'에서 신청할 수 있다. 또한 주민센터나 구청에서도 전입신고와 확정일자를 신청할 수 있으며, 최근에는 주택임대차계약신고제도가 생겨 신고를 하면 자동으로 확정일자가 부여된다. 상가건물 임대차의 경우 사업자등록과 확정일자는 관할 세무서에서 받아야 한다.

여섯째, 월차임의 전환율이 다르다는 점이다. 주택 임대차는 월차임 전환율이 월 10%와 한국은행 공시 기준 금리에 2%를 더한 비율 중 낮은 비율의 금액을 초과할 수 없고, 상가건물 임대차는 연 12%와 한국은행 공시 기준 금리에 4.5배를 곱한 비율 중 낮은 비율의 금액을 초과할 수 없다.

일곱째, 권리금이 다르다는 점이다. 주택은 권리금 규정이 없고 상가건물의 경우 임대인은 임대차 기간 종료 6개월 전부터 종료 시까지 기존 임차인이 새로운 임차인에게 권리금을 받을 수 있는 부분에 대해 보장하도록 규정돼 있다.

이외에도 〈주택임대차보호법〉과 〈상가건물임대차보호법〉에 관한 기본적인 사항들을 파악하고 있어야 한다. 임차인에 대한 권리분석이 곧 수익성과 직결되기 때문이다. 특히 임대차보호법은 경매·공매 참여자나 임대인, 임차인 모두에게 중요한 내용임에도 간혹 가볍게 여기어 사고로 이어지는 사례가 종종 발생하니 유의해야 한다.

5장

낙찰되면 끝? 명도해야 진짜 끝이다

069 낙찰 이후 가장 먼저 해야 할 일은?

낙찰의 기쁨도 잠시, 이후에 해결해야 할 일들은 산 넘어 산이다. 낙찰의 기쁨은 절반의 기쁨일 뿐, 새로운 출발이라고 봐야 한다. 경매·공매는 소유권 취득 시점이 잔금 납부일이기 때문에 잔금 납부 전에 얼마든지 매각 불허가나 항고 등 여러 변수가 생길 수 있다.

통상 경매·공매 부동산의 낙찰 이후에는 '매각 허부 결정 → 매각 대금 납부 → 체납 관리비나 공과금 해결 → 명도 → 입주 또는 임대차계약' 등의 과정을 거친다. 만약 유치권이나 법정지상권 등을 해결해야 하는 특수 물건이라면 협의 과정을 거쳐야 하고, 선순위 임차인이 계속 거주한다면 남은 임대차 기간 동안 기다려줘야 한다.

낙찰 이후 가장 먼저 확인해야 할 사항은 경매의 경우 법원의 매각 허부다. 통상 매각 이후 일주일이 소요되며 만약 매각기일이 월요일이면 다음 주 월요일에 매각결정기일이 잡힌다. 법원을 방문하지 않아도 전화나 온라인으로 확인할 수 있다. '대한민국법원 법원경매정보(www.courtauction.go.kr)'

사이트에서 사건번호로 검색해 매각 허가 결정 공고를 확인하면 된다. 공매 압류재산의 경우 매각결정기일은 개찰일 이후 일주일 이내며 '온비드(www.onbid.co.kr)' 사이트에서 확인이 가능하다.

경매 집행 법원이 매각을 불허하는 사유는 여러 가지다. '최저매각가격의 결정, 일괄매각의 결정 또는 매각물건명세서 작성에 중대한 흠이 있을 때'와 '경매 절차와 그 밖의 중대한 잘못이 있을 때' 등이 사유가 된다. 약간 모호하지만 간혹 채무자나 채권자가 이의신청한 경우 불허가로 결정되기 때문에 반드시 허부를 확인한 후 다음 과정을 진행해야 한다.

농지를 낙찰받았다면 매각결정기일 일주일 내에 '농지취득자격증명원'과 '농업경영계획서'를 발급받아 담당 경매계에 제출해야 매각 허가를 받을 수 있다. 부동산 소재지의 주민센터나 면사무소를 방문해 '최고가매수신고인증명서'로 해당 서류들을 신청하면 보통 2~3일 이내에 발급된다. 농업인이나 농사를 짓고 있는 사람, 농사를 지을 사람도 포함되므로 일반 사람도 해당 서류를 발급받으면 농지를 낙찰받는 데 문제가 없다. 다만 낙찰받은 부동산이 농지가 아닌 야적장이나 다른 용도로 사용되고 있다면 농지취득자격증명원을 발급받지 못한다. 따라서 입찰 전 해당 부동산 소재지 주민센터 산업계 담당 공무원에게 발급 가능 여부를 확인하는 것이 좋다. 미제출 시 매각 불허가 판정과 함께 입찰보증금_{매수보증금}을 몰수당하기 때문에 농지 입찰 시 특별히 주의해야 한다.

경매 절차 진행 중 채무자가 채권자에게 빌린 돈을 갚거나 항고장을 제출했다면 해당 사건은 취소, 취하, 정지될 수 있다. 그러므로 낙찰에 들인 시간을 물거품으로 만들지 않으려면 처음부터 취소 등의 가능성이 적은 물건을 고르는 게 바람직하다. 특히 공매는 불과 몇 백만 원의 세금 체납 때문에 압류재산 공매로 부쳐지는 경우가 있는데, 체납자가 세금을 납부해 공매를 취하시킬 수 있으므로 조심해야 한다.

낙찰 취소·취하 가능성이 적은 물건
• 부동산 가치보다 저당권 설정액이 많은 물건(빚 많은 경매·공매 부동산)
• 한 사건에 사건번호가 2개인 경우(중복경매 또는 이중경매)
• 채권 청구 금액이 많은 경매·공매 물건
• 경매·공매가 동시에 부쳐진 물건

낙찰 이후 잔금 납부 전에 확인해야 할 사항은?

잔금을 납부한다는 것은 낙찰받은 부동산의 매각 대금 '전부'를 지급한다는 것이므로 납부 전에 본인이 조사했던 모든 사항을 다시 한번 확인해야 한다. 이해관계인의 낙찰에 대한 이의신청이나 항고 여부, 대금의 납부 기한, 대금 납부 후 배당 일정 등을 파악해야 낙찰받은 부동산에 대한 사용·수익·처분 전략을 세울 수 있다.

대금 납부 기한이 정해지면 임차인 등 점유자의 건물 인도 예정 기간을 고려해 대금을 납부하면 된다. 점유자가 건물 인도에 대해 거세게 저항한다면 굳이 일찍 납부할 필요가 없지만, 점유자가 재계약을 원하거나 배당을 받고 바로 이사 가길 원한다면 일찍 납부하는 것이 좋다.

낙찰받고 일주일 이후에는 부동산 소재지를 방문해 임차인 등 점유자를 만나보는 것이 좋다. 실제 거주하고 있는 점유자가 어떤 계획을 세우고 있는지 등의 정보를 듣는 동시에 낙찰받은 부동산의 실내를 살펴볼 수 있다. 점유자도 낙찰자를 무시할 수 없으므로 서로가 필요에 의해 만나게 된다. 배당 이후 인도를 할 때 결국은 낙찰자와 점유자가 협의를 통해 해결해야 하므로 처음부터 지나치게 자기주장만 하는 자세는 좋지 않다. 서로 본인의 의견을 말하고 제시하는 선에서 만나보자.

낙찰자는 대금 납부를 위해 담보대출을 받을 것인지 결정해야 한다. 대출을 신청하고 실행하기까지는 최소 일주일 정도의 시간이 필요하므로 적어도 대금을 납부하기 10일 전에 대출 서류를 작성하는 것이 좋다. 보통은 금융권에서 대출이 실행되면 전담 법무사가 있어 소유권이전등기까지 맡아 진행한다. 만약 대출을 받지 않고 순수하게 본인의 자금으로 납부하면 낙찰자 혼자 소유권이전등기를 할 수도 있다.

낙찰 후 근저당권 등 채권이 말소되거나 임차인의 권리가 변동될 수 있으므로 잔금 납부 전에 다시 한번 '등기사항전부증명서_{등기부}'를 열람해 변동사항이 없는지 확인하는 일도 필요하다. 권리 변동이 있으면 매각에 대한 이의신청이나 항고를 통해 권리 변동에 따른 손해를 방지할 수 있다.

입찰 전 권리분석 시 입찰 예정 물건에 관리비나 공과금이 얼마나 밀렸는지도 미리 확인하면 좋다. 아파트, 오피스텔, 상가 등 집합건물의 경우 관리사무소를 방문해 공용부분 체납 관리비 중 부담해야 할 부분에 대해 알아보고, 집단상가 등 집합건물의 체납 관리비는 공용부분만 부담하면 된다. 도시가스료와 수도료, 전기료 등의 공과금은 기존 사용료에 대해서는 부담할 의무가 없고 소유권이전등기 이후 사용료는 낙찰자가 납부해야 한다.

071 낙찰 이후 매각 대금은 어떻게 납부할까?

일반적인 부동산 거래에서는 계약금과 중도금을 지급한 후 마지막으로 잔금을 지급함과 동시에 소유권을 이전받는다. 즉, 잔금 지급일에 '등기사항전부증명서_{등기부}'상 제한물권이 해결되고 매매계약서 특약 사항에 직시된 사항들이 약속대로 이행되면 매수자는 잔금을 지급하고 매도자는 소유권 이전 서류와 부동산의 열쇠를 넘겨주게 된다. 이것을 '매도인과 매수인의 동시 이행'이라고 한다. 동시 이행에 따라 소유권이 바뀌는 일반 매매와 달리 경매에서는 절차에 따라 다음과 같이 진행된다.

매각확정기일에 낙찰자로 확정되면 법원에서는 최종 낙찰자에게 '대금지급기한통지서'를 송달한다. 보통 잔금 납부일은 매각 허가 결정일로부터 30일 이후로 정해진다. 잔금 납부는 법원에 직접 방문해 처리해야 하니 현금보다 1장짜리 수표로 끊어 가는 것이 편리하다. 매각 대금을 납부하면 이와 동시에 등기부상 소유권 이전 없이도 해당 부동산의 소유권을 취득하게 된다.

만약 낙찰자가 법원이 지정한 대금 납부 기한 내에 매각 대금을 납부하지 않으면 해당 부동산은 재경매재매각에 부쳐진다. 재경매 시 종전 낙찰자의 매각은 취소되며 이미 납부한 입찰보증금매수보증금은 배당할 금액에 편입된다. 다만 재경매 기일 3일 전까지 매각 대금을 납부하면 소유권을 취득할 수 있다.

법원에서 진행되는 대금 납부는 기일입찰 방법으로, 통지서에 정해진 날짜 전이라도 대금지급기한통지서와 함께 대금을 준비해 담당 경매계로 가면 된다. 집행관에게 통지서를 보여주고 '법원보관금납부명령서'를 발급받은 후 법원 근처에 있는 은행으로 가서 매각 대금을 납부한다. 납부가 완료되면 '법원보관금영수증'을 주는데, 이 영수증을 가지고 다시 경매계로 가서 '매각대금완납증명원' 2부를 작성해 수입인지와 법원보관금영수증을 제출한다. 그러면 매각대금완납증명원에 도장을 찍어주고 대금 납부 절차는 거의 마무리된다. 매각대금완납증명원은 소유권이전등기를 하거나 점유자를 명도할 때 꼭 필요한 서류이므로 잘 보관해둬야 한다.

낙찰자가 대금 납부를 완료하면 몇 가지 효력이 발생한다. 첫째, 일반 매매에서는 잔금 납부와 더불어 등기를 해야 완전한 소유권을 취득하지만 경매에서는 낙찰자가 잔금을 납부하는 동시에 소유권을 취득한다. 다만 완전한 소유권 행사를 위해서는 명도가 뒤따라야 한다는 점에서 일반 매매와 성격이 다르다. 또한 매각 대금을 납부하면 소유권의 인정은 받을 수 있으나 낙찰받은 부동산을 다시 시장에서 매각하려면 소유권이전등기를 해야 한다. 둘째, 경매 절차에서 발생한 이해관계인들은 대금 납부가 완료된 이후에는 해당 사건을 취하하거나 경매 개시 결정에 대한 취소 신청 등을 할수 없다. 셋째, 낙찰받은 부동산에 점유할 권리가 없는 소유자나 점유자를 내보낼 수 있는 인도명령 신청이 가능하다.

공매는 금액에 따라 잔금 납부 기한이 다르다. 짧게는 일주일, 길게는 30일의 잔금 납부 기한이 주어진다. 물건의 종류에 따라 할부가 가능하거나 조기 납부 할인(선납 감액)도 용인되는 부분이 있어 공매 물건별 공고를 잘 살펴보는 것이 좋다.

072 경매의 인도명령 제도는 무엇일까? Q

A 인도명령 = 복잡한 소송 없이 점유자를 내보낼 수 있는 제도

경매에서는 낙찰 후 점유자 명도가 매우 중요한 과정이다. 부동산을 아무리 싸게 낙찰받아도 명도에 문제가 생기면 투자의 실익이 크지 않다. 그래서 점유자로부터 빨리 부동산을 넘겨받는 명도 과정을 '경매의 꽃'이라고도 한다. 명도가 잘 처리되면 마무리를 잘한 것이지만 잘못 처리되면 시간과 비용을 많이 소요해 낙찰받은 물건은 애물단지가 돼버릴 수 있다. 따라서 사전에 미리 명도를 생각해두고 입찰해야 성공적인 투자가 될 수 있다.

소유자나 임차인 등의 점유자를 내보내는 사후 처리로는 협의인도, 인도명령, 명도소송 3가지가 있다. 먼저 협의인도는 점유자와 협의가 이뤄져 약간의 이사 비용 정도만 주고 자발적으로 내보내는 것이고, 인도명령은 점유자가 점유하고 있는 부동산을 낙찰받은 사람에게 넘겨주도록 강제집행할 수 있는 법원의 명령이다. 마지막 명도소송은 소송을 걸어 승소한 후에 강제집행을 실행하는 방법이다.

경매에서 인도명령이 중요한 이유는 복잡한 소송을 거치지 않고도 점유자를 내보낼 수 있는 제도기 때문이다. 명도소송은 최소 6개월 이상의 시간과 수백만 원의 비용이 들어가는 반면, 인도명령은 간단한 법원의 명령을 통해 점유자를 내보낼 수 있는 강제집행권원을 확보할 수 있다.

2002년 〈민사집행법〉이 제정되면서 인도명령 제도가 신설됐는데, 법 신설 이후 거의 90% 이상이 인도명령을 통해 점유자를 내보내고 있다. 인도명령은 낙찰자가 잔금을 납부함과 동시에 법원에 신청하면 된다. 통상 3~4주 이내로 인도명령이 결정되기 때문에 낙찰자는 경매에서 가장 중요한 과정인 명도를 간편한 방법으로 해결할 수 있다.

인도명령 신청은 낙찰자가 현재 점유자와 이사 날짜를 협상하는 과정에서도 효율적인 방법으로 쓰인다. 먼저 협의인도를 통해 이사 날짜를 잡았지만 점유자가 시큰둥할 수 있다. 낙찰자가 찾아가자 이사 날짜를 차일피일 미루기 시작한다. 하지만 낙찰자가 찾아온 며칠 후 법원으로부터 부동산을 넘기라는 인도명령 결정문이 날아오면 점유자는 '이제 올 게 왔구나' 하며 포기하는 경우가 많다.

인도명령은 낙찰받은 부동산을 빠른 시간 내에 사용·수익할 수 있는 간편한 절차다. 따라서 낙찰자는 잔금을 납부함과 동시에 인도명령을 신청하는 게 실무적으로 유용하다. 이때 인도명령을 받는 사람은 채무자, 채무자의 일반 승계인(상속받은 사람 등), 부동산 소유자, 부동산 점유자 등이다. 다만 인도명령을 구할 수 있는 기한은 잔금 납부일 이후 6개월 이내다. 이 사실을 몰라 6개월을 넘기면 명도소송을 진행해야 하므로 반드시 기한 내에 신청해야 한다.

Ⓐ 공매는 명도소송으로 점유자를 내보낸다

인도명령 제도와 함께 알아둬야 할 것이 명도소송이다. 명도소송은 원고와 피고가 있는 소송 절차다 보니 까다로운 법의 심판을 받는다. 경매개시결정등기 이전에 점유한 대항력 있는 점유자로서 인도명령 대상이 아니거나 인도명령 기간인 6개월을 넘긴 후에 점유자가 자진해 부동산을 인도해주지 않는 경우 명도소송을 제기해 승소를 통해 강제집행을 실행한다.

공매에서는 인도명령 제도가 인정되지 않기 때문에 협의인도가 안 될 시 명도소송을 해야 한다. 명도소송은 짧게는 6개월에서 길면 1년여의 시간이 소요되는 장기전이다. 따라서 소송 과정 중 점유자가 다른 사람을 들여 명도를 방해할 때를 대비해 점유 변경을 금지하는 효력인 부동산점유이전금지가처분을 해둘 필요가 있다. 명도소송 중 점유자가 바뀌면 집행을 하지 못하기 때문이다. 가처분을 신청하면 법원의 집행관이 집에 문을 따고 들어와 집행 정본을 거실의 잘 보이는 곳에 떡하니 붙여놓는다. 가처분은 점유자에게 심리적 압박을 주어 빨리 부동산을 비우게 하는 부담 효과가 있다.

낙찰자는 인도명령 결정문이나 판결 정본이 점유자에게 송달되고 나면 송달 즉시 '송달증명원'을 발급받아 강제집행 신청(인도명령 결정문+송달증명원)을 집행관 사무실에 접수해야 한다. 그러면 집행관 사무실에서 집행을 위한 사전 조사를 하여 집행에 들어가는 비용을 고지한다. 비용을 미리 내면 집행관 사무실에서 약 2주 후에 강제집행 기일을 통지해준다.

인도명령과 명도소송의 차이점

구분	인도명령	명도소송
성격	경매 사건에 포함	별도 사건(정식 재판)
신청	담당 경매계	해당 법원
신청 기간	대금 완납 후 6개월 이내	제한 없음
대상자	채무자, 채무자의 일반 승계인, 부동산 소유자, 부동산 점유자(낙찰자에게 대항할 수 있는 권원을 가진 자는 제외)	인도명령 대상에 해당되지 않는 점유자, 인도명령 대상자 중 낙찰자가 대금 납부 6개월 이내에 인도명령을 신청하지 않아 기간이 경과된 점유자
소요 기간	2~3주	6개월~1년
유의 사항	일반적으로 잔금 납부 시 신청	소송 제기 진 부동산전유이전금지가처분을 신청하는 게 효율적

073 빠르고 쉬운 명도 전략이 있다면?

A 빠르게 내보내는 명도 전략은 따로 있다

점유자를 빨리 내보내려면 우선 낙찰 이후 해당 부동산을 찾아가 점유자를 무조건 빨리 만나봐야 한다. 초보자일수록 점유자 만나기를 차일피일 미루는데, 미룰수록 명도도 늦어진다. 점유자를 만나 낙찰 사실을 밝히고 경청하는 자세로 이사 날짜를 잡기 위한 만남부터 이어가는 게 좋다.

현재 해당 부동산을 점유한 사람은 경매 때문에 그동안 시달릴 대로 시달렸을 것이다. 경매에 부쳐졌을 때부터 권리 신고, 배당 요구와 송달, 입찰자의 방문 등 수개월 동안 마음을 졸였을 것이다. 그러다 보니 낙찰자가 찾아오면 대체로 자포자기의 심정으로 이사 날짜를 잡을 가능성이 크다. 따라서 낙찰자는 점유자 면담 시 어떤 대화를 나눌지, 어떻게 협상할지를 미리 준비해가야 수월하다.

1차 면담에서는 무엇보다 기선 제압이 중요하다. 어설픈 동정이나 처음부터 이사 비용을 들먹일 필요는 없다. 부동산이 낙찰돼 소유자가 바뀌었음을 알려주는 정도로 간단하고 필요한 대화만 한다. 이때 대화를 하면서 점유자의 성격을 대충이나마 파악해두면 좋다. 일반적으로 협상형이나 체념형 점유자는 이사 날짜도 빨리 잡는 편이다. 하지만 말뿐인 형이나 버티기형이라면 명도가 쉽지 않다. 이러한 점유자는 우선 인도명령 송달 직후 최종적으로 만나보고 협의가 이뤄지지 않으면 바로 강제집행을 신청하는 게 좋다. 이러한 사람은 이사 날짜를 차일피일 미루고 일주일 단위로 짧게 잡다가 나중에는 약속을 여러 번 어기기도 한다. 아예 연락을 끊는 사례도 있다.

도저히 말로는 통하지 않는 점유자는 바로 강제집행부터 준비한 후 집행관이 '계고장'을 붙이고 나서야 이사 비용 협상을 하는 게 일반적이다. '너무 싸게 낙찰돼 손해를 봤다'라거나 '전세금이 없어 이사 갈 곳이 없다'라며 끈질기게 부동산에 집착하는 바람에 마지막 중재까지 실패하는 경우가 있다.

Ⓐ 강제집행은 최후의 수단이다

2차 면담은 1~2주일 이내로 짧은 시일 내에 잡는 게 좋다. 이때는 점유자에게 이사 비용을 암시하며 이사를 종용해야 한다. 이사 비용을 정할 때는 정확한 금액을 제시해야 한다. 점유자는 낙찰자가 생각하는 금액보다 숫자 '0' 하나를 더 생각하고 있기 쉽다. 따라서 정확히 "150만 원의 이사비를 드릴 생각이니 이사 날짜를 정해주셨으면 합니다"라고 말해야 한다. 이사 비용 합의가 이뤄지면 합의 각서를 받아둔다.

3차 면담에서는 최소한 정확한 이사 날짜가 잡혀야 한다. 그러나 점유자가 차일피일 이사 날짜를 미루고 과도한 이사 비용을 요구한다면 강제집행을 신청하겠다고 하며 그 비용은 점유자가 부담해야 함을 알릴 필요가 있다. 이때 이사 날짜가 잡히는 비율이 80% 정도다. 굳이 낙찰자와 싸우며 이사 가기를 거부하는 경우는 드물다.

점유자에게는 '강온強穩' 작전을 동시에 펼치는 전략이 좋다. 너무 '온' 작전만 펼치면 낙찰자를 만만하게 볼 수 있다. 인도명령 결정문 송달은 아주 쉽고 유용한 '강' 작전이다. 인도명령 결정문이 점유자에게 송달되면 최후통첩으로 보고 대부분의 점유자는 이사 날짜를 잡는다.

강제집행 신청 시 사전집행예고제도 강력한 명도 의사표시다. 점유자의 막무가내식 억지로 강제집행이 불가피할 때 미리 집행관에게 계고장을 붙이도록 신청하면 효과가 나타난다. 집행관의 '며칠 이내에 자진 퇴거하지 않으면 강제집행하겠다'라는 계고장은 점유자의 마음을 흔들어 깨운다. 낙찰자 말을 우습게 알던 점유자라도 법원 집행관이 협상을 종용하고 조만간 강제집행할 수 있음을 고지하면 바로 이사 날짜를 잡는 경우가 많다.

그럼에도 끝내 협의가 무산되면 법원에 집행문 부여 신청과 함께 '송달증명원'을 발급받아 집행관을 통해 계고하고 강제집행 절차를 진행한다. 어디까지나 강제집행은 협상이 안 될 때 하는 최후의 절차다. 실제 강제집행까지 가는 경우는 드물며 90% 이상은 점유자와의 합의에 따라 명도가 이뤄진다. 점유자가 과도한 요구를 하지 않는 한 협상으로 명도를 하는 것이 가장 현명한 방법이다.

074 초보자가 명도하기 쉬운 물건이 있을까?

미리 명도 전략을 세우더라도 점유자가 악의적으로 버틴다면 낙찰자는 상당한 시간과 노력을 들이고도 애를 먹을 수 있다. 따라서 초보자들은 애초에 명도가 수월한 물건부터 공략하는 것이 좋은 전략이다. 그렇다면 초보자도 손쉽게 대처할 수 있는 명도가 안전한 경매·공매 부동산으로는 어떤 것이 있을까?

첫째, 부동산 소유자가 거주하고 있다면 명도받기 가장 쉬운 부동산으로 꼽는다. 명도에서 가장 신경 쓰이는 부분이 임차인 문제다. 임차인이 1~2세대 정도 살고 있으면 아무래도 이사 비용이나 명도 날짜 조정 등 챙겨야 할 게 많다. 그러나 임차인 없이 소유자가 직접 살고 있다면 약간의 이사 비용 정도만 주고 손쉽게 명도를 할 수 있다. 다만 인도명령은 잔금 납부와 동시에 일단 신청해두는 것이 좋다. 간혹 이사 날짜를 말하고 계속 미루는, 말뿐인 소유자가 있기 때문이다.

둘째, 배당을 받는 임차인이라면 별 문제없이 명도가 수월하다. 즉, 후순위 임차인(대항력이 없는 임차인)이면서 전입신고를 했고 최우선 변제 대상 임차인이라면, 그 임차인이 법원에 배당 요구를 했다면 일정 부분의 보증금을 매각 대금에서 받아 나가게 된다. 이때 배당과 명도의 칼자루는 낙찰자에게 있다. 임차인이 법원으로부터 배당금을 받으려면 새로운 집주인(낙찰자)에게 '명도확인서'와 '인감증명서'를 받아 법원에 제출해야 하기 때문이다. 따라서 임차인이 낙찰자의 속을 썩일 가능성은 매우 낮다. 그렇다면 이 서류들은 언제 임차인에게 줘야 할까? 당연히 임차인이 명도, 즉 이사 가는 날 줘야 한다.

말소기준권리 이전에 대항력과 함께 확정일자까지 갖추고 배당 요구를 한 임차인은 우선적으로 매각 대금에서 배당을 받아 나가기 때문에 손해 볼 일이 없다. 그러니 이러한 임차인에게는 배당을 받는 다음 날부터 명도를 요구할 수 있다. 다만 대항력 있는 임차인이 배당 요구를 해서 법원 배당을 통해 일부만 받고 나머지는 낙찰자에게 추가로 받아야 한다면 보증금 전액이 변제될 때까지 기다려야 한다. 보증금 전액이 변제되지 않는 한 임차인 권리는 소멸되지 않는다. 이럴 때는 임차인 명도 시 이사 날짜 조정 때문에 어려움을 겪을 가능성이 있으니 주의해야 한다.

셋째, 선순위 임차인이 경매를 신청한 채권자라면 일단 안전하다. 보증금을 받지 못한 임차인이 전세보증금반환청구소송을 제기해 강제경매를 신청한 경우다. 이때 임차인은 매각 대금에서 전액을 배당받고 자발적으로 부동산을 내어주는 경우가 많으므로 별도로 이사 비용을 줘가며 명도할 필요가 없어 초보자도 안전하게 낙찰받을 수 있다. 다만 너무 싼값에 낙찰됐다면 임차인이 못 받은 금액만큼 낙찰자가 부담해야 할 수도 있으니 주의해야 한다.

그 외에 명도가 손쉬운 물건으로는 최우선 변제 대상 임차인이 많은 부동산, 임차인의 3분의 2 이상이 최우선 변제 대상이거나 배당을 요구한 부동산, 임차인 수가 적은 부동산(상가, 사무실 등), 점유자나 채무자가 소유자와 친인척 관계에 있는 부동산, 현재 공실 상태로 있는 부동산, 채무자나 소유자의 직업이 공직자나 회사원 등인 직장인 소유 부동산, 재벌가나 유명 기업인 소유 부동산 등이 있다.

075

명도가 어려운 물건에는 어떤 것들이 있을까?

Q

고령자가 거주하는 소형 주택은 명도하기가 가장 어렵다. 고령자는 이사 갈 곳이 마땅치 않기 때문이다. 또한 학교·의료·사회복지 법인 등은 개인이 명도하기 어렵고 외교 공관 역시 사법권이 미치지 못해 강제집행이 불가능하다. 교회, 사찰, 재래시장, 다단계 입주 건물, 유흥 주점과 시골 농가도 명도가 수월하지 않은 물건이다.

위장 임차인이 여럿 있거나 문건 처리 및 송달 내역에서 점유자나 소유자가 서류를 많이 제출한 사건도 명도 지연 가능성이 크다. 다가구주택이나 상가에 임차인이 많은 물건도 명도 대상자가 많아 쉽지 않다.

사람이 살지 않고 문이 잠겨 있는 폐문 부재 부동산도 대체로 명도가 어렵다고 본다. 점유자를 내보내기 위해서는 대화가 이뤄져야 하는데, 당사자를 만나기 어렵기 때문이다. 이럴 때는 점유자를 직접 찾아서 만나거나 연락을 취해 협상하는 게 우선이다. 점유자 연락처는 경매를 신청한 채권자나 관리사무소 등에서 확인할 수 있다. 그래도 확인이 어려우면 강제집행을 준비하며 법적인 절차를 밟아야 한다.

폐문 부재중이며 이삿짐이 있는 경우 부동산을 비우는 원칙은 인도명령을 신청해 '송달증명원'을 발급받아 강제집행을 하는 것이다. 특별송달에서 공시송달 절차를 밟은 후 집행관이 개문한다. 그리고 '계고장'을 붙여 2주 후에 강제집행을 실행한다. 이때 집행관과 성인 2명의 입회하에 강제로 문을 열고 사진을 찍은 후 재산 목록을 작성해 짐을 창고나 제3의 장소(이삿짐 보관 센터 등)로 이동시켜 보관한다. 보관 임대료는 채무자가 부담해야 하므로 채권으로 청구해 유체동산 경매를 통해 보관 비용을 공제한 후 그 대금을 공탁하면 된다.

점유자도, 짐도 없는 경우도 있다. 미분양 상가나 빈 오피스텔, 빈집 등은 잔금 납부와 동시에 입주해도 된다. 하지만 약간의 짐이나 세간들이 있다면 소량이라도 함부로 옮겨서는 안 되며 법적 절차를 따라야 나중에 분쟁을 겪지 않는다. 관리사무소 등의 협조를 얻어 소정의 법적 절차를 거쳐 적당한 곳에 보관해야 하며 출입 전 관리사무소 직원 등과 동행해 문을 연 후 사진과 동영상을 찍어두는 게 안전하다.

한 푼도 못 받고 쫓겨나야 하는 입장의 임차인임에도 명도는 결코 쉽지 않다. 수억 원의 보증금이나 권리금을 날리는 판에 죽기 살기로 이사 날짜를 늦추거나 명도에 저항할 가능성이 크기 때문이다. 결국에는 강제집행까지 가는 경우가 생기므로 되도록 시간적 여유를 가지고 넉넉한 마음으로 해결해야 한다.

076 경매·공매의 숨은 비용이 있다면?

A 체납 관리비와 공과금 등 숨은 비용을 고려하라

상가, 오피스텔, 아파트 등 집합건물의 경우 낙찰 후 명도 처리 과정에서 체납 관리비 때문에 관리사무소와 종종 분쟁이 발생한다. 한 경매 업체의 조사에 따르면 서울과 수도권 소재 경매·공매 아파트 중 관리비가 체납된 채 나온 물건은 47%에 달한다고 한다. 체납 관리비는 전유부분과 공용부분으로 나뉘는데, 이 중 공용부분에 대해서는 낙찰자가 부담해야 하는 비용이다.

공용부분의 관리비는 청소비, 오물 수거비, 소독비, 승강기 유지비, 공용 난방비, 수선 유지비, 일반 관리비 등이다. 이전 거주자가 사용한 관리비를 낙찰자가 부담하는 이유는 공용부분 관리비에 대해서는 낙찰자가 부담해야 한다는 2001년 대법원 판례를 따른 것이다. 다만 전유부분의 전기료, 수도료, 하수도료, 급탕료, TV 수신료 등은 부담하지 않아도 된다.

문제는 소액의 비용은 낙찰자가 부담한다 하더라도 거액의 체납 관리비를 떠안아야 하는 경우도 있다는 점이다. 일부 상가나 오피스텔은 수천만 원에 달하는 체납 관리비 때문에 관리사무소와 소송을 벌이기도 한다. 관리비 채권의 소멸시효는 3년이지만 관리사무소의 소송을 통해 시효가 중단됐다면 시효기간이 10년으로 연장돼 지급을 거부할 수 없다. 따라서 입찰 전 미리 관리비 체납 여부를 확인해야 한다.

체납 공과금도 확인해야 할 요소다. 이전 거주자가 도시가스료, 수도료, 전기료를 체납했다면 낙찰자는 당황할 수밖에 없다. 체납 고지서가 쌓인 부동산을 낙찰받으면 해결 방법을 찾느라 이것저것 알아봐도 뾰족한 해답을 찾을 수 없는 게 현실이기 때문이다. 담당 공사나 기관에 문의해도 체납 담당자는 대체로 낙찰자에게 비용을 떠넘기려 한다.

하지만 입찰 전부터 해결 방법을 알고 있다면 굳이 부담하지 않아도 된다. 도시가스의 경우 이전 거주자가 사용했던 요금은 부담하지 않고 소유권이전등기 이후 사용분부터 납부하면 된다. 수도료와 전기료는 해당 부동산 소유자가 낙찰자로 바뀐 '등기사항전부증명서등기부'를 각각 시청 수도과와 한국전기안전공사 수금과에 제출하면 기존 체납금을 납부하지 않아도 된다.

Ⓐ 이사 비용과 명도 비용을 신중히 고려하라

낙찰 후 점유자를 내보낼 때 이사 비용을 두고 협상하는 게 관행이다. 이사 비용은 원칙적으로 낙찰자가 부담해야 할 법적 근거는 없지만 현실적으로 낙찰자가 일정 금액의 위로비 명목으로 부담하고 있다. 좋은 게 좋은 거라고, 만약 점유자가 부동산을 비워주지 않으면 강제집행을 해야 하는데, 강제집행을 하지 않는 대신 거기에 들어가는 비용을 점유자에게 대신 줌으로써 너그럽게 명도하라는 의미다. 강제집행에 들어가는 비용도 만만치 않기 때문에 차라리 그 비용을 약자 편에 부담하면서 더불어 이사 날짜를 부드럽게 조정할 수 있다.

그런데 일부 소유자나 임차인 중에는 낙찰자에게 마치 이사 비용을 맡겨놓은 것처럼 거액을 요구하는 경우도 있다. 수천만 원의 전세 보증금을 달라거나 이사 비용 외에 각종 추가 비용까지 더해 요구하기도 한다. 이럴 때는 협상에 응하기보다 인도명령을 근거로 강제집행을 신청하는 게 낫다.

강제집행 비용도 최후의 수단으로 고려해야 한다. 일반적으로 강제집행 비용은 집행관 수수료 등으로, 3.3㎡당 평균 10만 원 정도다. 또한 강제집행한 짐을 점유자가 인수하지 않으면 5톤 차량 분량의 경우 창고 보관료만 월 30~40만 원 정도다. 강제집행 비용은 점유자가 부담하는 게 원칙이지만 현실적으로 낙찰자가 우선 지급하고 추후 유체동산 경매로 처분해 강제집행 비용을 회수한다.

이외에 경매·공매 컨설턴트에게 맡기면 법정 컨설팅 비용(보통 감정가의

1% 또는 낙찰 가격의 1.5%)이 들어간다. 또한 법무사에게 등기 신청을 위임하면 취득세 및 수입인지, 증지, 국민주택채권 매입 비용을 제외한 법무사 비용이 대략 40~50만 원 정도 들어간다. 법무사마다 비용이 다르니 여러 군데를 비교해 결정하는 것이 좋다.

경매·공매 부동산 투자에는 매각 대금 외에 추가로 드는 비용들이 있어 일반 매매보다 숨은 비용이 많은 편이다. 체납 관리비나 공과금, 세금, 개보수 비용 등 별도로 투입해야 할 금액을 입찰 전 체크리스트로 정리해두면 좋다.

| 077 | 경매·공매 부동산을 사고팔 때 내는 세금은? | Q |

A **경매·공매 부동산 투자에 따르는 세금을 분석하라**

경매·공매 부동산은 싼값에 매수하기 좋지만 싸게 사서 비싸게 팔면 그만큼 거액의 세금이 발생해 수익률을 떨어트리기도 한다. 경매·공매 부동산 투자의 첫 시작부터 세금과 절세에 대해 알아두고 활용해야 유리하다.

먼저 부동산 취득 시 내는 취득세가 있다. 낙찰자는 부동산 종류에 따라 낙찰 가격의 1~4%의 취득세를 잔금 납부 후 30일 이내에 내야 한다. 또한 낙찰 가격에 따라 교육세와 농어촌특별세도 과세된다. 부동산 취득 후에는 보유에 따르는 세금, 즉 재산세를 납부해야 하고 종합부동산세도 때에 따라 과세된다.

만약 낙찰받은 상가를 임대한다면 사업 개시일로부터 세무서에 사업자 등록을 해야 하는데, 사업자등록을 하지 않은 미등록 기간에 발생한 수익에 대해서는 약 2%의 가산세를 부담해야 한다. 무주택자가 주택을 낙찰받아 임대할 때는 기준 시가 12억 원이 넘는 고가 주택이 아닌 이상 임대 소득에 대해서는 세금을 부과하지 않는다. 하지만 유주택자가 주택을 낙찰받아 2주택자가 됐고 이를 임대할 때는 연간 임대료가 2,000만 원 이하더라도 소득세가 과세된다. 2,000만 원 이하는 14%, 초과는 6~45% 분리과세 세율이 적용된다.

Ⓐ 매도할 때는 절세 전략부터 수립하라

만약 경매·공매로 매수한 부동산을 매도할 때 양도 차익이 발생하면 양도소득세를 납부해야 한다. 이때 취득 금액은 낙찰 가격이다. 보통 경매·공매 부동산은 최고가 낙찰자가 본인 명의로 등기한 후 매매해야 하는데, 만약 낙찰자가 등기하기 전에 다른 사람에게 차액을 남기고 팔기로 했다면 이는 미등기 전매에 해당해 양도 차익에 70%의 높은 세율이 적용된다. 경매·공매 부동산을 1년 이내에 처분하는 경우에도 양도 차익에 50%의 세율이 적용되며, 2년 이내에 처분하면 양도 차익에 40%(주택은 6~38%)의 세율이 적용되는 등 기간별 양도소득세를 차등 적용하고 있다.

1가구 2주택인 경우 2채 중 먼저 매도하는 주택은 양도 차익에 대해 양도소득세가 과세된다. 하지만 일시적 사유로 2주택이 됐다면 양도소득세가 과세되지 않는다. 살던 집을 팔기 전에 이사 갈 집을 사서 일시적으로 2주택이 된 경우가 대표적인 예다. 이때는 새로운 주택의 취득일로부터 3년 이내에 종전 주택을 매도하면 양도소득세가 과세되지 않는다. 3주택 이상 보유한 다주택자가 주택을 매도할 때는 양도 차익이 가장 작은 것부터 처분하고 가장 큰 것을 마지막에 처분해야 1가구 1주택 비과세 혜택을 받을 수 있다. 다만 12억 원 이상의 주택은 1가구 1주택이어도 비과세되지 않는다. 만약 아파트를 13억 원에 팔았다면 12억 원을 뺀 나머지 1억 원에 대해 양도소득세를 계산한다.

오피스텔은 〈건축법〉상 업무시설로 간주하지만 실제로는 주거용으로 사용되는 게 일반적이다. 따라서 국세청은 실제 용도에 따라 사무실인지 주택인지를 판단해 세금을 매기는데, 오피스텔을 사무실로 사용한다면 비과세 요건을 갖춘 기존 일반 주택 1채를 팔아도 비과세가 적용된다. 그러나 주거용으로 전입신고가 되어 있다면 오피스텔도 주거용으로 간주한다.

경매·공매로 농지를 취득한다면 해당 농지가 세법상 본인이 경작하는 농지인지, 경작 기간은 얼마나 되는지에 따라 양도소득세가 달라진다. 본인이 농사를 짓는 자경 농지의 경우 경매·공매로 취득 후 8년 이상 경작한 다음 처분하면 양도소득세를 100% 감면받는다.

주택을 취득할 때 배우자 등 2명의 명의(공동 명의)로 취득하는 것도 절세 방법이다. 종합부동산세는 개인별로 소유 주택의 공시 가격이 9억 원을 초과할 때 과세된다. 따라서 명의를 분산해 절세 효과를 거두고 처분 단계에서는 2년 이상 보유한 후 매도하면 개인 기본 공제가 적용돼 양도소득세를 절세할 수 있다. 특히 양도소득세는 양도 차익이 클수록 세율이 높아지는 누진세율 체제이므로 공동 명의로 하여 각자에게 개별 과세되면 상대적으로 낮은 세율을 적용받을 수 있다.

세법은 다양한 특례와 예외 조항으로 매우 복잡해 세금 고지가 결정되면 되돌리기 어려우므로 세금이 발생하는 시기부터 미리 준비하는 것이 절세 효과를 높이는 비결이다.

부동산 관련 세금은 적용 기준과 계산이 복잡하고 세율 등이 바뀌기도 하니 부동산 세금을 전문적으로 다루는 책을 보거나 '국세청(www.nts.go.kr)' 사이트의 '세액계산요령' 자료 참고 또는 세무사에게 맡기는 방법도 있다.

078 경락잔금대출 제도란?

A 부족한 자금은 대출을 받아 취득이 가능하다

경락잔금대출 제도란 경매나 공매로 낙찰받은 부동산에 대한 잔금을 대출해주는 것으로, 잔금 납부 후 소유권 이전과 동시에 대출해준 금융권에서 1순위로 근저당을 설정한다. 별도의 담보를 제공할 필요 없이 낙찰받은 부동산을 담보로 대출해주고 잔금 납부 기한 내에 맞춰주기 때문에 낙찰자에게 유리하다. 대출을 잘 활용하면 지렛대 원리를 적용해 적은 돈으로도 부동산을 취득할 수 있다. 하지만 부동산에 따라 대출이 불가능할 수도 있으니 주의해야 한다. 1, 2금융권에 경락잔금대출을 전문으로 취급하는 지점이 많이 있으나 대출 조건이 자주 바뀌므로 각 금융권 대출 담당자와 상담 후 자금 계획을 세우는 것이 좋다.

대출 한도는 감정평가액(감정가) 또는 낙찰 가격 중 낮은 금액을 기준으로 보통 60%가 대출된다. 금융권별로 개인의 신용도에 따라 한도와 금리가 달

라지며, 보통 1금융권에서는 낮은 금리로 대출해주지만 낙찰 가격의 60%
이상 대출받고 싶다면 금리가 더 높은 2금융권을 이용하는 게 유리하다.

🅐 입찰 전 대출 가능 여부를 미리 확인하라

대출이 가능한지 아닌지는 입찰 전에 미리 확인하는 게 좋다. 경매·공
매 부동산에 대한 자료를 가지고 은행을 방문해 경락잔금대출을 받고 싶다
고 말하면 신용도에 따라 어느 정도 대출이 가능한지 알려준다. 주거래 은
행 외에도 경락잔금대출을 전문적으로 다루는 금융사를 방문해 상담을 받
아도 된다.

은행은 낙찰자에게 '주민등록등본', '영수증', '대금지급기한통지서', '인
감증명서' 등 필요 서류를 요구한다. 잔금 납부일 전까지 은행에 대출 금액
을 제외한 나머지 금액을 송금하면 낙찰자가 할 일은 다한 것이다. 은행은
담당 법무사를 통해 잔금 납부와 저당권 설정, 소유권 이전을 위한 등기 작
업을 완료한다.

은행에서 경매·공매 부동산을 담보로 돈을 빌려줄 때는 임차인이 있는
부동산이라면 전월세 보증금을 제외한 만큼 대출해준다. 은행에서는 대출
전 임대차 조사를 하는데, 이때 임차인이 공짜로 살고 있다고 주장하면 '무
상임대차확인서'를 받아두는 것이 은행의 업무 처리 방법이다.

다만 은행도 대출을 꺼리는 경매·공매 부동산이 있다. 권리상, 물건상

하자가 있어 분쟁의 소지가 있다면 대출을 해주지 않거나 아주 적은 금액만 대출해준다. 유치권, 법정지상권 등 낙찰자가 인수해야 할 권리가 있어도 대출 거절 통지를 받기 쉽다. 또한 다가구주택, 다중주택, 상가주택같이 방의 개수가 많은 주택은 대출 금액이 적게 조정된다. 아파트, 다세대주택, 상가, 토지의 대출 한도가 각기 다르고 지역과 권리 관계에 따라 대출에 제한이 있으니 미리 확인해두는 것이 좋다. 경락잔금대출이 가능할 것으로 믿고 있었는데, 불가능하거나 원하는 한도만큼 대출받지 못하면 잔금 납부에 차질이 생기고 최악의 경우 입찰보증금매수보증금을 날릴 수도 있다.

경쟁적으로 매각 대금의 80~90%까지 대출해준다는 대출 영업 사원의 말을 듣고 실제로 대출을 신청하면 애초 약속한 금액보다 한도가 적거나 과다한 이자 혹은 수수료를 요구하는 곳도 있으므로 잘 따져봐야 한다. 대개 2금융권이나 대부 업체는 대출 한도가 큰 대신 금리도 높다. 되도록 1금융권이나 주거래 은행을 이용하는 게 좋다. 지나치게 많은 대출 금액은 이자 부담으로 이어져 부동산의 장기 보유가 어렵고 임차인을 구하는 데도 제약이 따를 수 있다. 따라서 대출 금액은 전체 매수 금액의 30~40% 이내로 하는 것이 적당하다.

079 경매·공매 부동산을 '세입자 끼고' 낙찰받아도 될까?

A 적은 자금으로 최대 효과를 내는 경락 인수를 활용하라

일반 매매 시 전세를 끼고 적은 돈을 들여 부동산을 사듯이 경매·공매에서도 임차인의 전세 보증금을 안고 사는 방법이 있다. 이것을 '경락 인수'라고 한다. 즉, 선순위 임차인의 보증금을 내어줄 것을 고려해 낙찰받는 것인데, 실제 이러한 부동산을 낙찰받으면 목돈을 들이지 않고 더 싸게 매수하는 장점이 있다. 선순위 임차인이 있는 부동산은 보증금을 내어주고도 차익이 남는다고 계산될 때까지 사람들이 입찰을 꺼리므로 여러 번 유찰돼 매각 금액이 낮아진다.

예를 들어 1억 원짜리 경매 주택에 5,000만 원의 보증금이 있는 대항력 있는 임차인이 배당 요구를 하지 않고 거주 중이라고 가정해보자. 이때 새로운 낙찰자가 보증금 5,000만 원을 안고 2,000만 원에 낙찰받는다면 3,000만 원이나 싸게 1억 원짜리 주택을 낙찰받는 셈이다.

임차인의 보증금을 인수해야 하는 부담과 낙찰 이후에도 임차인이 계속 점유할 가능성이 크다는 위험성 때문에 선순위 임차인이 있는 부동산은 입찰 경쟁률과 낙찰가율이 낮게 형성되는 게 일반적이다. 하지만 이러한 점을 잘 이용해 보증금을 제외한 금액 이하에서 입찰 가격을 산정한다면 초기에 적은 자금을 들이고도 우량 물건을 낙찰받을 수 있다.

🅐 임차인 인수 물건을 낙찰받으면 절세 효과를 볼 수 있다

임차인 경락 인수 물건은 절세 효과가 발생한다는 또 다른 장점이 있다. 취득세는 낙찰 가격을 기준으로 산정되므로 세금 부담을 줄일 수 있으며 향후 부동산을 되팔 때 양도소득세도 절감할 수 있다. 대항력 있는 임차인이 있는 경매·공매 부동산은 임차인 퇴거 시 낙찰자가 그 보증금을 물어줘야 하므로 그 금액을 안고 매수하는 것이나 마찬가지다. 따라서 낙찰자가 인수한 임차인의 보증금은 필요경비로 인정되며, 양도 가액에서 취득 가액(낙찰 가격)과 필요경비를 뺀 금액이 양도소득세의 과세 기준이 된다. 임차인의 보증금을 인수했다는 증빙서류(임차 보증금 인수확인서, 임차 보증금 입금확인서, 임차인 인감증명서)를 해당 세무서에 제출하면 된다. 다만 대출을 받아 경락 인수한 물건이라면 이자 비용은 필요경비로 인정해주지 않는다. 양도소득세는 전액 자기자본으로 취득한 것으로 가정하고 매겨지기 때문이다.

선순위 임차인이 있는 부동산에 입찰할 때는 임차인 권리분석에 더욱 신중해야 한다. 가장 먼저 보증금이 정확히 얼마인지 확인해보고 만약 임대차 미상이거나 보증금이 공개되지 않았다면 입찰하지 않는 편이 낫다. 선순위 임차인이 배당요구종기일 이전에 배당 요구를 한다거나 즉시 이주 의사를 밝힌 경우에는 자금 계획에 차질을 빚을 수 있으니 이러한 부분은 입찰에 앞서 현장 답사를 통해 반드시 확인해야 한다.

080 임차인이 직접
낙찰받는 방법도 있을까?

Ⓐ 임차인 = 가장 유리한 응찰자

본인이 임차한 주택이나 상가가 경매·공매에 넘어가면 임차인은 상당한 손해를 감수해야 한다. 보증금 전액을 돌려받을 가능성이 작고 새로운 낙찰자가 결정되면 이사 갈 다른 곳을 찾아 방황해야 할 수도 있기 때문이다. 이러한 임대차 피해를 줄이려면 임차인 본인이 직접 적극적으로 입찰해 낙찰받는 것도 고려해볼 만하다.

실제 경매·공매 시장에서 임차인이 직접 낙찰받는 비율이 꽤 높은 편이다. 경매 정보지에 나오는 임차인 이름과 낙찰자 이름이 동일하면 바로 알아차릴 수 있다. 전세가율(주택 매매 가격 대비 전세 보증금 비율)이 70%를 넘어서면서 살던 집이 경매·공매에 부쳐지면 임차인은 피해를 줄이려고 아예 살던 집을 낙찰받아 내 집 마련을 하기도 한다. 임차인이 직접 입찰에 참여할 때 유리한 점은 해당 부동산에 실제 거주하고 있으므로 물건 정보를 다른 입찰자보다 상세히 파악할 수 있다는 것이다. 부동산의 사정을 모르는 일반 사람들은 내부를 볼 수 없어 가치를 파악하는 데 한계가 있지만 임차인은 해당 부동산에 대해 속속들이 알고 있다는 점이 유리하다.

선순위 임차인이라면 낙찰받기가 훨씬 쉬워 살던 집이 경매·공매 대상이 되면 내 집 마련의 기회라 생각하고 입찰에 적극적으로 나서는 게 좋다. 선순위 임차인은 보증금을 온전히 확보한 상태라 내 집 마련을 목표로 입찰에 나설 경우 낙찰 가능성이 매우 높다.

상가 임차인도 직접 낙찰이 유리하다. 기존에 본인이 영업하던 상가를 싸게 낙찰받는다면 전화위복의 결과를 얻을 수 있다. 시세 파악에 따른 수익 분석 면에서 일반 사람들보다 유리하므로 직접 입찰하면 낙찰 가능성이 크다. 본인이 낙찰받으면 임대 가격 이하로 상가의 주인이 되며 권리금도 챙길 수 있으니 좋은 일이다.

Ⓐ 배당받는 임차인은 채무 인수나 상계 처리가 가능하다

임차인이 직접 입찰하면 목돈을 들이지 않고도 낙찰받을 수 있다는 장점이 있다. 다음의 2가지 방법 중 하나를 활용하면 되는데, 먼저 채무 인수 방법이다. 배당받을 채권자의 동의를 얻어 배당 채권을 인수하고 그 금액만큼 덜 내는 것이다. 또 다른 하나는 상계 처리 방법이다. 본인이 받아야 할 금액을 제외하고 나머지 매각 대금만 배당기일에 납부하면 된다.

임차인이 직접 입찰할 때는 본인이 사는 부동산의 정확한 시세를 파악하고 냉정하게 마음을 다스릴 필요가 있다. 유리한 위치에 있음에도 불구하고 고가에 낙찰받는 사례가 많기 때문이다. 다른 입찰자보다 낙찰 이유가 분명하고 그만큼 다른 사람들보다 높은 금액을 써내야 낙찰받을 수 있다는 심리적 부담감이 크게 작용하는 것으로 보인다. 최근 낙찰가율을 참조해 근사치에서 낙찰받되 부동산 시장의 흐름을 살펴 보수적인 금액을 써내는 것이 유리하며 신중히 입찰해야 고가에 낙찰받아도 후회하는 일이 없을 것이다.

081

임차인은 우선
낙찰받을 권리가 있다?

Q

본인이 임차한 주택이 경매·공매에 넘어가면 임차인에게 낙찰의 우선권을 주는 제도는 없다. 다만 예외의 경우는 〈민간임대주택에 관한 특별법〉에 따른 임대주택 임차인과 전세 사기 피해자의 우선매수청구권뿐이다. 〈민간임대주택에 관한 특별법〉에서 말하는 임대주택에 거주하는 임차인은 우선 매수 청구를 할 수 있다. 또한 〈전세사기피해자 지원 및 주거안정에 관한 특별법〉의 피해자로 인정되는 사람은 다른 입찰자보다 우선해서 낙찰받을 권리가 있다.

임대주택에 거주하는 임차인에게 우선 매수 권리를 주는 것은 부도공공임대주택 임차인 보호를 위한 제도 때문이며, 전세 사기 피해자의 우선 매수 권리는 전세 사기 특별법상 전세 사기 피해자 결정을 받은 임차인에게는 경매·공매 절차에서 우선매수청구권이 주어진다.

또한 경매·공매 부동산을 우선 매수할 수 있는 권리자로는 〈민사집행법〉에 따른 공유자가 있다. 공유자란 경매·공매 부동산의 공동 소유자(지분권자)로, 채무자를 제외한 나머지 지분의 소유자를 말한다. 이러한 권리자가 해당 부동산에 대해 다른 입찰자보다 우선해 매수할 수 있는 권리를 공유자우선매수청구권이라고 한다. 공유자우선매수청구권은 낙찰로 얻을 수 있는 사회적 비용과 효율성, 그리고 이해관계인 등의 경매·공매 청구 목적 등을 고려하고 이미 분할된 부동산이 더 이상 분할되는 것을 방지하고자 하는 데 있다. 따라서 지분 경매 등 공유자 물건에 입찰하고자 할 때는 공유자가 우선매수청구권을 행사했는지 꼭 확인하고 입찰해야 한다.

그렇다면 공유자 또는 민간 임대주택 특별법과 전세 사기 특별법에 따른 임차인은 우선매수청구권을 어떻게 행사할까?

첫째, 공유자가 우선매수청구권을 행사할 수 있는 종기는 매각기일에 집행관이 최고가매수신고인의 성명과 가격을 호창하고 매각의 종결을 고지하기 전까지다. 이때 공유자는 최고매수신고가격과 동일한 가격으로 매수할 것을 신고한 후 즉시 입찰보증금_{매수보증금}을 납부하면서 우선매수청구권을 행사할 수 있다. 또한 공유자가 우선 매수 신고를 했으나 다른 입찰자가 없는 경우 최저매각가격을 최고매수신고가격으로 보아 우선 매수를 인정한다. 다만 공유물분할판결을 근거로 하여 공유물 전부를 경매·공매에 부쳐 그 매각 대금을 분배하기 위한 현금화의 경우에는 공유자의 우선매수청구권은 없다.

둘째, 법에서 정한 임대주택에 거주하는 임차인의 부동산이 경매·공매로 나왔을 경우 임차인은 매각기일 전부터 매각기일(매각 종결 고지 전)까지 우선매수청구권을 행사할 수 있다. 입찰보증금을 납부하고 최고매수신고가격과 같은 가격으로 채무자인 임대사업자의 임대주택을 우선 매수하겠다는 신고를 하면 된다.

셋째, 전세 사기 피해 임차인은 마찬가지로 매각기일 전부터 매각기일(매각 종결 고지 전)까지 우선 매수를 신고할 수 있다. 입찰보증금을 납부하고 최고매수신고가격과 같은 가격으로 매수하겠다는 신고를 하면 된다. 다만 매각기일 당일 경매 법정에서 우선매수청구권을 행사하겠다고 손을 드는 것은 딱 한 번만 가능하다.

공유자 또는 민간 임대주택 특별법과 전세 사기 특별법에 따른 임차인이 우선 매수를 한 경우에는 최고가매수신고인은 절차상 차순위매수신고인으로 취급되므로 입찰보증금을 돌려받지 못한다. 하지만 집행관이 매각을 종결한다는 고지 전까지 차순위매수신고인의 지위를 포기하면 입찰보증금을 돌려받을 수 있다.

공유자나 임차인 외에도 경매 절차에서 경매를 신청한 채권자는 경우에 따라 매수 자격을 얻을 수 있다. 이때 채권자가 가지는 우선매수신청권은 성격이 조금 다른데, 공유자나 임차인이 갖는 우선매수청구권은 직접 신고를 해야 행사할 수 있지만 채권자의 우선 매수 자격은 법원에서 정한다. 그 이유는 해당 부동산이 낙찰되더라도 경매 신청자에게 배당되는 금액이 없어 신청 목적을 충족하지 못하는 경우 법원이나 채권자로서는 해당 사건을 취소하거나 재경매(재매각)에 부치는 등 다른 방법을 모색해야 하기 때문이다. 그리고 이에 따른 인력이나 비용을 중복으로 지출할 수밖에 없다.

이러한 경우를 대비해 입찰자들은 경매·공매 절차에서 가배당이나 무

잉여 가능성에 대해 꼭 확인해야 한다. 법원이 채권자에게 채권자매수통지서를 보냈고 채권자가 매수 신청을 했는지는 문건 처리 및 송달 내역에서 확인이 가능하다.

082

경매·공매 부동산에 거주 중인 임차인의 대처법은?

임차인이 가장 먼저 따져봐야 할 것은 경매·공매로 나온 부동산과 임차인으로서 본인과의 임대차 관계에 대한 재점검이다. 보증금을 지킬 수 있고(대항력) 배당받을 권리를 갖추고 있는지(우선변제권)가 중요한데, 이러한 권리를 갖췄다면 해당 부동산이 경매·공매에 부쳐져도 본인의 보증금을 돌려받을 수 있으므로 크게 신경 쓰지 않아도 된다. 다만 대항력이 없고 우선변제권만 갖추고 있다면 보증금 중 일부나 혹은 한 푼도 못 받고 짐을 싸야 할 수도 있다.

임차인에게 중요한 것은 대항력이 있느냐 없느냐다. 보증금의 액수와 대항력은 무관하다. 보증금이 아무리 많더라도 대항력을 갖추면 전액을 보호받을 수 있지만, 대항력이 없으면 먼저 설정된 근저당권 등이 매각 대금에서 먼저 배당을 받아가기 때문에 임차인의 보증금은 후순위로 밀려버릴 수 있다. 깡통 전세는 보증금 전액을 날릴 수 있음에 유의해야 한다.

우선변제권을 확보하기 위해서는 확정일자를 받아야 한다. 확정일자는 전세권이나 근저당권처럼 물권적 효력을 갖고 있다. 확정일자가 있으면 매각 대금에서 후순위 권리자보다 우선해 보증금을 변제받을 권리가 있다. 다만 확정일자를 가장 먼저 받았다고 우선 배당받는 것은 아니며 대항력 요건을 갖춘 상태에서 확정일자를 받은 날짜 순서대로 배당을 받는다. 만약 확정일자도 근저당권보다 후순위고 순서대로 배당 후 남는 매각 대금이 없다면 보증금을 전혀 돌려받지 못하고 집을 비워줘야 할 수도 있다.

배당 요구 신청이 필요하다면 배당요구종기일 이내에 해야 한다. 경매 개시 결정이 '등기사항전부증명서등기부'에 기재된 경우 임차인에게 권리 신고 및 배당 요구 신청 문건이 송달된다. 대항력과 우선변제권이 있는 선순위 임차인이라면 매각 대금에서 배당을 받을지, 아니면 낙찰자에게 보증금을 돌려받을지 결정해야 한다. 후자로 결정을 했다면 배당 요구 신청은 하지 않아도 된다. 대항력은 없고 우선변제권만 있다면 배당 요구 신청을 해야 순위에 따라 배당받을 수 있다.

경매 개시 전에 주민등록(또는 사업자등록)을 다른 곳으로 옮기면 배당 요구 신청을 하더라도 배당금을 받지 못할 수 있다. 임차인은 되도록 배당금을 받는 날짜까지 주민등록을 유지하는 것이 좋다. 개인 사정으로 주민등록을 옮겨야 한다면 배우자나 자녀 등 다른 가족은 현재 주소지에 전입신고가 유지된 상태로 있어야 합법적으로 배당받을 수 있다.

비교적 금액이 큰 보증금을 지키기 위해서는 거주하고 있는 부동산이 경매·공매로 나올 가능성이 있는지 수시로 등기부를 확인해보는 것이 좋다.

6장

돈 되는 수익형 부동산이 대세다

083 왜 수익형 부동산에 투자해야 할까?

농지나 임야 같은 토지는 자체 토지에서 과실 등을 생산해 높은 수익을 얻기는 쉽지 않다. 반면 상가나 아파트, 주택 등은 전세나 월세 등의 임대를 통해 수익을 얻을 수 있어 일반적으로 수익형 부동산은 건물이 있는 부동산을 가리킨다.

이처럼 수익형 부동산은 임대 수익을 얻을 수 있는 부동산을 말하며 기본적으로 금리와 경기 변동에 민감하다. 저금리 시기에는 높은 수익률이 보장되는 임대 수익형 부동산에 대한 사람들의 관심이 높은 편이다. 반대로 고금리 시기에는 저금리 시기보다 더 높은 수익률이 보장되는 임대 수익형 부동산이 아닌 이상 사람들의 관심이 비교적 낮은 편이다. 또한 고금리 시기에는 경기 불황도 함께 동반되는 경우가 많다. 따라서 이때야말로 알짜 수익형 부동산을 급매로 싸게 구입할 수 있는 기회다.

또한 주택 부동산 시장이 침체됐을 때는 수익형 부동산에 투자하는 경향이 있다. 2008년 금융 위기로 주택 부동산 시장이 불안해지자 2009년부터

2014년까지 수익형 부동산 시장이 활황이었다. 반면 2001년부터 2006년까지, 2014년부터 2021년까지는 주택 부동산 시장이 활황을 띠며 가격이 상승해 주택을 매수하면 높은 수익을 얻을 수 있었다. 그리고 2022년 주택 부동산 시장이 다시 침체되면서 상가 등 수익형 부동산에 대한 사람들의 관심이 모아졌다. 다만 현재는 중금리 시기로, 시중 금리의 동향이 중요해졌다.

한국토지주택공사와 인천도시공사가 2016년 8월 실시한 영종하늘도시의 상가주택용지 청약은 9,200 대 1의 경쟁률을 기록하기도 했다. 상가주택용지는 1~2층은 상가나 사무실로, 3층 이상은 주택으로 사용할 수 있는 토지다. 1, 2층은 임대를 하고 3층 이상에 본인이 거주하면서 임대 수익과 내 집 마련의 꿈을 동시에 이룰 수 있는 상가주택은 수익형 부동산의 가장 기본적인 모델이다.

돈 되는 수익형 부동산에는 건물을 임대하는 상가주택, 오피스텔, 오피스, 지식산업센터, 도시형 생활주택, 다세대주택, 다가구주택의 원룸 등이 있고 토지를 임대하는 주차장용지, 창고용지, 주말농장 등이 있다.

수익형 부동산에서 높은 수익을 얻으려면 수익률이 중요하다. 부동산을 매수하는 가격이 낮으면 낮을수록, 임대료를 높게 받으면 받을수록 수익률은 높아진다. 그러나 이보다 더 중요한 것은 지금 당장은 높은 수익률을 얻는다 하더라도 앞으로도 계속 높은 수익률을 유지할 수 있는지 판단하는 것이다. 지금은 수익률이 높아도 미래에는 더 높아지지 않거나 오히려 하락한다면 결국 전체 투자 기간 동안 수익률은 하락하게 되므로 큰 이익을 얻었다고 할 수 없다.

2014년부터 서울과 수도권은 대단위 개발 시행으로 수익형 부동산 황금기가 시작됐다. 서울 강서구 마곡지구의 366만 6,582㎡ 산업지구에 LG 등 대기업이 입주하면서 상주인구만 약 16만 5,000가구가 있다. 또한 서울·하남·성남에 포함된 위례신도시, 삼성전자가 입주하는 평택 고덕신도시, 용인 광교신도시, 화성 동탄2신도시, 광명 역세권, 하남 미사신도시 등 계획도시들이 들어서기 시작해 수익형 부동산의 최고 입지에 많은 분양 물량이 쏟아졌다. 이는 새로운 인구 유입과 맞물려 소액으로 투자할 수 있는 기회가 많아졌다는 의미이기도 했다.

　　그런데 이러한 계획도시의 수익형 부동산들은 최고 입지와 상권을 가지고 있으나 그동안 높은 분양가로 인해 수익률은 높지 않았다. 하지만 이제는 입주가 마무리되면서 상권이 성장기에 접어들어 상가마다 권리금이 높게 형성되고 임대료가 상승해 높은 수익률을 올리는 곳이 많아졌다.

　　100세 시대를 맞이하며 평생 연금을 받을 수 있는 부동산 투자는 사람들의 관심을 받기에 충분하다. 은퇴 이후 남은 기간 동안 연금과 같은 수익을 매월 꼬박꼬박 얻을 수 있다면 안정적인 노후가 보장될 것이다. 노년의 경제적 자유를 보장하는 것이 바로 수익형 부동산이다.

084 임대 수익형 부동산이 대세인 이유는?

　　주택 부동산 시장을 이야기할 때 항상 나오는 것이 주택 보급률이다. 주택 보급률은 특정 지역에 거주하고 있는 가구 수에 비해 주택이 얼마나 부족한지 또는 남는지를 보여주는 지표다. 전국적으로는 2014년 이후 주택 보급률이 103% 이상이니 가구당 1채 이상의 주택을 가지고 있다는 의미며 이는 곧 집이 남아돈다는 말이다. 주택이 많이 보급되면 거주할 수 있는 주택이 많으니 사람들은 굳이 부동산을 매수해서 거주할 필요가 없다. 또한 주택 가격도 오르지 않기 때문에 매수보다 전세나 월세를 선택하는 경우가 많다.

　　주택 보급률이 100%를 상회하는 지역은 주택 가격이 과거처럼 크게 상승하기 어렵다. 전국적으로 2016년 이후 준공된 주거용 건축물의 물량은 현재 최대치며 지역적으로 주택 공급 과잉 문제가 다가오고 있다.

　　다음은 2005년부터 2022년까지 서울과 수도권의 주택 보급률을 나타낸 그래프다.

2005~2022년 서울과 수도권의 주택 보급률

(%)

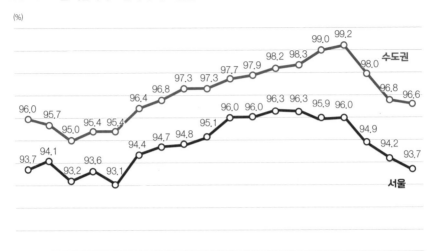

출처 : 통계청

　　2022년 서울의 주택 보급률은 93.7%, 수도권의 주택 보급률은 96.6%이므로 가구당 1채가 안 된다. 그런데 2024년 전세 사기 사건에서 보듯이 1인이 1채가 아니라 여러 채를 가지고 있는 경우도 있었으나 수도권은 아직도 가구당 집이 조금 모자란 편이다. 이러한 상황이다 보니 2015부터 2021년까지 아파트 같은 주거용 부동산 가격이 가파르게 상승했다.

　　주거용 부동산 시장이 침체되면, 다시 말해 주거용 부동산을 이용해 시세 차익을 얻기 어려워지면 투자자들은 월세라도 받을 수 있는 임대 수익형 부동산으로 관심을 돌린다. 저금리 시기에는 대출을 받아 수익형 부동산에 투자해 높은 임대 수익을 얻고, 고금리 시기에는 금리와 수익률을 따져 임대 수익이 나오는 구조를 만들어 투자해야 한다.

　1인 가구의 증가는 수익형 부동산에 대한 전망을 더욱 밝게 한다. 2021년 인구주택총조사 보고서에 따르면 1인 가구 비중이 33.4%로 1위고, 2인 가구 28.3%, 3인 가구 19.4%, 4인 가구 이상은 18.8%를 차지했다. 이처럼 1인 가구가 늘어나는 이유에는 청년 취업난과 결혼 연령 상승, 이혼 증가, 고령화에 따른 평균수명 연장 등이 있다. '나 혼자 사는' 시대가 아닌 '나도 혼자 사는' 시대라는 말처럼 1인 가구가 많아지면서 소형의 소액 수익형 부동산 투자 시대가 열렸다.

2005~2022년 서울·인천·경기의 1인 가구 증가 추이

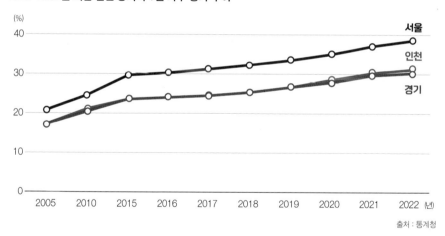

출처 : 통계청

085 수익형 부동산의 수익률은 어느 정도면 적당할까?

저금리 시기에는 부동산 투자를 해서 5%대 임대 수익률을 거두면 괜찮은 편이다. 다만 조건은 5%대 수익률이 안정적이어야 한다. 만약 현재 임대 수익률이 5%인데, 2년 후에 3%대로 내려오면 이것은 안정적이지 않다. 물론 2년 후에 10%대 수익률이 나온다면 안정적이지는 않지만 매우 좋은 일이다.

마찬가지로 고금리 시기에는 대출 금리가 임대 수익률을 결정하는 데 중요한 요소가 된다. 은행에 돈을 예금했을 때의 예금 금리나 대출을 받아 부동산에 투자했을 때의 대출 금리가 높으면 임대 수익률이 5%대가 나와도 괜찮은 편이 아니다.

안정적인 임대 수익률이 보장되려면 수익형 부동산의 특징과 지역의 발전 가능성, 거주 인구의 변화, 부동산 가격 등을 파악해야 한다. 역세권 코너 입지의 부동산은 누구나 좋아하지만 이러한 부동산은 취득 가격이 높아 그만큼 더 높은 임대료를 받아야 한다. 그런데 상권이 완전히 형성되기 전까지는 높은 임대료를 지불하고 들어올 임차인을 구하기 쉽지 않으며 항상 높은 수익률을 보장하는 것도 아니다. 따라서 수익률을 높이기 위해 좋은 입지의 부동산만 찾을 필요는 없다.

안정적인 수익이 보장되는 수익형 부동산으로 상가 투자를 하고자 한다면 권리금이 있는 상가도 좋은 투자처다. 권리금이 있는 임차인은 임대차계약 해지 시 그 권리금을 포기해야 하는 경우가 대부분이므로 임차인으로서는 임대인의 임대료 인상 요구를 거절하기 어렵기 때문이다.

수익률을 정확하게 계산하기 위해서는 자본 수익률과 임대 수익률을 함께 고려해야 한다. 자본 수익률은 매도 가격에서 매수 가격을 뺀 시세 차익을 산정하는 방식이고, 임대 수익률은 매수 가격 대비 연간 임대료를 계산해 임대 수익을 산정하는 방식이다.

자본 수익률 = (매도 가격 - 매수 가격) / 매수 가격 × 100
임대 수익률 = 연간 임대료 / 매수 가격 × 100

예를 들어 아파트를 5억 원에 사서 6억 원에 팔았다면 자본 수익률은 20%고, 아파트를 5억 원에 사서 250만 원의 월세를 받는다면 임대 수익률은 6%다.

086 수익형 부동산 입찰 시 주의해야 할 점은?

수익형 부동산은 경매·공매 성격에 가장 가까운 상품이다. 수익형 부동 산의 기본은 수익을 높이기 위해 싸게 사야 하는데, 시세보다 싸게 사기 위 해 참여하는 것이 부동산 경매·공매기 때문이다.

시중에 대부분의 부동산이 주거용 부동산인 것과 마찬가지로 경매·공 매에서도 주거용 부동산이 대부분을 차지하며 입찰하려는 사람도 많다. 이 말은 수익형 부동산에 대한 관심이 주거용 부동산보다 적으며 싸게 취득할 기회가 많다는 의미다. 수익형 부동산은 주거용 부동산보다 입찰 경쟁률이 낮아 저가로 매수해 높은 수익을 얻을 수 있다.

수익형 부동산을 경매·공매로 취득하기 위해서는 주거용 부동산 접근 방식과는 달라야 한다. 상가나 오피스텔 등은 임대 수익이 목적이기 때문 에 주거 만족도와 교육 환경을 중요시하는 주택 등과 달리 교통 요건과 입 지, 그리고 배후 인구 등을 살펴봐야 한다. 또한 입찰 전부터 취득 시 들어 가는 비용을 따져보고 권리분석을 통해 〈상가건물임대차보호법〉 적용 여부를 냉철히 판단해야 한다.

상가 등의 상업용 부동산은 취득 시 세금 감면 혜택이 없다. 따라서 취득세율이 최소 1.1%인 주거용 부동산과 달리 취득 가격의 4.6%를 취득세로 납부해야 한다. 또한 상업용 부동산은 전세로 임대하는 경우가 많지 않고 보통은 보증금을 낮추고 월세를 높이는 형태로 임대차계약을 한다.

상업용 부동산이 경매·공매로 넘어가면 임차인 입장에서는 어차피 주인이 바뀔 것이므로 그때부터 월세를 지불하지 않고 계속 장사를 할 가능성이 높다. 오래 장사할수록 더 많은 이득을 챙길 수 있으므로 임차인은 어떻게든 오래 점유하려고 하기 때문에 명도가 쉽지 않다. 따라서 주거용 부동산보다 명도 비용이 많이 들 수 있다.

신축한 지 얼마 안 된 건물의 경우 공사 대금을 받지 못해 건설사가 일부 구분 등기된 호수를 점유하고 유치권을 주장하는 일도 많다. 이럴 때는 유치권 해제를 위한 소송을 해야 하므로 낙찰을 받아 소유권이전등기를 하고 난 후에도 1년 이상 입주하지 못하는 상황이 생길 수 있다. 잔금 납부 후부터 금융 비용도 발생하는데 입주를 못 하면 임대 수익도 없으므로 시간적, 정신적, 금전적 손해를 모두 겪게 되니 조심해야 한다.

다가구주택이나 상가주택 같은 경우 토지와 건물 등기가 별도로 되어 있으므로 권리분석을 따로 해야 하고, 임대차보호법은 임대차에 관한 법률이므로 토지와 건물 중 건물에 대한 권리가 우선돼야 한다. 또한 건물에 하자가 있는 경우가 많은데, 가장 대표적인 것이 위반건축물이다. 법에서 정한 용도 외로 사용하고 있거나 불법으로 증축했다가 적발되면 위반건축물이 되는데, 위반건축물 여부는 '건축물대장'을 보면 알 수 있다. 건물이 위반건축물로 등재되면 원상 복구가 될 때까지 과태료인 이행강제금이 부과되며 금액이 꽤 높은 편이다.

위반건축물을 원상 복구하는 것 역시 쉽지 않다. 이미 임차인이 점유하고 있을 수도 있고 원상 복구를 위해서는 일부 건물을 철거해야 하는데, 철거를 하면 본래의 목적으로 사용하지 못하는 일도 발생한다. 예를 들어 건물을 증축해 주방을 만들었는데 철거를 하면 주방이 없어지고 수도와 전기, 가스까지 모두 바꿔야 하므로 보통 심각한 상황이 아니다.

일반 매매 거래에서는 이러한 위반 사항을 알게 되면 계약 시 매도자에게 미리 알려 원상 복구를 시키거나 이를 고려해 저가에 매수할 수 있다. 만약 위반 사실을 모르고 계약했다면 공인중개사나 매도자에게 부동산 매도 하자 책임을 물어 배상을 요구하거나 거래 자체를 무효화할 수 있다. 하지만 경매·공매에서는 부동산에 대한 하자를 낙찰자가 부담하는 조건으로 입찰하는 것이므로 낙찰 후에는 꼼짝없이 낙찰자, 즉 매수인이 모든 문제를 해결해야 한다.

고수익을 얻을 수 있는 부동산은 어떻게 고를까?

고수익을 얻을 수 있는 부동산을 고르기 위해서는 입지, 공급과 수요, 지역 개발 가능성, 경제 상황 변화 등을 파악해야 한다. 일반적으로 거래되고 있는 부동산 시세에는 해당 부동산의 가격을 결정하는 요인들이 모두 포함돼 있다. 하지만 해당 지역의 개발 가능성이 갑자기 발표된다든지, 공급 물량이 갑자기 많아진다든지 하면 단기적으로 적정한 부동산 시세와는 괴리가 생긴다. 이때는 분석을 통해 부동산의 미래 가치와 적정한 현재 시세를 파악해야 한다. 특히 수익형 부동산 투자는 장기적인 관점에서 접근해야 한다. 꾸준한 수익으로 10년 후 투자 원금을 회수한다면 성공적인 투자라고 할 수 있으므로 미래의 가치가 중요하다.

그렇다면 미래에 더 큰 수익을 얻을 수 있는 부동산을 어떻게 알 수 있을까? 앞으로 일어날 변화에 주목해야 하는데, 바로 고령 인구와 1인 가구의 증가다. 50대에 은퇴한 후에는 수입이 적어지므로 지출을 줄이는 방법이 최선이다. 148㎡대 아파트에서 84㎡대 아파트로 옮기고 서울에서 지방으로 옮겨가 사용할 수 있는 자금을 확보하고 지출을 줄여야 한다.

앞으로 부동산 시장에서는 대형 평형보다는 소형 평형에 대한 수요가 많아질 것이다. 대도시 주변의 소형 아파트나 빌라, 연립 등은 은퇴하는 노년들을 위한 좋은 투자 상품이다. 또한 노년에 건강한 생활과 힐링 등을 위해 전원주택에 대한 선호도도 높아지고 있어 전원주택형 다가구주택, 땅콩주택 등도 유망한 투자 상품이라고 할 수 있다. 전원주택인데, 공유지분으로 소유권을 갖거나 층별 분양하는 다세대주택도 좋은 선택이 될 수 있다. 1인 가구를 위한 도시형 생활주택이나 오피스텔은 소액으로도 투자가 가능하며 자금 여력이 있다면 다가구주택의 원룸, 고시원 등도 유망한 투자 상품이다.

고수익을 얻을 수 있는 부동산 투자의 핵심은 대기업과 청년들이다. 고령화된 인구를 먹여 살릴 동력은 기업과 청년들이므로 높은 임금과 안정적인 소득이 보장되는 대기업 인근의 주거용 부동산은 '직주근접'으로 인해 높은 가격대를 유지할 전망이다. 또한 높은 임금 수준은 그만큼 소비력을 갖추고 있다는 것이므로 대기업 인근의 상가도 유망한 투자 상품이다. 아울러 청년들이 좋아하는 트렌드를 만들어내는 지역도 수익형 부동산의 인기가 여전히 높을 것으로 예상된다.

088 요즘 뜨고 있는 오피스텔 경매는 어떨까?

Ⓐ 안정적인 임대 수익을 얻을 수 있는 투자 상품이다

오피스텔은 〈건축법〉에 업무시설로 분류돼 있지만 실제 용도에 따라 업무용과 주거용으로 나뉜다. 과거에는 대부분의 오피스텔이 대도시에 있는 기업 본사 주변에 업무용으로 건축됐다. 서울의 강남 테헤란로, 강남대로, 여의도, 광화문 등에 있는 오피스텔 사무실이 대표적이다. 반면 최근 분양되는 오피스텔은 대부분이 주거용이다. 1, 2인 가구가 빠르게 증가함에 따라 주거용 부동산에 대한 수요가 늘면서 24㎡ 내외 소형 평수의 오피스텔이 주거용 부동산으로 자리 잡고 있다.

오피스텔은 2000년대 초부터 집중적으로 분양되면서 부동산 투기 대상이 되어 건축 규제를 통해 욕조 설치 금지부터 바닥 난방, 발코니 설치 등에 대한 제한을 뒀다. 그러나 2009년부터 주거용 부동산에 대한 수요가 늘자 전용면적 85㎡ 이내는 바닥 난방에 대한 규제를 해제했고, 이후 욕실과

욕조에 대한 규제도 철폐해 실제적인 주거용 부동산의 형태를 갖추게 됐다. 더구나 2024년 1월 10일 부동산 대책에서 오피스텔도 발코니 설치를 허용하고 신축 등 일정한 요건을 갖추면 취득세, 종합부동산세, 양도소득세 부과 시 주택 수에 포함하지 않기로 한 점을 고려하면 오피스텔 투자도 안정적인 수익을 누리면서 시세 차익까지 얻을 수 있는 훌륭한 투자 상품이 될 수 있다.

주거용 오피스텔은 숙식을 할 수 있는 모든 시설을 갖추고 있어 별도의 가구가 필요 없으므로 편리하게 생활할 수 있다. 또한 최근에는 순수 주거용뿐만 아니라 1인 기업, 전문 직종, 스타트업 등을 위한 미래 지향적 공간으로 사용되기도 한다.

오피스텔은 매매를 통한 시세 차익보다 임대 수익을 얻을 수 있는 투자 상품이지만 저금리 시기에는 오피스텔도 시세 차익을 얻기 위한 투자 상품으로 적절하다. 만약 고금리 시기에 대출 금리가 5% 이상일 때 오피스텔 임대 수익률이 5%인 경우 굳이 대출을 받아 투자할 필요가 없지만, 대출 금리가 2%대일 때는 임대 수익뿐만 아니라 시세 차익도 얻을 수 있는 투자 상품으로 관심을 가질 만하다.

한국부동산개발협회가 2024년 서울 오피스텔 1,500실을 표본조사한 결과, 오피스텔 거주 가구의 82.9%는 임차인이었고 69.1%가 20~30대였다. 1, 2인 가구 비율은 92.2%로 나타났다.

Ⓐ 주택임대사업자 등록을 하면 투자에 유리하다

2023년 11월 기준 전국 오피스텔의 평균 월세 수익률은 5.01%를 기록했다. 경매·공매 시장에서도 오피스텔에 대한 인기가 높아 낙찰가율은 점차 높아지고 있다.

2022~2023년 전국 오피스텔의 월세 수익률 추이

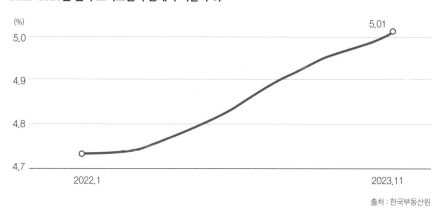

출처 : 한국부동산원

시중 오피스텔은 상업지와 준주거지역 같은 교통이 편리한 역세권, 토지 가격이 높은 지역에 건축되기 때문에 분양가가 높다. 반면 경매·공매 시장에서는 시세보다 싸게 살 수 있으며 신축보다는 구축 오피스텔이 많이 나오기 때문에 상대적으로 가격이 싼 편이다. 따라서 오피스텔을 싼값에 낙찰받아 임대 수익과 시세 차익을 얻으려는 투자자가 많이 몰리고 있다.

오피스텔에 입찰하기 위해서는 다음의 사항들을 확인해야 한다. 경매·공매를 통해 오피스텔을 낙찰받아 임대할 경우 임차인이 전입신고를 하면 주거용 부동산, 즉 주택으로 간주된다. 1가구 1주택이라면 매매 가격이 12억 원 이하일 때 양도소득세가 전액 감면되지만 1가구 2주택이라면 먼저 매도하는 주택은 양도소득세를 납부해야 한다. 이러한 이유 때문에 1주택을 소유한 사람들이나 돈 있는 투자자들이 부담을 느껴 오피스텔 분양이 잘 되지 않았고 그만큼 공급도 줄어들었다.

정부에서는 이를 해결하고자 2012년 주택임대사업법을 시행해 오피스텔도 임대주택으로 등록할 수 있게 했다. 따라서 오피스텔을 매수하고 주택임대사업자 등록을 하면 임차인이 전입신고를 하더라도 주택으로 간주하지 않는다. 덕분에 1가구 2주택에 대한 부담이 없어지면서 오피스텔을 사려는 사람이 많아졌고 건설사들은 다시 대량으로 공급하기 시작했다. 주택임대사업자 등록 기간이 단기 4년인 제도도 폐지됐다. 그러나 주택임대사업자 등록을 하면 국가에 소득을 알리는 것이기 때문에 소득세 및 각종 세금에 대한 부담이 있어 꺼리는 사람들도 있다. 이에 정부는 취득세, 재산세, 소득세 등에 세제 혜택을 주어 장기 주택임대사업자 등록을 유도하고 있다.

경매·공매 오피스텔은 주거용으로 사용하면 〈주택임대차보호법〉을 적용받고, 업무용으로 사용하면 〈상가건물임대차보호법〉을 적용받으므로 권리분석 단계부터 유의해야 한다.

오피스텔은 수익률이 높은 편이지만 지역에 따라 공급 과잉으로 인해 공실 위험이 있는 곳도 있다. 따라서 오피스텔 임대 사업을 생각하고 있다면 투자 지역을 선정하는 데 특별히 유의할 필요가 있다. 오피스텔의 특성상 젊은 직장인들이 주요 임차인인 경우가 많으므로 교통이 편리하고 접근성이 좋은 곳에 투자하는 것이 좋으며 주변에 공급이 많지는 않은지 살펴봐야 한다.

오피스텔은 아파트같이 집합건물이므로 건물 자체에 대한 하자가 없고 위반건축물도 아닌 경우가 많아 투자용 경매·공매 부동산으로는 좋은 선택이며, 매매 가격과 월세 등의 시세를 정확하게 파악하고 입찰하면 큰 위험이 없을 것이다.

089 수익성 좋은 다가구주택 경매는 어떨까?

보통 도심의 대로변 뒤쪽 편을 가보면 3층으로 지어진 주택들이 있는데, 대부분 다세대주택이거나 다가구주택이다. 다세대주택은 아파트 같은 공동주택으로, 세대당 별도의 소유권을 가지고 있어 호수별로 매매가 가능하다. 반면 다가구주택은 호수는 많지만 모두 1명의 사람이 소유하고 있다. 또한 소득세 절감을 위해 부부가 공동으로 소유한 경우도 많다. 이처럼 다가구주택은 소유자가 건물 일부에 거주하면서 나머지 방을 임대하는 형태로, 은퇴 후 노년에 연금처럼 수익을 얻을 수 있는 적합한 수익형 부동산이다. 그러나 호수가 많아 임대차계약이 만료되면 새로운 임차인을 구해 계약을 해야 하고 그때마다 부담해야 하는 중개 수수료도 만만치 않다. 또한 월세는 임대인이 도배와 장판 등 기본 시설들을 유지 보수해야 하는 의무도 있다.

경매·공매로 나온 다가구주택을 입찰할 때는 특별히 조심해야 할 점이 있다. 임차인이 많다 보니 〈주택임대차보호법〉 적용을 받는 임차인의 권리를 꼼꼼히 따져보고 분석해야 한다. 호수보다 임차인이 더 많은 경우도 있고, 계약서상에는 있으나 실제로는 호수가 없는 방이 있어 임차인이 어느 방에 거주하는지 알 수 없는 경우도 있다. 다가구주택은 임차인이 토지 지번상으로만 전입신고를 하더라도 〈주택임대차보호법〉 적용을 받는 대항 요건(주택 점유와 전입신고)을 갖춘 것으로 인정한다. 따라서 임차인이 전입신고 시 방의 호수를 적지 않거나 다르게 적더라도 지번만 일치하면 임차인으로서 보호를 받는다. 또한 다가구주택은 임차인이 많아 명도도 쉽지 않다. 더구나 임차인들이 서로 단합해 집단으로 대항하는 경우도 많으므로 입찰 전 명도를 위한 충분한 시간과 비용을 산정해놓는 것이 좋다.

보통 다가구주택은 신축보다 오래된 구축인 경우가 많다. 요즘에는 다가구주택을 신축하기보다 대부분 다세대주택으로 분양하는 경우가 대부분이다. 오래돼 낡은 다가구주택은 건물에 하자가 있거나, 재개발구역이나 주택이 많이 몰려 있는 지역에는 건물을 불법으로 증축하는 사례가 많아 위반건축물 여부를 반드시 확인해야 한다.

다가구주택에 거주하는 소액 임차인은 보증금의 일부를 선순위 근저당권이나 채권자보다 최우선으로 배당받을 권리가 있어 경락잔금대출을 하는 금융권에서는 소액 임차인의 최우선변제금액을 차감하고 대출 한도를 결정한다. 따라서 실제 대출 금액이 낙찰 가격의 50%를 넘지 않을 수도 있으므로 입찰 전 자금 계획을 철저하게 세우는 것이 좋다.

090

왜 상가 투자는
어렵다고 하는 걸까?

　잘 고른 상가 하나는 편안한 노후를 보장한다지만 상가를 '잘' 고르는 것은 결코 쉬운 일이 아니다. 왜일까? 상가는 주변의 유동 인구가 수익을 결정하는데, 인근 경쟁 점포나 교통 환경 등으로 인해 상권이 계속 변하기 때문이다.

　상가는 근린상가, 아파트 단지 내 상가, 아파트 단지들 사이 중심 상업 지역에 있는 중심상가, 주상 복합 아파트 상가, 테마상가, 전문 판매 시설 등으로 나눌 수 있다. 각 상가들은 개별적인 특성을 가지고 있으며 이용하는 계층이나 소비 패턴이 제각각이므로 이러한 것을 모두 분석해서 가격을 정하기가 매우 어렵다. 예를 들어 이미 유명한 상권에 있는 건물이라도 3층 이상에 입점한 상가는 안정적인 임대 수익을 얻기가 어렵다. 다만 예외적으로 사거리 코너 건물의 경우 3층을 추천하기도 하며 3층 이상에 입점해도 성공하는 업종들이 있다. 병원이 입점하는 클리닉 빌딩이나 학원가의 아카데미 빌딩 등은 모든 층이 전문화된 업종들로 구성돼 있어 성공적으로 임대 수익을 얻는 경우가 많다.

상가는 임대 수익과 시세 차익을 함께 얻을 수 있는 부동산이다. 시세는 임대 수익에 의해 결정되는데, 지역 개발 가능성이 있어 임대 수익과는 별개로 높은 가격에 매매되는 경우도 있다. 서울 강남 지역 상가의 임대 수익률은 평균 5%를 넘지 않지만 매매는 다른 어느 지역보다도 빈번하게 일어난다. 안정적인 임대 수익을 얻을 수 있을 뿐만 아니라 매도하려는 사람이 적고 매수하려는 사람이 많기 때문이다.

상권은 상가가 소비자를 흡수할 수 있는 공간적 영역인 동시에 소비자가 편리하게 편익을 취할 수 있는 활동 공간이다. 이러한 상권의 규모에 따라 어떤 상가에 투자해야 할지를 결정해야 한다. 상권의 크기가 작으면 1층 상가 또는 도로변 상가에 투자하는 것이 좋다. 그러나 대학가는 이면 도로 상가, 1층이 아닌 상층 상가도 높은 임대 수익을 얻을 수 있다. 상권마다 잘되는 업종 역시 다르다. 대기업 본사가 상주하는 업무 타운 역세권과 대학생들이 이용하는 대학가 상권, 공장이 많은 산업 단지 인근에서 잘되는 업종은 따로 있으니 개별적인 특성에 따라 공략해야 한다.

상가 경매·공매는 생각보다 수월한 부분도 있다. 상가 거래에서는 일반적으로 권리금이라는 것이 존재한다. 권리금은 기존 상가를 이용하는 고객과 영업 방식 등을 이어받는 대가로 지급하는 돈이다. 권리금은 바닥 권리금, 시설 권리금, 영업 권리금으로 나뉘는데 바닥 권리금은 상권과 입지에 대한 대가를 말하며 유동 인구가 많은 곳일수록 금액이 크다. 시설 권리금은 상가에 남아 있는 시설 가격을, 영업 권리금은 고객 수의 가치를 말한다. 상가가 낙찰돼 주인이 바뀌면 임차인은 권리금을 포기해야 하는데, 재산상 손해가 발생하므로 포기하기가 쉽지 않다. 그래서 바뀐 새 주인과 다시 계약하는 경우가 많으므로 그 어렵다는 명도를 하지 않아도 되는 장점이 있다. 상권의 힘은 권리금과 상관관계가 있다. 상권의 힘이 클수록 권리금은 많아지고 권리금이 많아지면 임대인은 월세를 올려서 재계약할 수 있다.

상권에 따라 해당 업종과 입지가 결정되므로 상권을 파악하는 것은 상가 수익을 높일 수 있는 결정적 요인이 된다. 그러나 상권을 파악하는 것은 주택의 수요와 시세 등을 파악하는 것보다 어려운 면이 있어 유동 인구가 많은 역세권 상가라고 하면 무조건 투자하는 사람이 많다. 이것은 위험 요소를 배제한 좋은 선택일 수 있지만 상가 투자에는 기본적으로 많은 자본이 필요한데, 역세권은 더 많은 자본이 필요할 수 있다. 따라서 적은 자금으로 좋은 상권의 상가를 고르는 것이 상가 투자의 핵심이다.

상가 경매·공매에서 어려운 점은 가끔씩 만나는 악덕 상인들이다. 권리금도 없는 상가에서 명도 비용을 많이 받아내려고 버티는 경우가 있다. 경매·공매 절차가 진행되는 동안 임대료도 내지 않고 영업 중이면서 끝까지 상가를 비우지 않고 버티기도 한다. 이러한 경우를 대비하려면 입찰 전에 해당 상가의 영업 형태와 권리금 형성 여부, 명도 비용 등을 파악하고 낙찰 후에는 충분한 협의 기간을 가지고 협상에 임해야 한다.

091

상가를 낙찰받아 명도하고 임대한 사례가 있을까?

경매·공매 시장에서 상가는 아파트와 빌라 등에 비해 쏠쏠한 재미를 볼 수 있는 부동산이다. 상가는 다른 부동산들에 비해 입찰 경쟁률이 낮아 물건만 잘 고르면 우량 매물을 싸게 낙찰받을 수 있다. 특히 근린상가는 대체로 택지지구 내에서 상가 공급이 많은 도로변에 위치하고 있다. 좋은 위치임에도 1층 상가가 경매·공매로 나왔다면 무리한 대출 때문인 경우가 많고, 2층 이상은 영업 부실로 인해 임대료를 받기 어렵다거나 임대가 안 되어 나오는 경우가 대부분이다. 적은 투자금으로 소자본 창업을 하려는 사람이나 임대를 목적으로 상가를 값싸게 사려는 사람이 선호하는 근린상가의 경매 사례를 살펴보자.

첫 번째는 경기도 수원지방법원 안산지원에서 진행됐던 시흥시 정왕동에 있는 근린상가 낙찰 사례다. 2001년에 지어진 대지 1,616㎡, 5층 규모의 근린상가로 일반상업지역 내에 있는 1층 상가(33㎡, 15평형)가 경매로 나왔다. 감정평가액감정가 1억 1,500만 원에서 2회 유찰돼 최저매각가격은

7,360만 원(감정가의 64%)으로 떨어졌고 K 씨의 단독 입찰로 7,429만 원에 낙찰됐다. 이 상가는 시외버스 정류장 인근에 위치한 데다 주변에 아파트 등의 대규모 주거 밀집 지역도 갖추고 있었고 상권 형성이 잘 되어 있는 것이 특징이었다. 상가 임차인은 보증금 500만 원에 월세 115만 원으로 계약을 하고 영업 중이었으나 보증금이 워낙 소액이라 입찰 전 탐문 조사를 해보니 수개월치 월세를 내지 않아 보증금이 월세로 다 나가버린 상태였다. 따라서 명도에 따른 임차인의 저항은 없을 것으로 판단됐다.

문제는 과연 이 상가를 낙찰받았을 때의 수익성이었다. 우선 상권 분석을 해본 결과, 장사가 썩 잘된다고 보기는 어렵지만 안정성은 있어 보였고 게다가 1층 상가여서 임대도 비교적 어렵지 않아 보였다. K 씨는 단독으로 입찰했던 게 조금 찜찜하긴 했지만 시세의 거의 절반 이하로 낙찰받은 것에 만족하고 명도에 나섰다. 임차인은 수제비 전문점을 운영하고 있었고 해당 상가의 경매에 직접 입찰해 낙찰받고 싶었지만 돈이 없어 입찰하지 못했다며 좋은 조건으로 다시 임대해달라고 K 씨에게 정중히 부탁했다. K 씨는 명도 때문에 임차인과 껄끄러울 필요가 없고 추가로 비용도 들지 않는 편한 길을 택했다. 그래서 기존 임차인과 보증금 1,000만 원에 월세 70만 원으로 다시 계약했다. 이처럼 기존 임차인에게 다시 임대를 하면 이것이야말로 꿩 먹고 알 먹는 경우일 것이다.

두 번째는 경기도 일산신도시에 있는 근린상가 내 작은 상가의 낙찰 사례다. 적은 돈으로 상가를 매수해 월세를 놓겠다는 사람이 많은데, A 씨 사례는 그런 사람들 중에서도 돋보이는 사례다. 액세서리 회사의 디자인 실장이었던 30대 중반의 A 씨는 애초부터 상가에 관심이 많았다. 그중에서도 눈여겨보고 있던 상가는 경기도 고양시 일산구에 위치한 10층짜리 H쇼핑타운 1층에 위치한 5평형 상가였다. 이 상가는 가격보다도 상권이 괜찮았고 유동 인구도 1일 500~700명 정도여서 장사가 잘될 것 같다는 판단에 입찰하기로 마음먹었다. 감정가 5,000만 원에서 2회 유찰돼 최저매각가격이 2,450만 원까지 떨어져 값싸게 살 좋은 기회였다. A 씨가 입찰한 날 경매 법정에는 3명의 입찰 경쟁자가 있었다. 하지만 A 씨는 차순위 입찰자보다 90만 원을 더 써내 2,890만 원에 낙찰받았다. 감정가 대비 낙찰가율은 57%였고 기분 좋은 수준에서 상가를 매수할 수 있었다.

A 씨는 입찰 전 임차인 조사를 해보니 선식 전문점을 운영하고 있었으며 보증금 500만 원에 월세 25만 원으로 계약하고 세무서에 사업자등록을 한 상태였다. 그 임차인은 〈상가건물임대차보호법〉에 따라 최우선 변제를 받을 수 있었다. 임차인은 가장 먼저 매각 대금에서 보증금 전액인 500만 원을 배당받고 깔끔하게 A 씨에게 상가를 넘겨줬다. 그리고 명도한 지 한 달 후 A 씨는 보증금 500만 원에 월세 50만 원으로 다른 사람에게 상가를 임대했다. A 씨는 현재도 매월 꼬박꼬박 월세가 들어오는 작은 상가에 흐뭇해하고 있다.

수익형 부동산의 대표는 근린상가다. 평소 본인의 집이나 회사 근처 자주 다니는 곳에 경매·공매로 나온 근린상가가 있는지 살펴보자. 매매 가격이 낮고 임대료가 비교적 많이 나오는 상가는 번화가에 위치한 중심상가보다 집 주위 근린상가가 많다. 수익률도 6~8%로 좋은 편이다.

092

낙찰받은 상가를 빨리 매도하는 비결은?

Q

A 낙찰 후 1년 이내에 되팔면 50% 양도소득세가 부과된다

경매·공매로 낙찰받은 상가를 다시 되사겠다고 하는 사람이 나타난다면 성공한 투자다. 게다가 사는 사람이 낙찰 가격보다 더 높은 금액을 제시한다면 시세 차익을 거둔 것이니 기뻐할 일이 아닌가.

대체로 매수한 부동산을 되팔 때는 인근 부동산 중개사무소에 매물로 내놓는다. 현지 공인중개사들은 해당 부동산이 경매·공매로 낙찰받은 것이라는 사실을 대부분 알고 있는데, 이미 주변 중개사무소에 소문이 자자한 데다 '등기사항전부증명서등기부'를 보면 경매·공매로 낙찰된 부동산이란 것이 표시돼 있기 때문이다. 그러면 공인중개사들은 싼값에 낙찰받은 부동산이니 매도 가격을 낮춰서 내놓으라고 종용한다. 그리고 해당 부동산을 매수하려는 사람도 어떻게든 가격을 깎으려고 할 것이다. 반면 낙찰자는 밤낮으로 본인의 발품을 팔아 투자한 부동산이므로 오히려 비싸게 팔고 싶어 한다.

그래서 단기 투자의 대부분은 가격 협상이라고 해도 과언이 아니다.

경매·공매 부동산은 대체로 지역적으로 노출된 물건이기 때문에 큰 금액을 덧붙여 팔기가 쉽지 않다. 특별한 수요가 있거나 필요에 의해 부동산을 사려는 사람이 있는 경우를 제외하고는 고액의 시세 차익을 기대하기 어려우며, 낙찰받은 즉시 적극적으로 홍보해서 팔고 싶다면 단기 매매 전략을 세우는 것이 좋다. 싸게 산 대신 조금의 이윤을 붙여 파는 전략이 다른 경매·공매 부동산에 입찰하기에도 유리하고 자금 회전에도 좋다.

다만 경매·공매로 낙찰받은 상가를 1년 이내에 되팔면 고율의 양도소득세가 부과된다. 상가를 취득해 1년 미만의 기간 동안 보유하고 되팔면 단기 보유세율 50%가 적용되며 보유 연한에 따라 6~45%의 누진세율을 적용하고 있다. 다만 양도 차익이 없으면 양도소득세는 발생하지 않는다.

Ⓐ 꼭 필요한 매수자를 찾는 매매 전략을 세우라

어떻게 하면 낙찰받은 부동산을 잘 팔 수 있을까? 부동산 시장이 침체기일 때는 도무지 매수자가 나타나지 않아 이러지도 저러지도 못 하는 경우가 있다. 이럴 때는 부동산 몸값을 높여 빨리 매도하는 전략을 세워야 한다. 즉, 기존의 낡은 부동산을 리모델링해 월세 받는 부동산으로 탈바꿈시켜 임대 수익을 높이는 것이다. 상가는 소형 오피스나 오피스텔, 주택은 근린주택으로 개조해 주변 시세보다 저가에 매도하면 매수자를 찾기 쉽다.

고시원의 경우 화장실·샤워장·침대를 갖춘 원룸텔로, 상가나 근린시설은 맞춤형 종량제 사무실로, 찜질방이나 사우나는 숙박시설을 결합한 휴게 겸용 주택 등으로 개조가 가능하다.

부동산을 빨리 매도하려면 기한을 정해놓고 집중적으로 광고를 하면 좋다. 매물이 오랫동안 중개사무소에 남아 있을수록 적체 매물로 취급돼 급매로 내놓아도 매도가 어려울 수 있다. 단기간에 매수 희망자 여러 명이 경쟁을 벌일 때 비교적 쉽게 매도가 가능하다. 잔금 지급일을 넉넉히 주거나 믿을 만한 중개사무소 1~2곳에 적극적으로 매도 의사를 표시하는 것이 좋다.

덩치가 큰 부동산은 분필 또는 합필을 해서 크기를 적당하게 만들어 매도하면 매수자를 찾기 쉽다. 상가는 33㎡, 토지는 330~660㎡ 단위로 자르면 단위면적당 가격을 높여 제값을 받고 빨리 매도할 가능성이 높다. 부동산은 모양에 따라 가격이 달라져 맹지나 부정형의 땅 옆 필지의 토지를 사서 길을 내거나 모양을 사각형으로 만들면 활용을 극대화할 수 있다.

요즘 수익형 부동산에서 인기 있는 매물은 '선先임대' 상품이다. 임차인을 먼저 구한 후 매도하는 매매 형태다. 장기간 자금이 묶이는 것을 염려해 매수를 꺼리는 수요에 맞춘 판매 전략이다. 상가는 '선先임대 후後매도'로, 기존 주인이 전세로 사는 것을 조건으로 매물을 내놓거나 기존 임차인을 끼고 매도하는 것이다. 임차인 확보나 수익성을 미리 분석할 수 있어 상대적으로 안전하게 투자할 수 있다.

유료 광고도 활용해볼 만하다. 신문, 포털사이트, 모바일 애플리케이션 등을 통해 매물을 광고하는 것인데 다양한 매체를 번갈아 이용하면 좋다.

093 상가주택은 주거와 임대 수익을 동시에 얻을 수 있다?

상가주택이란 1, 2층은 상가나 사무실로 사용하고 3층 이상은 주택으로 사용하는 고층 주택을 말한다. 대지를 넓게 사용할 수 있고 건축 비용이 저렴한 이점이 있어 수익형 부동산으로 인기가 높다.

상가주택은 도심지 도로변에서 많이 볼 수 있는데, 도심지의 주택난과 교통난을 완화하며 도심지를 단시간 내에 부흥시키는 역할을 한다. 아울러 도시 미관을 형성해 토지를 집약적으로 이용하고, 안전하고 합리적인 생활을 위해 정부 지원을 통해 많이 지어졌다.

부동산 분양 시장에서도 상가주택의 인기는 식을 줄 모른다. 위례, 경기도의 하남, 미사, 남양주 별내지구 등 수도권에서 분양된 점포 겸용 단독주택용지가 모두 높은 경쟁률을 기록하며 분양됐다. 2014년 위례신도시 이주자택지(상가주택지)의 최고 경쟁률이 2,609 대 1을 기록했고 해당 용지에는 수억 원의 웃돈이 붙었다. 이는 2000년대 후반 '로또'로 불리며 수억 원의 웃돈이 붙었던 판교신도시 열기를 훌쩍 뛰어넘은 것이다.

상가주택은 주거와 임대 수익을 동시에 얻기 위한 투자 상품이므로 주택과 상가 수요 모두를 다각도로 분석해야 한다. 상가는 상권 분석과 임대료를 조사해야 하고 주택은 주거 만족도가 높은지를 판단해야 한다. 상가주택은 택지개발지구나 신도시 내에 위치하는 입지나 지하철역이 있는 역세권, 버스 정류장 이면 도로에 접한 입지가 좋다. 또한 도로변에 접해야 하는데, 코너 입지면 최상이다.

물론 단점도 있다. 상가주택은 단독주택보다 대지 면적이 넓고 건물 연면적도 넓어 투자금이 많이 들고 유지 보수와 관리가 힘들다. 또한 주거지와 상가가 함께 있다는 것이 장점이기도 하지만 이로 인한 소음 등으로 인해 주거 만족도가 낮은 편이다. 게다가 상권의 이면에 위치해 중심상가로서의 역할도 크지 않다. 그래서 아파트나 순수 점포 상가보다 매매가 원활하게 이뤄지지 않아 환금성이 떨어진다.

상가주택은 상가 임차인에게는 〈상가건물임대차보호법〉이 적용되고 주택 임차인에게는 〈주택임대차보호법〉이 적용되므로 입찰 전 권리분석에 주의해야 한다. 상가주택 경매·공매를 위해서는 '건축물대장'을 열람해 층별 시설들이 근린생활시설 용도로 사용되고 있는지, 주택 용도로 사용되고 있는지를 파악해야 한다. 근린생활시설로 허가를 받아 준공됐으나 상가로서 임대 수요가 많지 않거나 임대료가 너무 낮아 주거용 주택 원룸 등으로 개조해 불법으로 용도를 변경하여 사용하는 경우가 많으니 반드시 확인이 필요하다.

094

수익형 토지 입찰 시 주의해야 할 점은?

Q

A 건축 행위의 가능 여부를 파악하라

수익형 부동산 투자로 토지 투자를 꼽는 게 조금 어색할 수 있다. 보통 수익형 부동산이라고 하면 임대 수익을 얻을 수 있는 건물을 가리키기 때문이다. 토지 투자는 토지를 매수해 그 위에 농사를 지어 과실을 얻기 위한 투자가 아니다. 수익형 부동산으로서 토지에 투자하는 것은 전원주택을 지을 수 있는 땅이나 물류 창고로 사용하기 위한 땅을 사는 것이다. 순수하게 주말농장으로 임대해 수익을 얻을 수도 있다.

토지는 주된 사용 목적에 따라 논, 밭 등 28개 지목으로 구분된다. 환금성이 가장 낮은 부동산으로, 5년 이상의 장기 투자 상품이다. 해당 토지 인근의 용도 변경이나 개발 호재가 만들어지는 시간이 필요한데 개발 계획이 세워지고 이어서 타당성 조사, 그리고 발표까지 일련의 과정이 진행되기까지 최소 5년 이상의 시간이 필요하기 때문이다. 그래서 토지는 입지별, 용도별로 수익률 차이가 크다.

토지가 수익형 부동산이 되려면 기본적으로 건축 행위가 가능해야 한다. 건축 행위의 가능 여부는 '토지이용계획확인원'을 살펴보면 되며, 토지 가격이 저렴한 자연녹지지역이나 도시로의 편입이 예상되는 계획관리지역의 토지를 매수해야 한다. 토지이용계획확인원은 〈토지이용규제 기본법〉에 근거한 토지의 용도를 확인하는 문서로, 부동산 개발 시 토지에 대한 각종 규제와 허가가 가능한 용도를 확인하는 가장 기본적인 서류다. 토지이용계획확인원에는 신청인의 인적 사항과 신청 토지의 소재지, 면적 등이 기재돼 있으며 〈국토의 계획 및 이용에 관한 법률〉에 따른 지역과 지구 등의 해당 사항이 명시돼 있다.

자연녹지지역은 〈국토의 계획 및 이용에 관한 법률〉에 의해 지정된 용도 중 녹지지역의 하나로, 자연녹지지역 내에서는 각 지자체의 도시계획조례를 통해 따로 층수를 정하는 경우를 제외하고는 4층 이하의 건물만 지을 수 있다.

계획관리지역은 〈국토의 계획 및 이용에 관한 법률〉에 의해 지정된 용도 중 관리지역의 하나다. 관리지역은 도시지역 인구와 산업을 수용하기 위해 도시지역에 따라 체계적으로 관리하거나 농림업의 진흥, 자연환경 또는 산림 보전을 위해 농림지역 또는 자연환경보전지역에 준해 관리가 필요한 지역을 말한다. 보전관리지역, 생산관리지역, 계획관리지역으로 나뉘며 이 중 계획관리지역은 도시 편입이 예상되는 지역 또는 제한적 이용과 개발을 하려는 지역이다.

토지이용계획확인원 예시

소재지	서울특별시 강남구 ░░░░ ░░░░░░			
지목	잡종지 ❓		면적	889 m²
개별공시지가(m²당)	217,200원 (2024/01) **연도별보기** 🅡Ⓔ⑬ 한국부동산원 **부동산공시가격 알리미**			
지역지구등 지정여부	「국토의 계획 및 이용에 관한 법률」에 따른 지역·지구등	도시지역 , 자연녹지지역 , 도시자연공원구역		
	다른 법령 등에 따른 지역·지구등	개발제한구역<개발제한구역의 지정 및 관리에 관한 특별조치법>, 대공방어협조구역(위탁고도:77-257m)<군사기지 및 군사시설 보호법>, 비행안전제5구역(전술)<군사기지 및 군사시설 보호법>, 제한보호구역(후방지역:500m)<군사기지 및 군사시설 보호법>, 과밀억제권역<수도권정비계획법>		
「토지이용규제 기본법 시행령」 제9조 제4항 각 호에 해당되는 사항	비오톱1등급(저촉)			
확인도면		범례 □ 공익용산지 □ 도시지역 ■ 자연녹지지역 □ 도시자연공원구역 □ 개발제한구역 □ 보전임지 □ 사방지 □ 비오톱1등급 □ 작은글씨확대 축척 1 / 1200 **변경** **도면크게보기**		

출처 : 토지이음 사이트

    토지는 이용을 규제하는 법이 너무 많아 토지이용계획확인원 등 공적 서류만 봐서는 규제 사항을 전부 알 수 없다. 따라서 해당 지자체 담당자와 면담을 통해 개발 가능성을 미리 조사해야 한다. 만약 펜션이나 전원주택을 지을 수 있는 관리지역 내 토지를 매수했는데, 건축 허가를 신청했더니 상수도 보호를 위한 수질보전특별대책지역에 포함되면 건축 허가를 받을 수 없다. 이러한 경우 토지를 원하는 목적으로 이용도 못 하고 토지 가격도 조사한 가격 이하일 가능성이 커 손실을 볼 수밖에 없다. 대도시 주변은 수

질보전특별대책지역이나 군사시설보호구역 등으로 개발을 엄격히 제한하는 경우가 많다.

Ⓐ 입찰 전 자금 계획을 철저히 세우라

성공적인 토지 경매·공매를 위해서는 뚜렷한 투자 목적과 이용 목적을 가지고 입찰해야 원하는 땅을 가질 수 있다. 토지 투자에서 가장 중요한 것은 도로다. 도로가 접하지 않은 토지를 맹지라고 하는데, 도로를 접하느냐 접하지 않느냐에 따라 토지 가격의 차이가 클 뿐만 아니라 임대 시에도 많은 차이가 있다. 토지 투자를 할 때는 도로에 접해 있거나 멀리 떨어져 있지 않은 곳을 매수해야 한다. 도로망이 사통팔달해야 개발 가능성이 크고 지역 개발로 인해 엄청난 가격 상승을 기대할 수 있다.

요즘은 은퇴 이후 본인이 거주할 500평 내외의 토지를 매수하기 위해 토지 경매·공매에 참여하는 사람이 많다. 도시에서 차량으로 1시간 이내 거리에 있는 토지를 입찰해 처음에는 주말농장으로 사용하다가 노년에는 전원주택을 지어 여유로운 자연생활을 하는 '힐링 투자'를 한다.

토지는 장기적인 투자 상품이기 때문에 토지 경매·공매에서는 자금 계획이 중요하다. 토지는 낙찰을 받더라도 대출 금액이 아파트 같은 주거용 부동산에 비해 현저히 낮은 편이다. 또한 대출도 도시 내 1금융권보다 낙찰받은 지역의 농협에서 대출을 받아야 그나마 조금 더 많이 받을 수 있다.

농협이 조합원들의 토지를 관리하고 있어 대출이 비교적 쉽기 때문이다. 토지는 낙찰받자마자 임대 수익을 얻을 수 있는 부동산이 아니고 개발 후에 수익이 창출되므로 입찰 전부터 철저한 자금 계획이 필요하다.

095 재건축 아파트에 입찰해도 괜찮을까?

재건축은 기존의 낡은 아파트나 연립주택 등 공동주택을 허물고 다시 짓는 것을 말한다. 〈도시 및 주거환경정비법〉에 근거해 재건축 대상은 기본적으로 노후 및 불량 주택으로서 공동주택을 원칙으로 하나 예외적으로 단독주택도 대상에 포함하고 있다.

재건축을 위해서는 거쳐야 하는 절차가 있다. 먼저 해당 구역에서 추진위원회를 구성하고 재건축 결의를 해야 한다. 재건축 결의가 법적인 효력을 얻기 위해서는 전체 구분소유자 중 5분의 4 이상, 각 동별 3분의 2 이상 동의가 필요하다. 결의가 되면 해당 지자체가 평가하는 안전진단을 받고 재건축이 가능하다고 판단되면 조합을 설립해 재건축 사업에 들어간다.

2021년 하반기부터 부동산 시장이 침체돼왔으나 최근 재건축을 중심으로 한 강남권 아파트 가격이 상승세를 보이는 가운데, 강남권의 전체적인 아파트 가격이 상승세를 유지하고 있다. 정부의 재건축 아파트 규제 완화에 힘입어 압구정동, 반포동, 여의도, 목동 재건축 아파트를 중심으로 재건축 단지의 가격이 강세를 보이면서 인근 아파트 가격도 함께 밀어 올릴 것으로 예상된다. 실제 2024년 2월 경매에서 서울시 아파트 낙찰가율은 전달보다 1.0%p 상승한 87.2%를 기록했고, 지난 2022년 10월 88.6%의 최고치를 기록한 이후 1년 4개월 만에 최고치 수준까지 높아졌다. 재건축 사업이 본격적으로 진행되는 목동과 강남3구, 용산구 등 핵심 지역의 아파트들이 높은 낙찰 가격을 기록했기 때문이다. 얼마 전 84㎡의 잠실동 리센츠 아파트는 감정평가액감정가 20억 4,000만 원보다 높은 21억 800만 원에 낙찰됐다. 감정가 대비 104% 수준이었고 입찰자도 8명이나 몰렸다.

경매·공매에서 가장 쉬운 부동산이 아파트다. 경매·공매 대상 아파트의 90% 이상은 1순위 채권이 금융권 근저당권 대출이다 보니 임차인 권리와 '등기사항전부증명서등기부'상 모든 권리가 대부분 소멸돼 권리분석이 필요 없다. 마찬가지로 경매·공매로 나온 재건축 아파트도 권리분석이 필요 없는 것이 대부분이라 시세 파악과 명도만 되면 소유권을 이전할 수 있다.

주거용 부동산 가격이 상승하면서 미래 투자인 재건축 아파트에 대한 입찰자들이 늘고 있다. 아파트 입찰에서 가장 중요한 것은 시세 파악으로, 정부에서 운영하는 '씨리얼 LH한국토지주택공사(seereal.lh.or.kr)'와 '국토교통부 실거래가공개시스템(rt.molit.go.kr)' 사이트에서 실거래가를 확인할 수 있다. 그러나 실거래된 아파트의 정보 중 평형별 층수만 공개되므로 자세한 정보는 개별적으로 조사해야 한다.

우리나라에서 아파트는 환금성, 수익성, 안정성 투자 3요소를 모두 갖춘 유망한 투자 상품이다. 아파트를 낙찰받으면 전세나 월세로 임대해 초기 자본을 적게 들이고 나중에는 매매를 통해 시세 차익을 얻을 수 있다.

다만 재건축 아파트는 투자 기간에 대한 계획을 잘 세워야 한다. 재건축이 진행되기 위해서는 여러 절차를 거쳐야 하고 각 과정에서 오랜 시간이 소요된다. 그중 조합원들의 동의를 받지 못하거나 여러 이유로 인해 재건축이 지연될 경우 투자금 회수가 늦어지고 아파트 가격이 상승하기 어렵기 때문에 먼저 재건축 사업 추진 일정을 파악하고 투자 계획을 세워야 한다.

경매·공매로 나온 재건축 아파트 투자에서 저층 아파트가 유망한 이유는 당시 낮은 용적률을 적용받아 지었기 때문에 재건축 시 높은 용적률로 건축하면 일반 분양분이 많아 사업 수익이 커진다. 따라서 재건축 아파트 소유자가 추가로 분담해야 할 금액이 줄어든다. 또한 재건축 진행 절차 중 조합이 설립된 아파트는 주민 동의가 이뤄진 것이므로 입찰해도 무방하다. 아울러 재건축 진행 절차에서 사업 승인이 되면 인허가 기관인 정부의 인가가 된 것이므로 재건축이 절차대로 진행될 가능성이 커져 적극적으로 입찰해도 좋다.

재건축과 재개발 추진 절차

정비기본계획 수립/(재건축 안전진단)/정비구역 지정/추진위원회 승인 → 조합 설립 인가/시공사 선정 → 사업 시행 인가/종전자산 평가/조합원 분양 신청 → 관리 처분 인가/이주 및 철거/조합원 동호수 추첨/착공 → 일반 분양/준공 및 입주/이전 고시 및 청산

096 재개발 부동산에 입찰해도 괜찮을까?

재개발은 주거 환경이 낙후된 지역에 도로 및 상하수도 등의 기반시설을 새로 정비하고 주택을 신축함으로써 주거 환경과 도시경관을 재정비하는 사업을 말한다. 재개발은 공공사업의 성격을 띠고 있다는 점에서 민간 주택 사업의 성격이 짙은 재건축과 다르다.

서울에서 이뤄지는 재개발 사례를 살펴보자. 강북은 재개발, 강남은 재건축을 한다는데, 왜일까? 강남은 1970년대 개발된 계획도시로, 강남과 강동에 아파트와 연립주택을 지어 도시계획에 따라 체계적으로 개발됐다. 반면 강북은 조선조 이후로 자연 발생적으로 만들어진 도시로, 도로가 좁고 교통이 불편해 재개발의 근원지가 됐다. 처음 재개발 사업은 추진 속도가 느려 10년이 지나도 진행이 안 되고 사업성 여부도 확실치 않았다. 2003년 〈도시 및 주거환경정비법〉이 시행되면서 재개발 사업은 탄력을 받기 시작했다. 재개발 지역이 뉴타운 지역이나 도시재정비촉진지구로 개발되면서 2008년 금융 위기가 발생하기 전까지 재개발 부동산은 전국적으로 최고 유망한 투자 상품이었다.

　재개발은 재건축과 달리 안전진단이라는 절차가 필요 없다. 조합원 본인이 보유한 부동산의 가치에 따라 분양하는 아파트를 소유하게 되고 본인의 권리 가액이 분양가보다 부족하면 추가 분담금을 납부하면 된다.

　재개발 부동산에 투자하기 위해서는 추진 절차를 잘 아는 것도 중요하지만 가장 중요한 것은 조합원 자격이다. 조합원 자격을 갖춰야 아파트를 분양받을 수 있는 권리가 생긴다. 조합원이 소유한 부동산의 권리 가액은 토지 면적이 넓을수록, 신축 건물일수록 높은 감정평가액감정가을 받으며 재개발구역 내 조합원 수가 적을수록 일반 분양분이 많아 사업성이 좋아지므로 추가 분담금 부담이 적다. 정부에서는 재개발을 통해 주택 공급을 원활히 하기 위해 규제를 완화하고자 새로운 제도들을 도입하고 있으므로 반드시 숙지하고 있어야 한다.

　보통 재개발 지역에는 소형 평수의 다세대주택과 빌라들이 밀집돼 있다. 소형 주거용 부동산에 거주하려는 1, 2인 가구가 많고 계속 증가하는 추세기 때문에 재개발 후에도 임대 수요는 충분할 것으로 보인다.

　건축한 지 20년이 지나면 재개발 대상이므로 서울 지역 대부분이 재개발 지역에 포함된다. 재개발 지역의 주거용 부동산을 낙찰받는 것은 일거양득의 투자가 될 수 있다. 재개발 지역의 소형 주택을 싸게 낙찰받아 임대하면 임대 수익형 부동산이 되고, 만약 재개발 추진이 잘 되어 아파트를 분양받을 수 있다면 큰 시세 차익을 기대할 수도 있다.

　다만 입찰 시 조심해야 할 사항은 재개발 사업은 노후된 부동산을 개발해 아파트를 공급하는 것이 목적이므로 건물 자체에 하자도 많고 위반건축물도 많은 편이다. 자연 발생적으로 구릉이나 언덕 위에 만들어진 도시다 보니 불법적으로 주방을 늘리고, 발코니를 확장하고, 옥상을 개조해 증축한 건물이 많으므로 잘 살펴보고 입찰해야 한다.

서울시 동대문 인근 재개발 지역에 있는 소형 단독주택을 입찰하기 위해 현장 답사를 간 적이 있다. 지하층이 있는 2층짜리 주택이었는데, 건물 전체에 화장실이 1개고 지하 주택은 3분의 1이 침수돼 지붕이 가라앉은 상태였다. 만약 문이 잠겨 안을 보지 못하고 입찰했다면 큰 낭패를 봤을 것이다.

재개발 지역에 있는 부동산은 소형 주거용 부동산이 대부분이므로 소액으로 투자가 가능하고 높은 임대 수익도 얻을 수 있는, 투자 가치가 높은 부동산이라고 할 수 있다. 재개발구역으로 지정되면 건축허가제한지역으로 묶여 개발 행위를 할 수 없는데, 재개발구역이 해제되면서 기대했던 재개발이 어려워지니 부동산 가격이 하락할 것으로 예상돼 가격을 내린 매물이 많이 나오는 경우가 있다. 앞서가는 투자자들은 이러한 물건 중 대지가 넓은 단독주택을 집중 매수해 다가구주택의 원룸이나 고시원 등으로 신축해 높은 임대 수익을 얻기도 한다. 또한 투자하기 좋은 재개발 부동산의 요소는 순서대로 '역세권-단지 규모-재개발 추진 속도'라는 것도 기억해두자.

부동산 정책이 바뀌는 틈을 타 미래를 내다보고 앞서가는 투자를 한다면 높은 수익을 얻을 수 있다. 이러한 투자를 위해서는 충분한 조사가 선행돼야 할 것이다.

경매·공매로
내 집 마련이 가능할까?

내 집 마련을 위해서는 몇 년치 월급을 모아야 할까? 서울시 중소기업 직장인 평균 연봉이 3,000만 원이라고 가정하면 월급은 250만 원 정도다. 정부 발표에 따르면 2023년 서울시 아파트의 평균 분양가는 3.3㎡당 3,500만원에 달하며 중소기업 직장인이 서울에서 국민주택규모 85㎡의 집을 사려면 30년 가까이가 걸린다. 이는 어디까지나 월급을 한 푼도 안 쓰고 모았을 때 이야기다. 국민 평수 84㎡ 가격이 11억 원을 넘어서므로 누군가의 도움 없이 온전히 홀로서기에 성공하는 것은 사실상 불가능한 미션에 가깝다.

이처럼 현실적으로 저축만으로는 내 집 마련의 꿈을 이룰 수 없기에 조금 더 저렴한 가격에 집을 마련하고자 여러 방법을 모색하다 경매·공매 부동산로 눈을 돌리는 사람들이 있다. 이제는 경매가 대중화돼 남녀노소 누구나 참여하려는 사람이 많다. 그러다 보니 아파트나 주택 같은 주거용 부동산은 경쟁률이 높고 낙찰가율 역시 90%를 넘은 지 오래다. 따라서 원하는 부동산을 낙찰받기 위해서는 세심한 전략을 세워야 한다.

우선 본인의 목표 수익률을 낮춰야 한다. 동일한 부동산을 일반 매매로 매수한다고 가정했을 때 투입되는 모든 비용을 기준으로 입찰 가격을 산정해야 한다. 단순히 시세를 기준으로 입찰 가격을 결정하면 십중팔구 떨어지기 십상이다. 또한 시세를 조사할 때 초급매물 가격을 기준으로 하면 입찰에서 떨어질 가능성이 높다. 초급매물 가격을 기준으로 입찰해 떨어지면 부동산 중개사무소에서 일반 매매로 초급매물을 매수하는 편이 낫다.

유찰된 물건만 바라보지 말고 처음 입찰하는 신건에도 관심을 기울여 보자. 신건 중 시세 대비 90% 내외로 평가됐다면 이 물건은 단독으로 입찰했더라도 낙찰받아야 한다. 왜냐하면 이러한 물건은 입찰자가 없어 유찰된다면 다음 회차에는 입찰자가 많아져 감정평가액감정가을 상회하는 가격으로 낙찰될 가능성이 크기 때문이다.

한 번 낙찰됐다가 재경매재매각되는 물건을 노려보는 것도 좋다. 재경매되는 부동산은 입찰보증금매수보증금이 감정가의 20% 이상이라 부담이 될 수 있다. 또한 재경매되는 이유는 여러 가지지만 권리분석을 잘못해 임차인의 보증금을 낙찰자가 부담해야 하는 것을 알고 종전 낙찰자가 잔금을 납부하지 않았을 수 있다. 아니면 대출이 안 되어 낙찰자가 잔금을 납부하지 못했을 수도 있고 혹은 건물에 중대한 하자를 발견했을 수도 있다. 그러므로 재경매 부동산은 입찰자가 줄어들어 낙찰받을 가능성이 크다. 우선 재경매된 이유를 알아보고 해결 가능한 문제라고 판단되면 적극적으로 입찰해보는 것도 좋은 방법이다.

098 공장을 낙찰받으면 큰돈을 벌 수 있다?

공장이나 병원, 교회 등 일반 사람들에게 익숙하지 않은 부동산들은 거래 빈도가 적어 현금화할 수 있는 환금성이 낮다. 이러한 부동산을 필요로 하는 매수자가 적어 매매가 성사되기 어렵기 때문이다. 그래서 실수요자를 만나면 높은 가격을 받을 수 있고, 반대로 급하게 돈이 필요해서 매도하려면 저가에 팔아야 한다.

경매·공매 시장에서도 이러한 부동산은 낙찰가율이 매우 낮다. 부동산을 싼값에 매수하려는 경매·공매의 본래 취지에는 잘 맞지만 병원이나 교회, 학교 등의 재단에서 직영하는 부동산들은 해당 주무관청의 허가를 받아야 하므로 주의가 필요하다.

공장은 토지, 건물, 기계, 기구 등이 모두 저당권이 설정돼 함께 경매·공매로 나온다. 〈공장 및 광업재단 저당법〉에 의하면 "공장 소유자가 공장에 속하는 토지에 설정한 저당권의 효력은 그 토지에 부합된 물건과 그 토지에 설치된 기계, 기구, 그 밖의 공장의 공용물에 미친다"라고 한다. 따라서 공장을 입찰하려면 토지와 건물 가격뿐만 아니라 기계, 기구 등의 가격도 평가할 수 있어야 한다. 토지와 건물 가격은 원가접근법에 따라 평가하는 게 좋다. 원가접근법은 나대지인 토지 가격에 토지를 공장용지로 용도 변경하는 데 필요한 비용을 산정해 토지 가격을 산정하고, 건물은 신축 시 들어간 건축 비용에 10년 동안 사용할 수 있다고 가정해 거꾸로 차감해 산정하면 토지와 건물 가격이 산출되고 이를 기준으로 입찰하면 된다.

공장에 기계나 기구가 있을 경우 명도 시 이것들에 대한 해체 작업은 전문가들이 해야 하므로 명도 비용이 많이 든다. 보관하기 위해 옮기는 것도 어려우며 보관할 공간도 넓어야 하므로 여러모로 비용이 많이 든다는 점에 유의해야 한다. 또한 값비싼 기계들은 이미 반출돼 없는 경우가 많으며 임차인이나 제3자 소유의 기계나 기구라면 〈공장 및 광업재단 저당법〉이 적용되지 않는다. 또한 공장은 임차인이 신청한 유치권이 있는 경우가 많고 실제로 제품을 만들기 위한 시설이라 객관적으로 유치권이 인정될 여지가 높다. 따라서 유치권을 해결하지 않고서는 공장을 인수받기 어려우니 주의할 필요가 있다.

만약 동종 업종에 있는 실수요자가 입찰한다면 공장 입지, 건물 적합도, 기계나 기구의 이용, 도로 상황 등 복합적인 요소들이 맞아떨어지므로 매우 유리하다. 더불어 경매·공매로 공장을 낙찰받으면 공장 설립에 따른 각종 인허가 절차를 생략해도 되기 때문에 새로 짓는 것보다 돈과 시간을 아낄 수 있다. 토지를 구입해 인허가를 받고자 제출해야 하는 서류도 많고 인허가를 받은 후 기계나 기구 등 설비를 갖추는 데 보통 1년 이상의 시간이 소요된다.

경매·공매로 나온 공장을 분석할 때 가장 중요한 사항은 입지다. 공장은 각종 작업을 하는 곳이기 때문에 특히 건물 높이가 중요하다. 크레인 같은 큰 기구 등을 설치할 수 있을 정도의 천장 높이, 짐을 싣기 위한 컨테이너 차량이 진입 및 회전할 수 있을 정도의 도로 폭, 화물을 쌓아놓을 수 있는 야적장, 직원들 숙소 등의 시설에 대한 확인이 필요하다. 만약 경매·공매로 나온 공장의 위치가 공장 허가가 나지 않은 지역이라면 공장용지의 공급이 없을 것이므로 부지 가격은 오를 수밖에 없고 임대를 하면 높은 수익을 얻을 수 있다.

수익형 부동산 경매·공매의 함정은?

수익형 부동산을 경매·공매로 낙찰받는다고 해서 무조건 수익이 발생하는 것은 아니다. 여러 함정이 곳곳에 도사리고 있으므로 입찰 전 자세한 분석만이 함정을 피할 수 있다.

경매·공매로 나온 상가는 보통 시세보다 20% 이상 싸게 살 수 있다. 더구나 상가는 경매·공매로 낙찰받으면 권리금이 없기 때문에 실질적인 수익률은 더 높다. 그러나 상가는 임차인 명도가 어렵다. 〈상가건물임대차보호법〉상 보호 금액도 적고 권리금도 인정하지 않는 경우가 많아 임차인이 보증금과 권리금 없이 순순히 상가를 비워줄 가능성이 적으므로 보상을 바라거나 명도 저항이 거셀 수밖에 없다. 보통 낙찰자는 상가 임차인을 내보낼 때 이사 비용 정도를 지급하고 해결하려고 하지만 이 정도 금액으로는 해결할 수 없는 경우가 다반사다. 따라서 상가에 입찰할 때는 사전에 명도 비용과 명도소송 기간 등을 충분히 고려해야 한다.

분양 상가의 경우 아직 상권이 형성되지 않았음에도 경매·공매로 나왔을 때 시세보다 감정평가액감정가이 훨씬 높은 사례도 있다. 감정가가 시세라고 판단하면 손해를 볼 수 있으니 주의해야 한다.

상가나 사무실 용도로 건축한 건물인데, 실제로는 취사나 취침 등 주거용으로 사용하는 경우도 있고 음식점에 방 하나를 두고 주거용으로 사용하는 경우도 있다. 임차인이 소유한 주택이 없고 임차한 건물을 주거용으로 사용하고 있다면 주택 임차인으로 인정받을 가능성이 크다. 예를 들어 1순위 근저당권보다 먼저 전입신고를 했고 동시에 확정일자를 받은 주택 임차인이고 배당 요구를 했다면 이 임차인은 근저당권보다 보증금 전액을 먼저 배당받으니 입찰자로서는 인수하는 임차인 보증금이 없는 우량 물건이다. 그런데 이 임차인이 배당 요구를 배당요구종기일 이전이 아닌 이후에 했다면 배당 요구의 효력은 없으므로 무효고 배당 요구를 안 한 것과 같으니 확정일자 효력도 없다. 따라서 이 임차인의 보증금 전액은 배당을 못 받고 낙찰자에게 인수되기 때문에 잘 살펴봐야 한다.

경매가 일반 사람들에게도 많은 관심을 끌다 보니 전문적인 지식이나 경험 없이 참여하는 사람이 많다. 그중 단순히 시세 파악을 잘못해 손해를 보는 경우는 많지 않음에도 상가나 토지 같은 부동산은 시세 파악이 어려워 분석을 잘못해 손해를 볼 수 있다.

경매·공매에서는 원하는 수익을 얻기 위해 입찰했으나 결국 손해를 보는 경우를 함정에 빠졌다고 표현한다. 잘못된 권리분석뿐만 아니라 부동산 자체의 하자, 부동산 공법상 이용 규제의 잘못된 해석 등으로 인해 함정에 빠진다.

초보자들은 믿을 만한 컨설팅 업체를 선택해 입문하기도 한다. 이때 부동산업을 전문으로 다루는 공인중개사나 중개법인을 통해 컨설팅받는 것이 좋고, 법원에 등록된 업체를 이용해야 컨설팅 내용 중 잘못된 부분이 있었으면 공제를 통해 보상받을 수 있다.

100 수익형 부동산 투자 시 절세 방법은?

수익형 부동산 취득 시 가장 쉬운 절세 방법은 공동 명의로 취득하는 것이다. 부동산을 단독 명의가 아닌 부부 공동 명의로 취득하면 임대 소득이 분산되는 효과를 거둘 수 있으며 상속세를 절감하는 효과도 있다. 상속세를 계산하는 자료인 공시지가가 계속 오를 가능성이 크다면 미리 공동 명의로 바꿔 각각 적은 금액을 분담하면 상속세가 줄어든다. 다만 부부가 공동 명의로 취득할 때 과세표준이 6억 원을 넘으면 증여세를 납부해야 하며, 소득이 없는 배우자와 공동 명의로 취득하면 배우자에게 일정한 임대 소득이 발생하는 것으로 보기 때문에 건강보험 자격 기준이 피부양자에서 지역 가입자로 전환된다. 따라서 건강보험료가 늘어날 수 있으니 주의해야 한다.

수익형 부동산에 공동으로 투자하는 것도 세금을 줄일 수 있는 방법이다. 재산세나 종합부동산세는 모두 개인별로 합산해 과세하기 때문에 공동으로 투자하면 세금이 줄어든다. 또한 양도 차익이 분산돼 양도소득세를 절감하는 효과도 있으며, 부동산을 2년 이상 보유하면 6~45%의 누진세율이 적용돼 세금 부담도 낮출 수 있다. 다만 투자자 간 분쟁이 일어날 가능성이 있기 때문에 사전에 수익금 관리나 정산 방법 등을 정리해두는 것이 안전하다.

수익형 부동산은 취득 시기도 중요하다. 재산세는 1년에 한 번, 6월 1일에 소유한 자산을 기준으로 매기기 때문에 6월 1일 이후 잔금 납부일을 정해 부동산을 취득하면 그 해의 재산세를 절감할 수 있다.

주택임대사업자 등록도 절세 방법이긴 하나 상황에 따라 다를 수 있으므로 잘 따져보는 것이 좋다. 전용면적 149㎡ 이하로, 매매 가격이 수도권은 6억 원 이하, 지방은 3억 원 이하의 주택을 소유했다면 주택임대사업자 등록을 할 수 있다. 또한 전용면적 85㎡ 이하로, 화장실·부엌·목욕 시설을 갖춘 주거용 오피스텔을 소유해도 주택임대사업자 등록을 할 수 있다. 주택임대사업자로 등록하면 해당 주택을 주택 보유 수에서 제외하고 각종 세금 감면 혜택을 받을 수 있다. 이에 반해 제약도 있다. 약정 기간 이상 해당 주택을 임대 사업에 사용하지 못하면 감면받은 세금을 모두 토해내야 한다. 정부가 연간 2,000만 원 이하의 소득을 얻는 주택임대사업자에게 한시적으로 적용하던 소득세 비과세도 연장 시행됐으나 현재는 종료하고 과세하고 있다.

부록 1

필수 경매용어 해설

감정평가액(감정가)

경매 집행 법원은 감정인으로 하여금 매각 대상 부동산을 평가하게 하고 그 평가액을 감정평가액이라고 하며 이를 참작해 최저매각가격을 정한다. 감정인은 감정평가서에 감정평가액의 산출 근거를 밝히고 평가 요항, 위치도, 지적도, 사진 등을 첨부해야 한다. 감정평가서는 매각기일 7일 전부터 매각물건명세서에 첨부해 누구나 열람이 가능하도록 비치한다.

강제집행

집행권원에 표시된 사법상의 이행청구권을 국가권력에 기해 강제적으로 실현하는 법적 절차다. 확정판결, 화해조서, 확정된 지급명령 등을 받고도 채무자가 이를 이행하지 않는다면 강제집행 절차를 이용할 수 있다.

경매개시결정등기

경매 집행 법원은 경매 신청의 요건이 구비됐다고 판단되면 경매 절차를 개시한다는 결정을 하고 이것을 경매 개시 결정이라고 한다. 이때 법원은 매각 대상 부동산의 압류를 명하고 직권으로 그 사유를 등기할 것을 등기관에게 촉탁한다.

공개경쟁

일정한 자격을 가진 입찰 희망자 모두를 대상으로 하여 경쟁입찰에 참가하도록 한 후 그중 가장 높은 금액의 조건을 제시한 사람을 선정해 계약을 체결하는 방법이다.

공시송달 / 특별송달

공시송달은 소송상의 송달(편지나 서류를 전달해줌)을 받아야 할 사람의 주소가 분명하지 않거나 통상의 방법으로는 송달할 수 없을 경우 일정한 기간 동안 법원 게시판에 그것을 게시하는 것을 말하며 송달한 것과 같은 효력을 발생시킨다. 특별송달은 우편에 의한 송달이 불능이 됐을 경우 법원의 집행관을 통해 실시하는 송달 방법이며 주간 특별송달과 야간 및 공휴일 특별송달이 있다.

공유지분

공동으로 소유하는 물건이나 재산 따위에 대한 각 공유자의 권리로, 계약이나 법률 규정에 의해 1개의 소유권이 분량적으로 분할돼 여러 사람에게 귀속하는 공동소유 형태를 말한다. 따라서 지분은 1개 소유권의 분량적 일부분이다.

국유재산

국가가 행정 목적을 달성하기 위해 사용하거나 소유하고 있는 일체의 재산으로서 국가의 부담, 기부 채납이나 법령에 따라 국가 소유로 된 재산이다.

권리분석 / 물건분석

권리분석은 경매를 통해 부동산을 낙찰받기 전 낙찰자가 매각 대금 이외에 추가로 인수해야 되는 권리가 있는지를 확인하기 위한 절차다. 권리분석을 하기 위해 먼저 등기사항전부증명서에서 말소기준권리를 찾아내고 그 이전 권리는 인수되고 이후 권리는 소멸된다. 이때 인수되는 권리와 소멸되는 권리를 구분해야 하며 낙찰 후에도 소멸되지 않는 권리는 낙찰자에게 인수된다. 물건분석은 개별 부동산의 하자 요인을 찾아 경매 함정을 발견해내는 넓은 의미의 부동산 공법상 분석이다. 건물 내외부 외에도 토지의 권리, 〈건축법〉상 하자까지 조사와 분석을 하는 절차다.

기간입찰 / 기일입찰

경매 부동산을 매각하는 방법에는 매각기일에 하는 호가경매, 매각기일에 입찰 및 개찰하는 기일입찰, 입찰 기간 내에 입찰해 매각기일에 개찰하는 기간입찰 3가지가 있다. 현재 경매 집행 법원에서는 기일입찰표에 입찰 가격을 적어 제출하는 기일입찰 방법을 시행하고 있다.

낙찰

경쟁입찰에서 물건이나 일이 어떤 사람이나 업체에 돌아가도록 결정되는 것을 말한다.

낙찰률 / 낙찰가율

낙찰률은 경매 진행 건수 대비 낙찰 건수의 비율이다. 낙찰가율은 감정평가액 대비 낙찰 가격의 비율로, 예를 들어 낙찰가율이 75%라면 감정평가액 1억 원짜리 아파트가 7,500만 원에 낙찰됐다는 의미다.

담보권

채무자가 빚을 갚지 않을 경우 채권자가 채무 이행을 확보할 수 있는 권리다.

담보물권

일정한 물건을 채권 담보로 사용하는 것을 목적으로 하는 물권으로, 〈민법〉상 유치권, 질권, 저당권 3가지가 있다. 이 중 유치권은 법률에 따라 일정한 요건이 갖춰지면 성립하는 법정담보물권이며 질권과 저당권은 원칙적으로 당사자의 설정행위에 의해 성립하는 약정담보물권이다.

대위변제

채무자가 아닌 제3자 또는 공동 채무자 가운데 한 사람이 채무를 변제했을 경우 채권자의 채권이 그 사람에게로 넘어가는 것을 말한다.

대항력

주택이나 상가 임차인이 임차한 부동산을 인도받아 점유하고 주민등록 또는 사업자등록까지 마치면 그다음 날부터 해당 부동산의 소유자가 제3자로 변경되더라도 제3자에 대해 임차권을 가지고서 대항할 수 있는 힘을 주택이나 상가 임차인의 대항력이라고 한다. 즉, 전세나 월세로 빌려서 거주하고 있는 부동산이 다른 사람에게 양도되거나 낙찰되더라도 새로운 집주인(매수자 또는 낙찰자)에게 본인의 임차권을 주장하며 대항할 수 있는 힘이다. 임차인은 임대 기간이 끝날 때까지 거주할 수 있으며 임대 기간이 만료되더라도 보증금 전액을 반환받을 때까지 집을 비워주지 않을 수 있다. 대항 요건인 주택의 점유와 주민등록을 갖추면 그다음 날 오전 0시부터 제3자에 대해 대항력을 갖게 되는데, 쉽게 말해 이사 후 전입신고를 하면 그다음 날 0시부터 물권적 효력이 생긴다. 다만 대항 요건을 갖추기 전에 등기사항전부증명서상 선순위 권리가 있으면 주택이 매각됐을 때 그 매수자에게 대항할 수 없다.

매각기일 / 매각결정기일 / 매각확정기일

매각기일은 법원이 경매 부동산에 대해 실제 매각을 실행하는 날로서 매각할 시각, 장소 등과 함께 매각기일 14일 전에 법원 게시판에 게시함과 동시에 일간신문에 공고할 수 있다. 매각결정기일은 매각기일에 최고가매수신고인이 정해지면 법원이 매각 허부를 결정하는 날로서 경매 법정에서 선고한 후 법원 게시판에 공고만 할 뿐 매수인, 채무자, 기타 이해관계인에게 개별적으로 통보하지 않는다(매각기일로부터 통상 7일 이내). 매각 허가 결정에 이의신청이나 즉시항고가 없으면 법원은 매각을 확정 지어 낙찰자에게 대금 지급 기한을 정해주며 이날을 매각확정기일이라고 한다.

명도 / 인도명령 / 명도소송

명도는 토지 또는 건물 등 부동산의 점유를 넘겨받는 것으로, 부동산의 소유자나 임차인 등의 점유자를 퇴거시키는 일련의 과정이다. 인도명령은 낙찰자가 대금을 완납하고 부동산의 소유권을 취득했으나 채무자나 점유자가 해당 부동산의 인도를 거부할 경우 부동산을 인도받기 위해 법원으로부터 받아내는 것을 말한다. 부동산 인도명령을 통하면 별도의 소송 절차를 거치지 않아도 바로 점유자에 대해 강제집행을 할 수 있다. 명도소송은 점유자가 자진해 부동산을 비워주지 않을 경우 관할 법원에 제기하는 소송으로, 명도소송을 통해 집행권원을 얻은 후 강제집행을 할 수 있다.

물적책임 / 인적책임

물적책임은 채무자의 재산 중 특정한 물건이나 재산만이 채무에 충당되는 책임이다. 인적책임은 어떤 사람의 모든 재산이 본인 또는 다른 사람 채무의 담보로 설정돼 그 사람이 해당 채무에 대해 지는 책임이다.

배당 / 배당기일

배당은 낙찰자가 매각 대금을 완납했을 때 낙찰된 금액 중 경매 집행 비용을 공제하고 남은 잔액을 채권자들에게 우선순위에 따라 나눠주는 과정이다. 배당기일은 강제집행 절차에 있어 배당을 실행하는 경우 배당표에 의한 진술과 실제 배당을 집행하기 위해 법원이 지정한 기일이다.

배당요구종기일

부동산 경매 사건의 이해관계인인 채권자 중 매각 대금에서 본인의 채권을 변제받기 위해 본인의 권리를 신고하고 배당을 요구하는 절차의 마감 기일이다.

분묘기지권

다른 사람의 토지 위에 있는 분묘 기지에 대해 관습법상 인정되는 지상권에 유사한 일종의 물권이다. 즉, 다른 사람의 땅에 묘지를 만들었더라도 사용권을 인정해주는 것을 말하며 분묘기지권이 인정되면 아무리 땅 주인이라 하더라도 다른 사람 소유의 묘지를 허락 없이 이장할 수 없다.

수탁재산

금융기관의 소유로 취득한 비업무용 재산을 한국자산관리공사(KAMCO)에 매각 또는 위임한 재산과 기업이 재무구조 개선을 목적으로 부동산을 한국자산관리공사에 매각 또는 위임한 재산이다.

압류재산

세무서나 지자체 등 공공기관이 국세, 지방세 등의 체납 세액 징수를 위해 압류한 재산이며 한국자산관리공사(KAMCO)의 온비드 사이트를 통해 매각하는 행정절차를 거친다.

용익물권

다른 사람의 재산을 완전히 소유하지 않고도 그것을 사용하고 혜택을 누릴 수 있는 권리로서 〈민법〉상 지상권, 지역권, 전세권 3가지가 있다.

우선변제권 / 최우선변제권

우선변제권은 〈주택임대차보호법〉에 근거해 임차한 주택이 경매로 매각되는 경우 임차한 주택의 환가 대금(금액으로 환산된 돈)에서 다른 후순위 담보물권자나 그 밖의 채권자보다 우선해 보증금을 변제받을 수 있는 권리다. 최우선변제권은 소액 임차인이 확정일자가 늦어 선순위 변제를 받지 못하더라도 임차한 주택에 대해 선순위 담보권자의 경매신청등기 전에 대항력을 갖추었다면 보증금 중 일정액을 다른 담보물권자보다 우선해 변제받을 수 있는 권리다.

유입자산

부실채권정리기금으로 인수한 금융기관 부실채권을 회수하는 과정에서 법원 경매를 통해 한국자산관리공사(KAMCO)가 취득한 자산으로, 일반 사람들에게 공개경쟁 입찰 방식으로 공매를 진행한다.

유찰

입찰 결과 낙찰이 결정되지 않고 무효로 돌아가는 것을 말한다. 즉, 매각기일에 입찰하고자 하는 사람이 없어 해당 물건이 매각되지 않고 무효가 된 경우다. 경매는 통상 이전 회차 최저매각가격에서 20% 저감한 가격으로 다음 매각기일에 다시 매각을 실시한다.

유체동산

동산에 채권 및 다른 재산권을 합쳐 넓은 의미로 사용되는 용어로, 이동이 가능한 재산을 가리킨다. 냉장고, 텔레비전, 가구 등의 가재도구와 사무실의 집기, 비품 등이 대표적인 유체동산이다.

유치권

다른 사람의 물건 또는 유가증권을 점유하고 있는 사람이 그 물건 또는 유가증권에 관해 생긴 채권의 변제를 받을 때까지 그것을 유치할 수 있는 물권을 말한다.

이의신청 / 즉시항고

이의신청은 일반적으로 위법 또는 부당한 처분 등으로 인해 권익을 침해당한 사람이 이의를 주장하는 행위다. 즉시항고는 일정한 불변기간 내에 제기해야 하는 항고다. 즉, 재판의 성질상 신속히 확정시킬 필요가 있는 결정에 대해 인정되는 상소 방법이다. 예를 들어 경매 부동산의 매각 절차나 매각 허가 결정에 중대한 잘못이 있거나 경매 개시 결정의 고지 없이 매각이 진행될 때 경매 집행 법원에 즉시항고할 수 있다.

인수주의 / 소멸주의

인수주의는 낙찰을 받았더라도 소멸되지 않고 낙찰자가 인수해야 하는 권리를 소멸주의와 대응하여 인수주의라고 한다. 소멸주의는 낙찰자가 매각 대금을 완납하면 채권자가 배당에서 채권액을 모두 배당을 받든, 전혀 배당을 받지 못하든, 또는 일부만 배당을 받든 상관없이 부동산상 권리가 전부 소멸되는 것을 말한다. 인수주의에 해당하는 권리는 경매 사건 종결 시 소멸되지 않고 해당 부동산상에 그대로 남아 낙찰자에게 인수된다. 즉, 낙찰자가 매각 대금을 치르는 것 외에 별도의 책임을 져야 하는 부분이다. 〈민사집행법〉에서는 담보물권에 대해서는 소멸주의, 용익물권에 대해서는 인수주의를 취하고 있다.

입찰

경매로 매각 예정인 물건에 대해 입찰표에 낙찰 희망 가격을 비공개로 적어 제출하는 것을 말한다.

입찰보증금(매수보증금)

경매 부동산을 매수하고자 하는 사람은 최저매각가격의 10분의 1에 해당하는 보증금액을 기일입찰표와 함께 집행관에게 제출해야 하며 이 보증 금액을 입찰보증금이라고 한다. 매각 절차가 종결된 후 집행관은 최고가매수신고인이나 차순위매수신고인 이외의 매수 신청인에게는 입찰보증금을 즉시 반환한다.

저감률

경매 부동산에 입찰자가 없어 최고가 입찰자를 선정하지 못했을 경우 다음 회차 최저매각가격이 감정평가액 대비 낮아지는 비율이다.

저당권 / 근저당권

저당권은 채무자 또는 제3자가 채무의 담보로 제공한 부동산의 점유를 이전하지 않고 그것에 대해 다른 채권자보다 본인 채권의 우선 변제를 받는 물권이다. 근저당권은 장래에 생길 채권의 담보로서 미리 설정한 저당권이다. 예를 들어 은행에서 주택담보대출을 받으면 담보로 잡은 주택의 등기사항전부증명서에 대출을 받았다는 기록이 남으며 이것을 근저당이라고 한다.

전세권

전세 보증금을 지급하고 다른 사람의 부동산을 일정 기간 동안 점유해 용도에 따라 사용·수익한 후 그 부동산을 반환하고 보증금을 반환받을 수 있는 물권이다. 제3자에게 대항력이 있고 전세권 설정자(부동산 소유자)의 동의 없이 양도나 임대를 할 수 있으며 보증금 반환이 지체되면 전세권 설정자에게 경매를 청구할 수 있다.

중복경매(이중경매)

먼저 신청된 경매 절차 진행 중 동일한 부동산에 다른 채권자가 경매를 신청해 법원이 다시 경매 개시 결정(이중개시결정)을 하고, 먼저 개시한 경매 절차에 따라 진행되는 경우다.

지상권 / 법정지상권

지상권은 다른 사람의 토지에서 건물, 기타의 공작물이나 수목을 소유하기 위해 토지를 사용할 수 있는 물권이며 지상권자가 토지 소유자에게 주장할 수 있는 강력한 권리다. 법정지상권은 당사자의 설정 계약에 의하지 않고 법률 규정에 의해 인정되는 지상권이다. 토지와 건물을 별개의 부동산으로 취급해 토지와 그 토지 위의 건물이 각각 다른 사람에게 귀속하면서도 그 건물을 위한 토지의 사용·수익권이 존재하지 않는 경우가 있다. 이럴 때 건물을 위한 토지에 대한 잠재적인 용익 관계를 현실적인 권리로 인정함으로써 토지와 그 토지 위 건물과의 결합 관계를 유지해 사회 경제적 이익을 도모하려는 데 법정지상권 제도의 취지가 있다.

지역권

일정한 목적을 위해 다른 사람의 토지(승역지)를 본인의 토지(요역지) 편익에 이용할 수 있는 물권으로, 본인 토지의 이익을 도모해 사용 가치를 높이는 권리다.

질권

채무자가 빚을 갚을 때까지 채권자가 담보물을 간직할 수 있고 채무자가 빚을 갚지 않으면 그것으로 우선 변제받을 수 있는 물권이다. 질권은 동산에만 적용되는 권리다.

집행권원

국가의 강제력으로 실현될 청구권의 존재와 범위를 표시하고 집행력을 부여하는 공정증서다. 강제집행을 할 수 있음을 인정한 공적인 문서다.

촉탁등기

등기는 당사자의 신청에 의한 것이 원칙이나 법률의 규정이 있는 경우 법원 그 밖의 관공서가 등기소에 촉탁하는 등기를 촉탁등기라고 한다. 예고등기, 경매신청등기 등이 있다.

최고가매수신고 / 차순위매수신고

최고가매수신고는 경매에 참여해 가장 높은 금액을 제시하는 것을 말하며 그 사람을 최고가매수신고인이라고 한다. 최고가매수신고인 이외의 입찰자 중 최고매수신고가격에서 입찰보증금을 공제한 액수보다 높은 가격으로 응찰한 사람은 차순위매수신고를 할 수 있다. 차순위매수신고를 하면 입찰자는 매각 대금을 납부하기 전까지 입찰보증금을 반환받지 못한다. 그 대신 최고가매수신고인의 사유로 매각이 불허되거나 매각이 허가되더라도 최고가매수신고인이 매각 대금을 납부하지 않으면 다시 매각을 실시하지 않고 차순위매수신고인이 법원으로부터 매각 허부 결정을 받을 수 있다.

특수물건

일반적인 경매 물건과 달리 물건상 권리 관계가 복잡하게 얽힌 물건이다. 법정지상권, 분묘기지권, 유치권 등 어렵고 복잡한 권리 관계에 있는 물건을 통칭한다.

부록 2

필수 경매서류

양식

기일입찰표

(앞면)

기 일 입 찰 표

지방법원　집행관　귀하　　　　　　　입찰기일 :　　년　　　월　　　일

사건 번호		타 경　　　　　　　호	물건 번호	※물건번호가 여러개 있는 경우에는 꼭 기재

입 찰 자	본인	성　　명		㊞	전화 번호	
		주민(사업자) 등록번호		법인등록 번　　호		
		주　소				
	대리인	성　　명		㊞	본인과의 관　계	
		주민등록 번　　호		전화번호		‒
		주　소				

입찰 가격	천 억	백 억	십 억	억	천 만	백 만	십 만	만	천	백	십	일	원	보증 금액	백 억	십 억	억	천 만	백 만	십 만	만	천	백	십	일	원

보증의 제공방법	□ 현금·자기앞수표 □ 보증서	보증을 반환 받았습니다.
		입찰자　　　　　　　㊞

주의사항.
 1. 입찰표는 물건마다 별도의 용지를 사용하십시오. 다만, 일괄입찰시에는 1매의 용지를 사용하십시오.
 2. 한 사건에서 입찰물건이 여러개 있고 그 물건들이 개별적으로 입찰에 부쳐진 경우에는 사건번호외에 물건번호를 기재하십시오.
 3. 입찰자가 법인인 경우에는 본인의 성명란에 법인의 명칭과 대표자의 지위 및 성명을, 주민등록란에는 입찰자가 개인인 경우에는 주민등록번호를, 법인인 경우에는 사업자등록번호를 기재하고, 대표자의 자격을 증명하는 서면(법인의 등기사항증명서)을 제출하여야 합니다.
 4. 주소는 주민등록상의 주소를, 법인은 등기부상의 본점소재지를 기재하시고, 신분확인상 필요하오니 주민등록증을 꼭 지참하십시오.
 5. **입찰가격은 수정할 수 없으므로, 수정을 요하는 때에는 새 용지를 사용하십시오.**
 6. 대리인이 입찰하는 때에는 입찰자란에 본인과 대리인의 인적사항 및 본인과의 관계 등을 모두 기재하는 외에 본인의 위임장(입찰표 뒷면을 사용)과 인감증명을 제출하십시오.
 7. 위임장, 인감증명 및 자격증명서는 이 입찰표에 첨부하십시오.
 8. 일단 제출된 입찰표는 취소, 변경이나 교환이 불가능합니다.
 9. 공동으로 입찰하는 경우에는 공동입찰신고서를 입찰표와 함께 제출하되, 입찰표의 본인란에는 "별첨 공동입찰자목록 기재와 같음"이라고 기재한 다음, 입찰표와 공동입찰신고서 사이에는 공동입찰자 전원이 간인 하십시오.
10. 입찰자 본인 또는 대리인 누구나 보증을 반환 받을 수 있습니다.
11. 보증의 제공방법(현금·자기앞수표 또는 보증서)중 하나를 선택하여 ☑표를 기재하십시오.

위임장

(뒷면)

위 임 장

대리인	성 명		직업	
	주민등록번호	–	전화번호	
	주 소			

위 사람을 대리인으로 정하고 다음 사항을 위임함.

다 음

지방법원   타경   호 부동산

경매사건에 관한 입찰행위 일체

본인1	성 명		㉵	직 업	
	주민등록번호	–		전 화 번 호	
	주 소				
본인2	성 명		㉵	직 업	
	주민등록번호	–		전 화 번 호	
	주 소				
본인3	성 명		㉵	직 업	
	주민등록번호	–		전 화 번 호	
	주 소				

* 본인의 인감 증명서 첨부
* 본인이 법인인 경우에는 주민등록번호란에 사업자등록번호를 기재

지방법원 귀중

공동입찰신고서 및 공동입찰자목록

[전산양식 A3364]

공 동 입 찰 신 고 서

법 원 집 행 관   귀하

사건번호   20 타경   호

물건번호

공동입찰자   별지 목록과 같음

위 사건에 관하여 공동입찰을 신고합니다.

20 년   월   일

신청인   외   인(별지목록 기재와 같음)

※ 1. 공동입찰을 하는 때에는 <u>입찰표에 각자의 지분을 분명하게 표시하여야</u>
　　 <u>합니다.</u>
　 2. 별지 공동입찰자 목록과 사이에 <u>공동입찰자 전원이 간인하십시오.</u>

용지규격 210mm×297mm(A4용지)

공 동 입 찰 자 목 록

번호	성 명	주 소		지분
		주민등록번호	전화번호	
	(인)	-		
	(인)	-		
	(인)	-		
	(인)	-		
	(인)	-		
	(인)	-		
	(인)	-		
	(인)	-		
	(인)	-		
	(인)	-		

용지규격 210mm×297mm(A4용지)

매각대금완납증명원

매 각 대 금 완 납 증 명 원

	수입인지 500원

사 건　　　타경　　　　호

채 권 자

채 무 자

소 유 자

매 수 인

　위 사건의 별지목록기재 부동산을 금　　　　　　　원에 낙찰받아　　　　. .

. 에 그 대금전액을 납부하였음을 증명하여 주시기 바랍니다.

년　　　　월　　　　일

매수인　　　　　　　　　(인)

연락처(☎)

지방법원　　　　　　귀중

☞유의사항
1) 매각부동산 목록은 첨부합니다.
2) 2부를 작성합니다(원본에 500원 인지를 붙임).

부동산인도명령신청서

수입인지
1,000원

사건번호 : 20   타경   부동산강제(임의)경매

신 청 인 : ○ ○ ○
　　　(주소)

피신청인 : ○ ○ ○
　　　(주소)

신 청 취 지

피신청인은 신청인에게 별지 목록 기재 부동산을 인도하라는 재판을 구합니다.

신 청 이 유

위 사건에 관하여 신청인(매수인)은 20   .   . 매각대금을 낸 후 피신청인
(□채무자, □소유자, □부동산 점유자)에게 별지 기재 부동산의 인도를 청구하
였으나 피신청인이 이에 불응하고 있으므로, 민사집행법 제136조 제1항의 규정
에 따른 인도명령을 신청합니다.

20   .   .   .

　　　　신청인(매수인)　　　　　　　(서명 또는 날인)

　　　　　　(전화번호 :　　　　　　　　　　　)

○○지방법원 (○○지원) 귀중

※ 유의사항
1. 매수인은 매각대금을 낸 뒤 6개월 이내에 채무자·소유자 또는 부동산 점유자에 대하여
　부동산을 매수인에게 인도할 것을 법원에 신청할 수 있습니다.
2. 괄호안 네모(□)에는 피신청인이 해당하는 부분을 모두 표시(☑)하시기 바랍니다(예를 들어
　피신청인이 채무자 겸 소유자인 경우에는 "☑채무자, ☑소유자, □부동산 점유자"로 표
　시하시기 바랍니다.
3. 당사자(신청인+피신청인) 수×3회분의 송달료를 납부하시고, 송달료 납부서(법원제출용)를
　체출하시기 바랍니다.

별지

부동산의 표시

〈예시〉

1. 서울특별시 ○○구 ○○동 100

    대 100㎡

2. 서울특별시 ○○구 ○○동 100

    [도로명주소] 서울특별시 ○○구 ○○길 25

    위 지상

    시멘트블럭조 기와지붕 단층 주택

    50㎡. 끝.